Spionage und Landesverrat in der Schweiz

Karl Lüönd

Spionage und Landesverrat in der Schweiz

Band 1

RINGIER

Mitarbeiterin des Autors: Irene Kellenberg
Lektorat: Max Rutishauser
Gestaltung: Walter Voser

© 1977 by Ringier & Co AG, Zürich
Alle Rechte vorbehalten
Ohne ausdrückliche schriftliche Genehmigung
des Verlages ist es nicht gestattet, das Buch
oder Teile daraus zu kopieren oder zu vervielfältigen
Gedruckt in der Schweiz bei C. J. Bucher AG, Luzern
ISBN 3 85859 061 4

Inhalt

• Dieser Punkt kennzeichnet spezielle Beiträge in Kästchen

Vorwort 7

Verrat und Rat in der alten Schweiz

Bubenbergs Entscheidung	10
Die Sage vom Teufelsbund	11
Propaganda als Geheimwaffe	12
Ideologie und Geldgier	12
Hochschule der Politik	13

Weil der Mensch es wissen will...

Spionageweisheiten der alten Chinesen	17
Das Orakel von Delphi – eine Spionagezentrale	17
Josuas Spione von einer Dirne versteckt	18
Die beiden Fehler des Xerxes	20
Nachrichtenfälle, die Weltgeschichte machten	21

Im Kraftfeld der Großmächte

«Wühlen Sie nur lustig drauflos» – der Fall Wohlgemuth (1889)	24
Sozialisten fliehen in die Schweiz	25
Bismarcks Diplomatie der Drohungen	26
• Rheinfelder Bezirksamtmann gebüßt!	26
Wohlgemuth läuft in die Falle	27
Berlin weiß es früher als Bern	28
• Der versteckte Abraham Levy	28
Grenzbesetzung 1914–1918: Massenhaft Agenten, nachlässige Polizei	30
Verschlungene Pfade...	31
«Il colpo di Zurigo» oder: Watergate an der Bahnhofstraße	32
Die Italiener werden nervös	33
Rückkehr zur Ehrlichkeit beginnt mit Einbruch	35
Ein Tresorknacker packt aus	35
Abwehr bricht das Versprechen	36
• Bürokrach begünstigt die Einbrecher	36
Schweizer Nachrichtenchefs beliefern die Deutschen – die Oberstenaffäre	37
Kein «einzig Volk von Brüdern»	38
Sprachgenie kommt den Obersten auf die Schliche	39
Wille will alles geheimhalten	40
• Ist der Staatsrat ein Spion?	40

Der gefährliche Aufmarsch

Verwirrung, Zersplitterung, Verrat	45
• Wie sich die Dinge gleichen...	48
Der Untergrund regt sich	49
Fünfte Kolonne im Aufbau	49
«Gestatten, Danner, Gestapo-Agent!»	50
• Merkwürdige Landkäufe	50
Ein Attentat wie bestellt	52
Waffenschmuggel und Menschenraub	52
Basel: Gestapo-Agenten entführen einen Reichsfeind	53
Ein Mann ohne Paß	54
Riesenwirbel rettet Jacobs Leben	57
Die Schweiz verklagt Hitler-Deutschland	58
Nazi-Chef ermordet!	59
Agent springt ab und stirbt	63
Der Schweizer Nachrichtendienst entsteht	64
• Spionage als Teil der politischen Strategie	64
Schweizer Spion auf dem Velo	65
Geheimdienst in Offiziershosen und Ordonnanzschuhen	67
Spion in Bern: Dolce vita als Tarnung	68
• Nazi-Organisationen	68

Die unsichtbare Front

Geheimdienste – nie ganz durchschaubar	73
Hitlers Schweizer Spionagekonzern	74
• Canaris' Männer sind die besten	74
Die Wehrmacht-Abwehrstelle (AST)	75
Reichssicherheitshauptamt, Amt VI, Auslandsnachrichtendienst (SD des RSHA)	75
Reichssicherheitshauptamt, Amt IV, Gestapo	76
So spionieren Hitlers Diplomaten	76
• «Sag alles, was du weißt!»	77
Was die Deutschen wissen wollen	78
«Pakbo» – ein Fuchs und viele Fallen	78
• Die Auftragsliste eines Spions	78
Die Schliche der Agenten	80
• Blätter aus dem Untergrund	80
«Pakbo» legt drauf	81
In Rados Netz	82
«Von Pol zu Pol» im Wirrwarr der Zeichen	83
Der unglaubliche Rudolf Roessler	85
Roessler wird zum Nazi-Gegner	85
Emigration und Neubeginn	86
Roessler wird Agent	87
Kleine Zettel – große Geheimnisse	87
Aus Roessler wird «Lucie»	89
Information ist keine Einbahnstraße	90
Rätsel um Roesslers Quelle gelöst?	91
Falsche Fährten	92
• Der schwarze Fleck im Honigglas	92
Zwei «Blitzmädel» gegen Hitler	94
Fünf Nachrichtenwege nach Luzern	95
Bupo verstopft die beste Schweizer Nachrichtenquelle	96
• Das Netz Rado	96
So fliegt das Rado-Netz auf	97
Die Polizei packt zu	97
Rado taucht unter	98
Vom Presseagenten zum Geheimagenten	99
Die Schweiz unterstützt den antifaschistischen Widerstand	100
Allan W. Dulles: Spionagezentrum in der Berner Altstadt	103
Sprößling einer illustren Familie	104
Gespräche am Kaminfeuer	104

Unser Nachrichtendienst – Legende und Wirklichkeit

• «Lassen Sie Hausamann machen!»	108
Die Männer an der Spitze	109
• «Muß man denn erst tot sein, um recht zu haben?»	110
Armeereformer – während des Aktivdienstes Nachrichtenchefs	111
Der eigenwillige Patriot	116
Das «Büro Ha» entsteht	117
Wertvolle Dienste ohne Bezahlung	119
So arbeitet unser Nachrichtendienst	120
Die Aufgaben	120
Die Organisation	121
Die Quellen	122
Erstaunliche Leistungen, große Erfolge	124
• Überall willige Helfer	124
Ein Eingeweihter zieht Bilanz	125
Zank und Pannen – auch das gibt's!	126
Gespaltener Nachrichtendienst	127
Der letzte große Fehler	128

Vorwort

Kaum ein anderes Thema hat die Phantasie der verschiedensten Autoren so beflügelt wie die Spionage. Vom Alten Testament über Mata Hari bis zur Neutronenbombe reicht der Erfindungsgeist der Thriller-Schreiber und Drehbuchverfasser, dieser Märchenerzähler des audiovisuellen Zeitalters.

Kaum ein anderes Thema erweist sich aber als so schwer greifbar und verwirrend facettenreich, wenn man sich ihm mit dem leidenschaftslosen Anspruch nähert, soviel wie möglich von der Wahrheit über tatsächliche Geschehnisse zu erfahren.

Es liegt in der Natur von Spionage und Landesverrat, daß sich jede erfolgreiche Tätigkeit auf diesem Gebiet automatisch tarnt, daß jeder Handelnde seine Spuren verwischt und dem Erfolg zuliebe im dunklen bleibt. Im Prinzip ermöglicht nur das Versagen eines Akteurs einen Einblick in die Wirklichkeit der Spionage!

Dieser Bericht ist der erste Versuch, eine einigermaßen gültige Übersicht über Spionage und Landesverrat in der Geschichte der Schweizerischen Eidgenossenschaft herzustellen. Er entstand aufgrund Hunderter von teilweise unveröffentlichten Dokumenten, Berichten, Protokollen, Zeugenaussagen, Gerichtsakten und Gesprächen. Als Gewährsleute standen mir direkt Beteiligte, Betroffene, Experten, Forscher und Politiker zur Verfügung. Viele von ihnen möchten um keinen Preis genannt werden; ihnen danke ich für das Vertrauen, das sie mir erwiesen haben. Herzlich danken will ich sodann dem Militärhistoriker Dr. Hans Rudolf Kurz, Stellvertretendem Direktor der Eidgenössischen Militärverwaltung, für die vielen kenntnisreichen Hinweise, die geduldige Beratung, die Vermittlung vieler Kontakte und die kritische Durchsicht eines Teils des Manuskripts. Besonderer Dank gebührt auch Dr. Robert Vögeli und seinen Mitarbeiterinnen vom wohldokumentierten Institut für Politologische Zeitfragen (IPZ) Zürich, Professor Dr. Walter Schaufelberger (Universität Zürich), Professor Dr. Ernst Baumann (ETH Zürich), Bundesanwalt Dr. Rudolf Gerber und Dr. André Amstein, Chef der Bundespolizei, für die Auskünfte, die sie im Rahmen ihrer gesetzlichen Möglichkeiten beisteuern konnten, Alfred Frauenknecht (Aadorf) sowie den Kollegen Paul W. Bonnot (Bern), Werner Hungerbühler (Basel), Kurt Emmenegger (Zürich), Sergius Golowin (Interlaken), Emil Lüthard (Zürich), Alphons Matt (Zürich), Niklaus Meienberg (Zürich/Paris), Ludwig A. Minelli (Scheuren), Dr. Jost Willi (Hausen AG) und vielen andern, vor allem Dutzenden von Lesern der Tageszeitung «Blick», die mich nach dem Erscheinen einer Kurzfassung dieses Berichts in Serienform mit zusätzlichen Hinweisen auf eigene Erlebnisse unterstützt haben. Nicht vergessen seien die vielen stillen Helfer in den Bibliotheken und Archiven, namentlich die ungewöhnlich hilfsbereiten Mitarbeiter der Schweizerischen Landesbibliothek in Bern, der Zentralbibliothek in Zürich und des Schweizerischen Sozialarchivs in Zürich, ohne die eine Fertigstellung dieses Berichts innert nützlicher Frist nicht denkbar gewesen wäre.

Es liegt in der Natur der Sache, daß viele der geschilderten Personen und Vorfälle auch weiterhin im Halbdunkel der Geschichte bleiben werden.

Karl Lüönd

Verrat und Rat in der alten Schweiz

Eine historische Einleitung von Sergius Golowin

Die alten Eidgenossen waren überzeugt, daß ihre Herkunft alles andere denn einheitlich war. Alte Chroniken und Volkssagen, die man noch in der Gegenwart auffinden kann, weisen den einzelnen Ständen und ihren berühmtesten Sippen die verschiedenartigste Herkunft zu: Schweden, Hunnen, Goten, Ungarn, Tataren, Friesen, Sarazenen, Römer, Griechen usw. Es gab nach den alten Quellen eigentlich nur einen gemeinsamen Nenner – die übereinstimmende Liebe ‹zu den Freiheiten›.

Als Verräter wurde Bürgermeister Hans Waldmann am 6. April 1489 in Zürich hingerichtet. Aber oft war in der Alten Eidgenossenschaft der Begriff des Verrats unscharf und der Vorwurf des Verrats ein Vorwand für Intrigen und Machtpolitik.

Die Schweiz fügte sich eher langsam aus allen möglichen Talschaften, Rittergütlein, Städtlein, Klosterherrschaften zusammen. Es war dabei selbstverständlich die Regel, daß ein Teil eines wichtigen Geschlechts bereits «gut eidgenössisch» war, viele von dessen Vettern und Schwägern aber noch in einem Gebiet saßen, das die Fürsten von Savoyen oder Habsburg-Österreich als ihren «ewigen Besitz» ansahen.

So verwandt wie die politischen Führer in beiden sich bekämpfenden Lagern war selbstverständlich auch das «einfache Volk», nur daß es diese Beziehungen weniger gut aus Stammbäumen beweisen konnte als die Ritter oder die städtischen Patrizier. Immerhin muß man wissen, daß die Österreicher zu den ersten großen Freiheitsschlachten unseres Landes ihre Heere meistens aus Ländern aufboten, die heute ebenso zur Schweiz gehören wie das Stammschloß der österreichischen Fürsten, die Habsburg.

Auf alle Fälle verzahnen sich die Besitzungen der Eidgenossen und ihrer Gegner so unglaublich, daß viele ihrer Einzelheiten auch bei Fachuntersuchungen vollständig umstritten sind: Freund und Feind besuchten die gleichen heiligen Stätten, Märkte, Jahresfeste. Man heiratete durcheinander, sprach häufig die gleiche Mundart, sang die gleichen Lieder, hatte die gleichen Schicksale: «Eidgenössisch» gewordene Ortschaften träumten noch lange von einstigen engen Beziehungen zu glänzenden Fürstenhöfen, umgekehrt hofften die Bauern der «Herrenländer», sich möglichst bald der Schweiz anzuschließen und so deren größere Freiheiten zu genießen. Wenn wir die Worte jener politischen Dichtungen anschauen, mit denen im ausgehenden Mittelalter die Fürsten und die Eidgenossen die «feindlichen» Völker von der Richtigkeit ihres Standpunkts zu überzeugen versuchten, erkennen wir, daß die Propaganda schon vor Jahrhunderten fast wichtiger war als die Macht der Kriegswaffen.

Wir verstehen nun, warum zum Beispiel der «österreichische» Ritter von Hünenberg die Eidgenossen vor «Morgarten» warnte, indem er ihnen mit einem über die Letzimauer geschossenen Zettel Ort und Tag des gegnerischen Vormarsches mitteilte. Auf diese Weise errang der junge Bund der Alpentäler seinen überraschenden, bis heute sprichwörtlichen Sieg über eine überlegene, wohlgerüstete Heeresmacht! Bis Kaiser Maximilian sahen sich die Feinde der wachsenden Schweiz in der unangenehmen Lage, «Schweizer mit Schweizern bekämpfen zu müssen»: Sie mußten ihre Krieger unter Rittern, Bürgern und Bauern suchen, die in ihrem Geiste dazu neigten, die Angelegenheit ihrer «Feinde» für die bessere zu halten.

Bubenbergs Entscheidung

Verrat zugunsten von Burgund wurde Berns größtem Schultheißen, Adrian von Bubenberg, vorgeworfen, und man verwies ihn, weil er gegenüber der Kriegspartei seiner Heimatstadt berechtigte Zweifel anbrachte, mit Schimpf und Schande aus dem Rat und nach seinem Sitz Spiez. Umgekehrt wissen wir, daß es seine Gegner weniger aus Liebe zum Vaterland zu einem Kampf mit Herzog Karl kommen ließen, als vielmehr deshalb, weil sie regelmäßig bedeutende Summen vom französischen König erhielten.

Als dann der Krieg richtig ausbrach, sah sich Bern gezwungen, den kurz vorher mit allen Mitteln geschmähten Ritter um seine Hilfe zu bitten, auf daß er 1476 mit seiner kleinen Schar Murten verteidige und damit den zuerst alles andere als einigen Eidgenossen Zeit gebe, sich für den gemeinsamen Widerstand zu sammeln: Adrian von Bubenberg wurde durch die ganze so peinliche Vorgeschichte des Burgunderkrieges für Jahrhunderte für alle Politiker der eidgenössischen «Stände» zum Vorbild eines echten Staatsmannes, der, ohne von irgendwelchen «Pensionen» bestimmt zu sein, im Dienste des Volkes handelt – und der sogar Verleumdungen durch Mitbürger zu vergessen versteht.

Die Sage behauptet, daß Adrian von Bubenberg von Karl dem Kühnen recht einträgliche Angebote erhielt, sich als echter Edelmann nicht dem ihm gegenüber so undankbaren «Schweizerpöbel» anzuschließen, sondern ihm zu helfen, dem Adel überall seine Vorrechte zurückzuschenken. Wir wissen tatsächlich, daß die damaligen Berner ihre Stadt als «Burgundens Krone» besangen, die burgundischen Herzöge dazu neigten, die Berner als Landsleute zu betrachten, und die im Umkreis des Adrian von Bubenberg entstandene Stretlinger Chronik den Sitz Spiez als Mittelpunkt des einstigen Burgunderreichs (888 bis 1032) ansah. Adrian von Bubenberg konnte sich also entscheiden, wie er nur wollte – eine der sich bekämpfenden Seiten hielt ihn so oder so für einen Verräter ihrer Sache: Wie viele der vorzüglichsten Männer unserer Geschichte mußte er damit in einer verworrenen Lage nach bestem Wissen und Gewissen entscheiden. Er schlug sich sicher schweren Herzens auf die Seite Berns und mußte von den Mauern von Murten auf der Gegenseite eine Reihe von Verwandten erblicken... Die wirtschaftlichen Verhältnisse des Ritters blieben nach dem Sieg bedenklich, seine Nachkommen litten unter schweren Schulden, und Adrian von Bubenberg ist ein zeitloses Beispiel für den Politiker und Krieger, der den Reichtum von fremden Höfen seinem Leitbild opfert.

Im Grenzbereich zwischen Geschäft und Verrat bewegten sich die Reisläufer (links); hier ein Söldnerzug nach der Luzerner Chronik von Diebold Schilling. Rechts: Ritter Adrian von Bubenberg.

Die Sage vom Teufelsbund

Nach dem selbstlosesten Schultheißen von Bern folgte sein Gegenteil, Hieronymus aus der Sippe von Erlach. In Frankreich heiratete dieser verarmte Edelmann aus dem seit Jahrhunderten mit Ruhm bedeckten Geschlecht aus Liebe, wobei er – schrecklich genug in Zeiten der Religionskämpfe – seinen Glauben wechselte! In seine Heimatstadt zurückgekommen, erzählte er kein Sterbenswörtlein über seine katholische Familie, ehelichte die anscheinend alles andere als anziehende Tochter aus einem steinreichen Geschlecht und stieg von da an von Stufe zu Stufe – bis er der Schultheiß der mächtigen Republik Bern und damit einer der einflußreichsten Herren der Eidgenossenschaft war.

Während des Spanischen Erbfolgekriegs (1701 bis 1714) war er nun mit dem Deutschen Reich verbunden, erhielt hohe militärische Titel und Ehren und – informierte gleichzeitig die französische Seite, die ihn mit ihrem Wissen über sein Vorleben gründlich in den Händen hatte und über alle Pläne und Heeresbewegungen ihrer Feinde Bericht verlangte.

Als er 1748 starb, galt er als der reichste und mächtigste seines von Genealogen gelegentlich auf die burgundischen Könige zurückgeführten Geschlechts, von dem unzählige Vertreter ihrem Lande unschätzbare Dienste geleistet, dafür aber meistens keinerlei Lohn verlangt hatten.

Noch heute erzählen die Bauern aus der Gegend von Hindelbank, wie in gewissen Nächten die vergoldete Kutsche des Hieronymus in der Nähe seines Herrensitzes durch die Wege klappere. «Er hat Gottes Gebote vergessen, hat dem Teufel sein Bestes, seine unsterbliche Seele, verkauft und muß jetzt schon über zwei Jahrhunderte seine Strafe erleiden.»

Hier erkennen wir das wache politische Gefühl, aus dem viele der größten dichterischen Schöpfungen unseres Volkes, seine Chroniken und Sagen, entstanden sind: Mochte sich auch alles vor dem mächtigen Manne beugen, er zitterte doch mitten in seinem durch zweifelhafte «Nachrichten» gewonnenen Golde, mußte er sich doch vor jedem hämischen Spitzel fürchten, der ihn wegen des Verrats gegenüber Religion, Frau und Kind an unsichtbarer Kette hatte, und damit sozusagen jede Stunde seines äußerlich glänzenden Daseins vergiftet finden. Wir können nicht zweifeln – er machte seinen scharfsinnigeren, von seinem Reichtum nicht geblendeten Zeitgenossen den Eindruck von einem, «der dem Teufel sein Bestes verkauft hatte».

Aufzeichnungen französischer Gesandter gerade im 18. Jahrhundert zeigen uns, was für ungeheure Summen an eidgenössische Regierungsvertreter ausgezahlt wurden, um dafür zweifelhafte Dienste zu erhalten. Oft werden von den verschwiegenen Ausländern keinerlei Namen genannt – und man kann herumrätseln, wem man wohl all die Beträge zuführte und ob diese nicht gelegentlich in die eigenen Taschen verschwanden...

Hier kam jene geschickt verbreitete Stimmung von Erpressung, Bestechung und Korruption auf, die das Volk in die teilweise übertriebene Stimmung brachte, «es werde von seiner Obrigkeit verraten», so daß den fremden Truppen beim Untergang der Alten Eidgenossenschaft 1798 in den mächtigsten Kantonen fast kein Widerstand entgegengesetzt wurde; selbst heute noch erzählt das durch gute wie fragwürdige Beispiele des Staatsdienstes geschulte Volk von bestimmten noch dastehenden Protzbauten und von immer noch bestehenden Vermögen, sie seien durch geheime Beiträge im 18. Jahrhundert entstanden!

Propaganda als Geheimwaffe

Beim Untergang der Alten Eidgenossenschaft im Jahre 1798, so unter dem Ansturm der Truppen der Französischen Revolution, wurde das Land mit Propagandaschriften überschwemmt, die von den Vorwürfen des Verrates nur so wimmelten. Die ehrwürdigen, vom ganzen Volk geliebten Gestalten des Wilhelm Tell und der Rütli-Eidgenossen wurden dauernd zitiert, oft zu entgegengesetztesten Zwecken. Die Französische Revolution machte Tell ja zu ihrem Nationalheiligen, den sie mit Denkmälern und ziemlich kitschigen Dichtungen feierte, und sie bezeichnete die Regierungen der Kantone sehr vereinfachend als «Aristokraten», welche die alten Freiheiten wieder an die Habsburger und die andern Fürsten verschachert hätten. Die Armeen dieser Fürsten, von Öster-

Pestalozzi war am Anfang ein Anhänger der Französischen Revolution.

reich bis zum russischen Zaren, marschierten bekanntlich ebenfalls in die Schweiz ein und nannten selbstverständlich alle Anhänger Frankreichs käufliche Verräter.

Die Verwirrung war allgemein und stürzte einen bedeutenden Teil des Volkes, das sich ursprünglich voll für die Unabhängigkeit hatte einsetzen wollen, in eine vollständige Ratlosigkeit. Noch heute gibt es für jenes Zeitalter sozusagen zwei Schweizergeschichten, und ich hatte in meiner Schulzeit das Glück, zwei entgegengesetzte Darstellungen hören zu dürfen: Es gibt ja Lehrer, für die ist der siegreiche Einmarsch der Franzosen und damit die ganze «Franzosenzeit» eine schwer verschmerzbare Schande, womit deren einheimische Mitarbeiter samt und sonders erbärmliche Halunken sind; für die andern ist es genau umgekehrt – die Anhänger der aus dem Westen einmarschierenden Truppen sind echte «Patrioten», die allerlei Vorrechte abschaffen wollten und von einer modernen demokratischen Ordnung träumten. Sie vergessen nicht, zu erwähnen, daß der große Pädagoge Pestalozzi, zumindest am Anfang, ein Anhänger der Revolution war und in Paris zu deren Vorbild und ihrem Ehrenbürger erklärt wurde.

Wir glauben aus unserer bescheidenen Kenntnis der damaligen Schriften, daß genug Tatsachen existieren, um an beiden Standpunkten einige Verbesserungen anzubringen: Sowohl bei den Anhängern der Alten Eidgenossenschaft wie bei den «revolutionären» Anhängern der neuen «Helvetischen Republik» von Frankreichs Gnaden gab es selbstlose Anhänger der Ideen; es gab aber auch genug eigennützige Nutznießer der ganzen peinlichen Lage, die bereit waren, für die eigene Machtstellung und Bereicherung das Weiterbestehen ihrer Heimat zu opfern. Es hatte genug «revolutionäre Patrioten», die in Paris vor den rasch wechselnden Führern eine Würdelosigkeit ohnegleichen zeigten und bereit waren, vor französischen Herrschern jeden Landsmann, der ihnen ihre Ämtlein streitig machte, schamlos zu verleumden. Als dann unter Napoleon die heilige Republik plötzlich zu einem neuen Kaiserreich wurde und Gerüchte aufkamen, der neue erste Mann Europas wolle die Schweiz wegfegen oder in ein Fürstentum für irgendeinen seiner Günstlinge verwandeln, soll es genug «Patrioten» gegeben haben, die sich gegen entsprechende Gegenleistungen mit einem solchen Wandel der Dinge abgefunden hätten.

Ideologie und Geldgier

Umgekehrt ist es kaum zu bezweifeln, daß es auch unter dem «Konservativen» genug Berater hatte, die rasch bereit gewesen wären, die österreichischen und die andern Feinde der Revolution für die Wiederherstellung der «alten Ordnung» großzügig zu belohnen: Der Gelehrte Carl Ludwig von Haller zum Beispiel haßte

später die in der Schweiz an die Macht gelangten Radikalen so gründlich, daß er dem Wiener Hofrat Friedrich Hurter vorschlug, Truppen sollten in unser Land einmarschieren und die böse feindliche Partei stürzen. Als Gegenleistung sah er etliche Landschaften vor; der von ihren Gegnern «befreiten» Eidgenossenschaft sollten Graubünden, Wallis, Neuenburg, Genf, das Bistum Basel, Tessin und Schaffhausen abgeschnitten werden...
Leider muß man feststellen, daß sich in einigen dieser Kantone die Zustände nach 1798 dermaßen entwickelten, daß es zwischen Anfang und Mitte des 19. Jahrhunderts tatsächlich Jahrzehnte gab, in denen sie fast in ausländische Untertanenländer verwandelt wurden. Auch E. Weinmann konstatiert für die Zeit der «Restauration» (1815 bis 1830), daß das Tessin «kaum etwas Besseres als eine österreichische Polizeiprovinz» war.
1817 beantragte Saurau, Österreichs Gouverneur in Mailand, die Aufstellung eines österreichischen Zensors, «ohne dessen Erlaubnis im Tessin nichts gedruckt werden sollte». Der gleiche Saurau konnte nach Wien berichten, daß sich hier die öffentlichen Behörden «zu dem niedrigsten und schmutzigsten Geldinteresse herabließen». Dieser Gouverneur und Metternich, sein berühmter Vorgesetzter, waren überzeugt, daß zum Lenken solcher «Staatsleute» klingende Geschenke wichtig seien: «Nicht leicht dürfte sich eine Auslage politisch reichlicher verzinsen, denn wir sind häufigst in dem Falle, dieser Herren zu bedürfen.»

Hochschule der Politik

Man hat die Gründung des Bundesstaates, die in der Folge solcher Zustände in den Kantonen vom Schweizervolk beschlossen wurde, als Schwächung einiger Eigenarten in den verschiedenen Landesteilen bedauert – eins aber ist sicher: Das ganze politische Antlitz von Europa hatte sich geändert. Anstelle verhältnismäßig kleiner Staatsgebilde, wie sie Deutschland und Italien noch lange aufwiesen, erstanden mächtige, von einer «zentralistischen» Verwaltung gelenkte, um die Vormacht über das Abendland ringende «Nationalstaaten». Die Verbindungen einzelner Grenzkantone der Schweiz mit einzelnen benachbarten Fürstentümern hatten früher den andern Eidgenossen Schwierigkeiten bereiten können; nun vermochten irgendwelche «Sonderbünde» Großmächten das Recht auf einen Einmarsch zu geben und damit den ganzen Bund in den Untergang zu reißen. Im Gegensatz zu den Völkern vieler Untertanenstaaten hatten aber, trotz gelegentlicher Entartungen der «Republiken», verhältnismäßig breite Schichten der Schweiz die Leidenschaft der Politik gelernt; in den Landsgemeinden der mehr dem Hirtentum und dem Bergbauerntum ergebenen Kantone, teilweise auch in den Räten der Städte, war «das Regieren» nicht nur die Angelegenheit von «Berufenen», sondern fast ein Sport für die Allgemeinheit: Wie von den Stadtstaaten des alten Griechenland, dieser Wiege der europäischen Demokratie, wird uns von der Schweiz des 19. Jahrhunderts berichtet, wie sehr sich das ganze Volk bei Festen oder in Wirtshäusern «für die Angelegenheiten der Öffentlichkeit» ereifern konnte.
Doch diese Freude des Volkes an der Politik zeigte gewisse Schattenseiten, die bereits Schriftsteller des Altertums ihren kleinen Republiken vorgeworfen hatten: Die Liebe zum eigenen Standpunkt, also zur Partei, konnte so anwachsen, daß es immer wieder einzelne oder ganze Volksschichten gab, die sozusagen wegen ihrer Ideen ihr Land vergaßen; sie zogen dann gelegentlichen Niederlagen gegen Andersdenkende vor, sich mit angeblich mit ihnen «mitfühlenden» ausländischen Mächten zu verbünden und damit mit dem Risiko zu spielen, daß die Unabhängigkeit ihres Volkes ihrer Rechthaberei zum Opfer fiel.
Auch die Gründung des Bundesstaates, also das Ausschalten der halbwegs unabhängigen Außenpolitik in jedem Kanton, hat diese Schattenseiten einer an sich erfreulichen Entwicklung zur Volksherrschaft selbstverständlich nicht vollständig zu beseitigen vermocht: Je größer die Zahl der Menschen eines Volkes ist, die tätig am Schicksal ihres Landes teilnehmen, desto bedeutender ist die Zahl derer, die schweren Versuchungen gegenüberstehen. Je leidenschaftlicher die allgemeine Diskussion um Sachfragen geführt wird, desto denkbarer wird es, daß einzelne oder ganze Gruppen «sich mit dem Teufel selber verbinden», um einen Sieg davonzutragen.
Gelegentlich hat man solches Tun in der Alten Eidgenossenschaft, genau wie in den Republiken des Altertums oder der Renaissance, auszuschalten versucht, aber wenn man dies zu fleißig betrieb, zerstörte man durch das Bespitzeln eben das, was man zu verteidigen vorgab – die eigene Freiheit, die Unabhängigkeit der Meinungsbildung im ganzen Volke.
So sind die Geschichten vom politischen Versagen, wie sie in den Chroniken der Kantone unseres Landes bis ins 19. Jahrhundert so häufig zu sein scheinen, für uns keine Schande, die man totschweigen sollte: Eine Freiheit, die nicht auch mißbraucht werden kann, ist keine Freiheit! Und ein guter Überblick über die Entwicklung unseres Landes ist eine beinahe endlose Fülle von Erfahrungen, die zeigt, wie der politische Mensch in jeder nur denkbaren Lage versagen oder sich bewähren kann.

Weil der Mensch es wissen will...

Eine kleine Weltgeschichte des geheimen Nachrichtendienstes

Moses sandte sie aus, das Land auszukundschaften. Er sprach zu ihnen: ‹Ziehet von hier durch das Südland und steigt ins Gebirge. Achtet darauf, wie das Land beschaffen ist und das Volk, das es bewohnt; ob es stark oder schwach, wenig oder zahlreich ist, ob das Land fruchtbar oder schlecht, die Bevölkerung in Lagern oder Festungen wohnt, ferner, ob der Boden fett oder mager, mit Bäumen bepflanzt ist oder nicht. Zeigt euch mutig, bringt auch von den Früchten des Landes mit!›

Moses 4, 13

Wer immer in der Weltgeschichte etwas erreichen wollte, benötigte Spione und Kundschafter, so auch Moses, als er das auserwählte Volk in das Gelobte Land führte.

Moses wußte, worauf es ankam, als er mit den Kindern Israels in der Wüste unterwegs zum Gelobten Land war.

Er sandte von jedem der zwölf Stämme des Volkes Israel einen Mann, um das Land Kanaan zu erkunden; der Herr hatte es ihm befohlen.

Eigentlich hat Moses dabei viele wichtige Geheimdienst-Grundsätze beachtet, die heute noch gelten. Er hat sich nicht auf eine einzige Quelle verlassen, sondern gleich zwölf Mann geschickt, und zwar die besten. Er gab ihnen klare Aufträge, beschrieb den Weg, den sie nehmen sollten, und die Dinge, die zu erkunden waren: Stärke und Qualität der gegnerischen Truppen sowie die Verfassung der Zivilbevölkerung (militärische und politische Spionage), aber auch die Versorgungsbasis des Landes (Wirtschaftsspionage). Sie sollten nicht bloß Informationen, sondern Beweise mitbringen: die Früchte des Landes (Vertrauen ist gut, Kontrolle war schon damals besser!). Und falls es hart auf hart gehen sollte: «Zeigt euch mutig...», hatte Moses gesagt, und nicht etwa: «Zeigt euch gesetzestreu!»

Beim Geheimdienst hat zu allen Zeiten nur der Erfolg gezählt – die zehn Gebote sind außer Kraft gesetzt, es gilt einzig das elfte: Du sollst dich nicht erwischen lassen! Ganz abgesehen davon, daß der Herr die Aktion beschützte: Bei so viel Umsicht konnte es nicht schiefgehen. Wir lesen in der Schrift:

«40 Tage später kehrten sie von der Erkundung des Landes zurück.

Sie kamen zu Moses, Aaron und der ganzen Gemeinde der Israeliten in die Wüste Paran nach Kades. Dort berichteten sie ihnen und der ganzen Gemeinde und zeigten ihnen des Landes Früchte.»

Die tüchtigen Söhne des Volkes Israel hatten eine Rebe mit reifen Trauben, einige Granatäpfel und Feigen mitgebracht. Ihren Bericht schlossen sie mit der sprichwörtlichen Verheißung:

«In das Land, wohin du uns gesandt hast, sind wir gekommen. Wirklich, es fließt von Milch und Honig über; dies sind seine Früchte.»

Ohne Spionage wäre die Weltgeschichte ganz anders verlaufen, aber das ist reine Theorie: Noch kein großer Feldherr oder Staatsmann ist ohne zuverlässigen Nachrichtendienst ausgekommen. Wie sagte doch im 5. Jahrhundert vor Christus der chinesische Weise Sun Tzu:

«Vorauswissen ist der Grund dafür, daß der erleuchtete Fürst und der weise Feldherr den Feind schlagen, wann immer sie ausziehen.»

Josuas Spione bringen die Früchte des Gelobten Landes als Beweise zurück. (Aus der Kölner Bilderbibel des Heinrich Quentell, 1479.)

Spionageweisheiten der alten Chinesen

Sun Tzu ist einer der ersten in der Geschichte der Menschheit, die Spionagebücher geschrieben haben, und wer den Text seiner «Kunst des Krieges» liest, bemerkt, daß er den Ehrentitel eines Weisen zu Recht trug, denn von all den Orakeln und Weissagungen, die zu seiner Zeit das politische und militärische Handeln wesentlich mitbestimmten, wollte er nichts wissen.

«Was man als Vorauswissen bezeichnet, kann man weder von Geistern noch von Göttern erfahren, auch nicht durch Vergleiche mit früheren Ereignissen oder durch Berechnungen. Man muß es sich von Männern beschaffen, die über die Lage des Feindes Bescheid wissen.»

Der alte Chinese hat denn gleich auch eine komplette Gebrauchsanweisung für Aufbau und Betrieb eines tauglichen Nachrichtendienstes mitgeliefert. Das Geheimnis des Erfolges bezeichnet er als die «Himmelsschnur». Das heißt: Die beste Methode, geheime Nachrichten zu erlangen, ist die des Fischernetzes, das aus vielen einzelnen Fäden besteht, die aber schließlich alle in einer einzigen Schnur zusammenlaufen. Sun Tzu unterscheidet mehrere Arten von Agenten:

– *Einheimische Agenten*, das heißt Verbindungsleute, die im Feindesland wohnen und unter guter Tarnung Nachrichten beschaffen;
– *Umkehragenten oder Doppelagenten* sind feindliche Spione, die aufgegriffen und – mit sanfter oder anderer Gewalt – gezwungen wurden, für die andere Seite zu arbeiten, ohne daß es der frühere Auftraggeber merkt;
– als *«entbehrliche Agenten»* bezeichnet Sun Tzu jene, die man bewußt auf gefährliche Missionen schickt und bei denen es nicht so sehr darauf ankommt, wenn sie nicht mehr zurückkehren. Die Parallele mit modernen Geheimdienstpraktiken ist geradezu gespenstisch: Die große Zahl der in der Bundesrepublik Deutschland in den Jahren 1976 und 1977 aufgeflogenen DDR-Spionageringe und die von ihnen erlangten Informationen haben bewiesen, daß der Osten heute mehr denn je solche «Wegwerfagenten» beschäftigt und sich nicht einmal mehr sonderlich um ihre heile Rückkehr bemüht.

– *«Lebende Agenten»* sind bei Sun Tzu eigene professionelle Spezialisten, die in Feindesland infiltrieren und es mit viel Geschick schaffen, unerkannt zu bleiben.

Es ist erwiesen, daß Sun Tzus «Kunst des Krieges» eins der Lieblingsbücher von Mao Tsetung gewesen ist und daß es zur Pflichtlektüre der chinesischen Partei- und Armeekader gehört.

Aber alle Schlauheit im geheimdienstlichen Ränkespiel, das im Osten schon damals meisterhafter beherrscht wurde als im Westen, hat auch die Chinesen nicht vor empfindlichem Schaden durch die Schliche des noch klügeren Feindes zu bewahren vermocht. Die Sage erzählt von einer wunderschönen chinesischen Prinzessin. Sie verliebte sich in einen durchreisenden indischen Edelmann, der in Wirklichkeit ein überaus raffinierter Wirtschaftsspion war und ein Mittel einsetzte, das auch heute noch zu den bewährtesten zählt: die Liebe. Er überredete die schöne Prinzessin zur Flucht aus dem Reich der Mitte. Im Blütenkranz ihres prächtigen Kopfschmucks trug sie für ihren Geliebten das bestgehütete Geheimnis Chinas durch die scharfe Grenzkontrolle ins Ausland: die Seidenraupen und damit die Kunst, Seide herzustellen. Das war die Geburtsstunde der indischen Seide. Eins der ersten und mächtigsten Monopole der Wirtschaftswelt war gebrochen.

Das Orakel von Delphi – eine Spionagezentrale

Dagegen ist nichts zu machen: Der forschende Mensch will hinter die Geheimnisse seiner Nachbarn, ihres Landes, der entfernteren Völker, ihrer Fertigkeiten und Künste, kurz: hinter die Rätsel der Erde kommen.

Was tat er, als die Transportmittel noch primitiv, die Wege lang, die Nachrichtenübermittlung erschwert und die Naturgesetze unerklärt waren? Er glaubte viel mehr als heute an die Einwirkung des Überirdischen auf sein persönliches Leben und auf das Schicksal seines Volkes.

Priester, Seher, Sterndeuter und Auserwählte aller Art haben davon gelebt. Die Menschen haben Träume gedeutet und Lose geworfen, Eingeweide beschaut und Handlinien gelesen, den Vogelflug beobachtet und Karten gelegt, um einen Blick in die Zukunft oder in den Kopf ihres Rivalen zu tun.

In der hochentwickelten Zivilisation des alten Griechenland gab es freilich eine bemerkenswerte Mischform zwischen überirdischem Sehen und handfest-diesseitiger Nachrichtentechnik: die Orakel, deren bedeutendste die Zeus-Orakel von Dodonia und Olympia, das Amon-Orakel in der Libyschen Wüste und das Orakel von Delphi waren.

Delphi. Erinnern Sie sich an den Geschichtsunterricht in der Schule? Die Priesterin, die Pythia, saß auf ihrem Schemel über einer Felsspalte. Betäubende Dämpfe stiegen aus der Erde auf und versetzten sie in eine Art Trancezustand. Mit tonloser Stimme antwortete sie auf Fragen, die ihr Ratsuchende stellten, in einer Weise, die man heute noch «pythisch» oder «orakelhaft» nennt: dunkle Weissagungen voll Ahnung und Doppelsinn...

Herodot berichtet, daß die kriegstüchtigen Spartaner das Delphische Orakel einmal nach dem

Ausgang eines Feldzugs gegen Arkadien fragen ließen und zur Antwort bekamen: «Ihr werdet in Tegäa mit lärmendem Stampfen tanzen.» Die Spartaner glaubten natürlich, dies sei die Vorschau auf eine ausgelassene Siegesfeier. Sie überfielen Tegäa und die anderen Teile Arkadiens, aber sie verloren die Schlacht und mußten als Sklaven, an Ketten gefesselt, Feldarbeit verrichten. Das Rasseln der Ketten indes hörte sich an wie das Stampfen, das die hinterhältige Pythia vorausgesagt hatte.

Heute darf man annehmen, daß das Orakel von Delphi im Laufe der Jahrhunderte immer stärker von der übernatürlichen Instanz zu einer höchst irdischen Einrichtung wurde; niemand erfuhr so viele geheime Dinge wie die Seherin im Tempel aus den Fragen der Ratsuchenden, niemand erhielt mehr Besuch, hatte mehr Kontakt mit Gewährsleuten und Zuträgern aus allen Landstrichen Griechenlands. Die kluge Frau auf ihrem Schemelchen wußte mehr über die Sorgen und Pläne ihrer Kunden, als diese ahnten. Wer die Gunst der Frau zu erkaufen vermochte, wußte bald Bescheid über die Absichten von Rivalen und Konkurrenten. Das Wissen der Pythia war nicht göttlichen Ursprungs, sondern das Resultat eines weitverzweigten Nachrichtennetzes, raffinierter Fragetechnik und scharfsinniger Kombination.

Josuas Spione von einer Dirne versteckt!

Das ganze Alte Testament ist voll von Spionagegeschichten. Die Abenteuer der beiden Spione, die der Feldherr Josua unmittelbar vor der Eroberung Jerichos und der Landnahme in Palästina zur Erkundung vorschickte, sind der Beweis dafür, daß sich Geheimdienstleute ihren Umgang nicht aussuchen können, wenn es darum geht, den Auftrag zu erfüllen und die eigene Haut zu retten.

«Josua, der Sohn Nuns, entsandte von Schittim zwei Männer in aller Stille als Spione und gab ihnen folgenden Auftrag: ‹Gehet und beschaut euch das Land samt Jericho!› Sie gingen fort und kamen in das Haus einer Dirne, die Rahab hieß. Dort legten sie sich nieder. Da ward dem König von Jericho gemeldet: ‹Es sind in dieser Nacht Männer von den Israeliten gekommen, die im Lande etwas ausfindig machen wollen.› Der König von Jericho sandte hierauf zu Rahab mit dem Auftrag: ‹Gib die Männer, die zu dir in dein Haus gekommen sind, heraus. Sie kamen nur, um das ganze Land auszukundschaften.› Das Weib aber versteckte die beiden Männer und ließ sagen: ‹Ja, es kamen Männer zu mir, ich weiß aber nicht, woher. Als das Tor in der Abenddämmerung geschlossen werden sollte, waren die Männer verschwunden; wohin sie gegangen sind, weiß ich nicht. Macht euch eiligst hinter ihnen her, dann holt ihr sie sicher noch ein!›»

Der Trick klappte. Die alttestamentarische Verfolgungsjagd ging in die falsche Richtung, denn:

«Sie hatte aber die Männer heimlich auf das Dach geschafft und unter den Flachsstengeln versteckt, die sie auf dem Dach zurechtschichtete. Den israelitischen Kundschaftern aber setzte man in Richtung des Jordan bis zu den Furten nach, nachdem das Tor geschlossen worden war.»

Zum Lohn schworen die beiden Spione der Dirne, daß sie sowie ihre Eltern und Geschwister bei

Josua führte sein Heer gegen Jericho, nachdem seine Kundschafter mit Hilfe der Dirne Rahab die Befestigung der Stadt erkundet hatten (oben). Auch die griechischen Orakel, namentlich das von Delphi (unten links), waren nach den heutigen Begriffen eine Spionagezentrale. Die Menschen glaubten, die von den Erddämpfen betäubte Seherin Pythia (unten rechts) könne die Zukunft voraussagen. In Wirklichkeit verknüpfte sie ihre Informationen zu doppeldeutigen, eben «delphischen» Weissagungen.

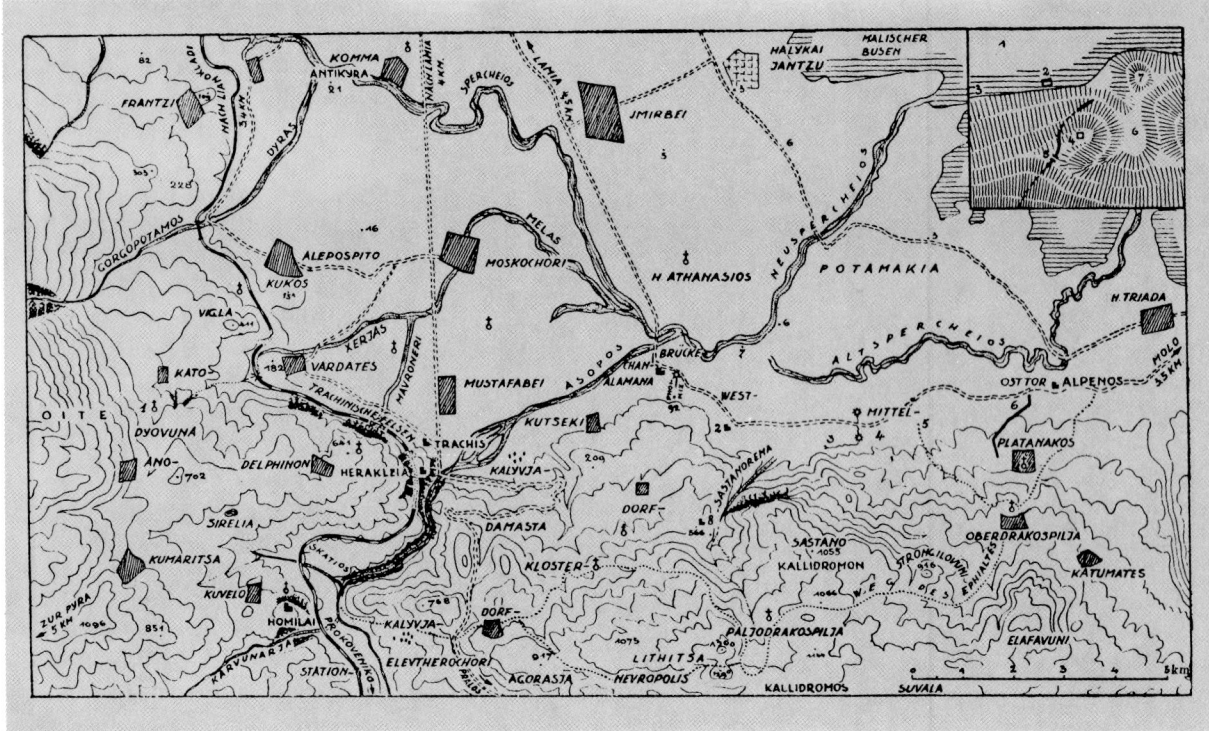

Übersicht über das Gebiet der Thermopylen, wo Xerxes seine vernichtende Niederlage gegen die kleine spartanische Streitmacht bezog. Diese welthistorische Schlacht wurde vor allem durch die Spionage entschieden.

der bevorstehenden Invasion mit dem Leben davonkommen sollten. Wenige Tage später stürzten die Mauern von Jericho unter dem Schall der sieben Schofarhörner. Rahab und die Ihren wurden verschont und durften fortan bei den Israeliten leben. Nicht immer sind Versprechen, die Agenten und Verräter erhalten haben, so fair gehalten worden!

Die beiden Fehler des Xerxes

Xerxes, der Perserkönig, hatte zwei unvergeßliche Erlebnisse mit Geheimagenten. Herodot berichtet, daß die Griechen drei Spione in sein Lager gesandt hatten, um die Größe der Streitmacht herauszufinden, mit der sie zu rechnen hatten. Die Spione wurden jedoch geschnappt und standen schon auf der Richtstätte – da verbot Xerxes die Hinrichtung und hieß sie im ganzen Lager herumführen und ihnen Fußvolk und Reiterei zeigen. Dann schickte er sie nach Hause; er wollte die Griechen zum vornherein mit genauen Angaben über seine Übermacht entmutigen. Das war ein schwerer Fehler; ein anderer hätte die Griechenspione «umgedreht», um durch sie Nachrichten über den Feind zu erhalten. Xerxes glaubte, das nicht nötig zu haben, und so ist es auch verständlich, daß er kurz darauf einen zweiten Fehler machte.

Es war beim berühmten Engpaß der Thermopylen, den die Griechen besetzt hielten. Vor der Schlacht schickte Xerxes einen Späher zur Naherkundung aus. Er kam zurück und berichtete – immer nach Herodot –, daß einige dieser Männer Freiübungen ausführten und andere sich die langen Haare kämmten.

Natürlich hatte Xerxes einen Ratgeber bei sich, der die Sitten der Griechen kannte und seinen König eindringlich warnte. Das seien die besten und erprobtesten Krieger Griechenlands, das Kämmen der Haare bedeute nach ihrem Brauch die Entschlossenheit, auf Leben und Tod zu kämpfen. Der Perserkönig befahl den Angriff – und sein Heer wurde von der zahlenmäßig kraß unterlegenen Schar der Langhaarigen vernichtend geschlagen.

So kann's einem gehen, wenn man mit Spionen zu nachsichtig ist oder ihre Informationen nicht richtig auswertet.

Große Eroberer, die gerne schnelle und überraschende Angriffe führten, waren auf zuverlässige Spione angewiesen. Alexander der Große und Hannibal zum Beispiel unterhielten ausgezeichnete Geheimdienste; letzterer ließ seine Spione ohne viele Umstände hängen, wenn sie ihn falsch informiert hatten. Kaiser Friedrich II., der geniale Enkel Barbarossas, wurde eine Zeitlang als Ketzer geächtet, weil er, der Kreuzfahrer, heimliche Verbindungen zu den Muselmanen unterhielt.

Mit dem heraufziehenden Zeitalter des internationalen Handelsverkehrs und der Diplomatie trat der Geheimdienst in neue Größenordnungen ein. Die Diplomaten Venedigs bildeten ein eigentliches Spionagenetz. Auch alle späteren großen Nationalstaaten hatten bald ihre Kabinettsbeamten und Geheimpolizeichefs, die nunmehr professionell Spionage und Spionageabwehr praktizierten und dabei mitunter Weltgeschichte schrieben. Sir Francis Walsingham, der Meisterspion von Königin Elisabeth I. von England, deckte die Verschwörung auf, die Maria Stuart auf den Thron bringen sollte und sie in Wirklichkeit den Kopf kostete. Die Schweden verdankten ihre Stellung im Dreißigjährigen Krieg vorwiegend ihrem Nachrichtendienst. Napoleons Polizeichef Joseph Fouché ist wegen seines perfekten Spitzelsystems und seiner Intrigenpolitik legendär geworden, und die Ochrana, die berüchtigte Geheimpolizei der Zaren, wurde zum Markenzeichen für hemmungslose politische Verfolgung Oppositioneller durch die Mittel der Bespitzelung und des Nachrichtendienstes; eines der prominentesten Opfer dieses offiziell nur zum Schutz der Zarenfamilie bestimmten Dienstes war Leo Tolstoi. Nach der bolschewistischen Revolution wurde die Ochrana auf- und sogleich durch die nicht minder berüchtigte Tscheka abgelöst, denn auch der neue, sozialistische Staat mochte auf eine Nachrichtenorganisation nicht verzichten.

Nachrichtenfälle, die Weltgeschichte machen

Große Nachrichtenaffären haben zu allen Zeiten Schlagzeilen gemacht, und häufig ist die Öffentlichkeit gar nicht erst dahintergekommen, bei welchen weltpolitischen Großereignissen die Dienste sonst noch beteiligt waren.

Daß es israelische Agenten waren, die Adolf Eichmann in Argentinien aufstöberten und betäubt

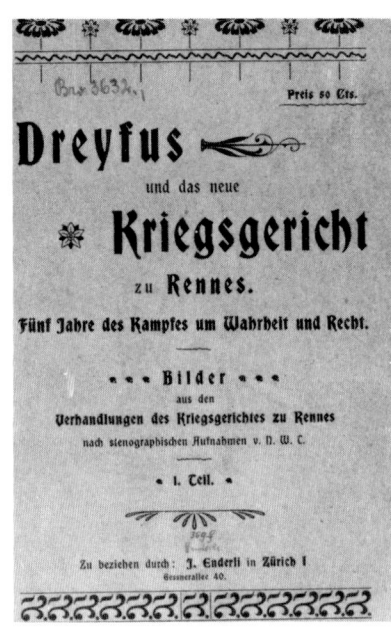

Hauptmann Dreyfus (oben) stand im Mittelpunkt einer klassischen Verratsaffäre, über die es Dutzende von Büchern gibt (Beispiel unten).

nach Israel zurückbrachten, wo er hingerichtet wurde, ist allgemein bekannt. Aber war der Skandal um den britischen Minister John Profumo, der über seine Vorliebe für junge leichte Mädchen stolperte, nun das Werk der britischen Abwehr oder einer auf Kompromittierung ausgehenden sowjetischen Regie? Wenn Schiffe mit radioaktiver Ladung auf offenem Meer verschwinden, wenn

die Polizei Überraschungsschläge gegen Terroristen führt, wenn Flugzeugentführer plötzlich wieder zum Vorschein kommen – meistens haben die Geheimdienste ihre Hände im Spiel.

Nachrichtendienstliche Glanzleistungen haben Weltgeschichte und Millionen aus dem Nichts gemacht, Nachrichtenaffären haben ganze Völker zutiefst aufgewühlt. Nathan Rothschild wußte früher als alle anderen von Napoleons Niederlage bei Waterloo. Er provozierte einen Kurssturz an der Londoner Börse, indem er die englischen Staatsanleihen verkaufte. Die anderen Börsianer taten es ihm nach in der Meinung, der als ausgezeichnet informiert geltende Rothschild habe vorzeitig von einer englischen Niederlage Wind bekommen. Als die Siegesnachricht eintraf, hatte sich Rothschild längst wieder mit den nunmehr billigen Papieren eingedeckt, und die Kurse schnellten hoch.

Die arglistige Anklage des Landesverrats gegen den jüdischen Hauptmann Alfred Dreyfus provozierte ein skandalöses Fehlurteil und führte zu schlimmen antisemitischen Ausschreitungen, zu einer ernsten innenpolitischen Krise, zum Bruch mit dem Vatikan und somit zur Trennung von Kirche und Staat in Frankreich.

Der Verrat des österreichisch-ungarischen Nachrichtenobersten Redl, der die Aufmarschpläne seines Landes den Russen ausgeliefert hatte, erschütterte die Donaumonarchie und war, historisch gesehen, so etwas wie das Signal für deren Untergang.

Macht, Haß und Gier, Vaterlandsliebe, Feigheit, Abenteurertum, Verzweiflung, Angst – was immer die Beweggründe sein mögen, Spionage hat es zu jeder Zeit gegeben, und daß sie je einmal aussterben wird, ist nicht anzunehmen.

Spionage ist eben zumindest das zweitälteste Gewerbe der Welt!

Im Kraftfeld der Großmächte

Von Bismarck bis zum Ersten Weltkrieg

Bismarck geriet in Zorn: der Fall Wohlgemuth! – Österreich grollte: Sein Zürcher Konsulat wurde als Agentennest entlarvt! – Kaiser Wilhelm II. lächelte huldvoll: Zwei Schweizer Nachrichtenobersten arbeiteten für ihn! – Immer, wenn die Schweiz im ausgehenden 19. und im anbrechenden 20. Jahrhundert in einen nachrichtendienstlichen Konflikt verwickelt wurde, war es ein Test für die Selbstachtung und Selbstbehauptung des neutralen Kleinstaates gegenüber den ihn umgebenden mächtigen Nachbarn.

Menschen verlieren ihre Heimat. Uniformierte haben sie vertrieben, andere Uniformierte, Schweizer, nehmen sie in Empfang (französische Flüchtlinge 1915 in Genf). Im Kraftfeld der Großmächte werden die Schicksale von Menschen und Ländern unter anderem durch die Arbeit der Nachrichtendienste bestimmt.

Der Bahnhof von Rheinfelden und das Bahnhofrestaurant Zimmermann wurden am Ostersonntag des Jahres 1889 zum Schauplatz einer Spionageaffäre, welche die Schweiz bis an den Rand eines Handelskriegs mit Deutschland brachte.

Die Glaubwürdigkeit der Schweiz stand auf dem Spiel.

Die Neutralität «verschmolz mit dem republikanischen und demokratischen Ideal zu einem nationalen Dogma von fast religiöser Weihe» (Prof. Edgar Bonjour). Sie hatte sich so sehr zum tragenden Grundsatz des eidgenössischen Staatswesens entwickelt, hatte von ganz Europa so viel Anerkennung gefunden, daß sie fälschlicherweise ungefährdet schien.

So wurden die frühen Schweizer Nachrichtenaffären zwischen 1889 und 1918 von Volk und Behörden als Bedrohung dieser freundlichen Staatsmaxime empfunden, dieses Schutzwalls, «hinter dem man ruhig seinen friedlichen Geschäften nachgehen durfte» (Prof. Bonjour).

In den drei großen Affären spiegelt sich auch ein Stück europäischer Geschichte: die Einholung der Aristokraten-Herrschaft durch die Wirklichkeit des Industriezeitalters, das demokratische und soziale Tendenzen bestärkte, parallel dazu der Weg der Schweiz vom isolierten und selbstgenügsamen Reduit zum Bestandteil eines sich formierenden, aber gefährdeten Europa.

«Wühlen Sie nur lustig drauflos» – der Fall Wohlgemuth (1889)

«Das Jahr 1889 wird in der künftigen Geschichte der Schweiz seine Bedeutung behalten. Mit demselben ist die Eidgenossenschaft aus den ruhigen Zeiten, in denen wesentlich die Früchte vorangehender Perioden eingesammelt und verzehrt wurden, heraus- und in eine bewegtere Zeit eingetreten.» *Carl Hilty*

Rheinfelden, Ostersonntag 1889. Gibt es einen unvermuteteren Schauplatz für eine internationale Spitzelaffäre mit ernsthaften diplomatischen Verwicklungen als dieses verschlafene Kurstädtchen, in dem jeder Fremde sogleich auffällt?

Auf dem Bahnhof, der eigentlich nur ein verrußtes Holzhaus am Rande des zweigleisigen Fahrdamms war, dampfte von Basel her der Drei-Uhr-Zug heran. Ihm entstieg ein älterer Herr, der eilig im Bahnhofrestaurant verschwand. In sein Hutband hatte er als Erkennungszeichen einen Zettel gesteckt.

Ein jüngerer Mann folgte ihm, setzte sich an den gleichen Tisch und begann mit gedämpfter Stimme zu sprechen. Nach wenigen Augenblicken reichte der jüngere dem älteren einen Brief über den Tisch hinweg.

Das war das verabredete Zeichen. In der fast leeren Gaststube erhob sich Polizeisoldat Müller in Zivil und befahl den beiden: «Mitkommen, Polizei. Sie sind verhaftet!»

Jetzt tauchten auch Wachtmeister Essig und Polizeisoldat Märki auf. Sie führten die Ankömmlinge auf den Posten.

Der jüngere, der sich als Schneidermeister Balthasar Anton Lutz, deutscher Staatsangehöriger, wohnhaft an der Weißen Gasse 18 in Basel, auswies, durfte gleich wieder gehen.

Der ältere aber blieb in der Arrestzelle. Unter den 14 Gegenständen, die bei der Leibesvisitation zum Vorschein kamen, befand sich auch ein Taschenkalender mit den Adressen deutscher Lockspitzel in der Schweiz nebst detaillierten Angaben über Treffpunkte, Anwerbung und Entschädigungen. Der Verhaftete wies sich aus als August Wohlgemuth, kaiserlicher Polizeiinspektor aus Mülhausen, 56 Jahre alt, evangelisch, verheiratet.

Diese Verhaftung, die nicht einmal von der Serviertochter im Rheinfelder Bahnhofrestaurant richtig wahrgenommen worden war, führte in den nächsten Tagen zu einem internationalen Skandal und brachte die Schweiz vorübergehend an den Rand eines Handelskrieges mit dem mächtigen nördlichen Nachbarn; denn August Wohlgemuth handelte in höchstem Auftrag und hatte direkt an das Berliner Polizeipräsidium zu berichten. Seit einem Jahr war er bei der Kreisdirektion der damals deutschen elsässischen Stadt Mülhausen mit der Überwachung der Sozialdemokraten im oberen Elsaß betraut. Da die elsässische Bevölkerung in enger Verbindung zur Stadt Basel stand, beschränkte sich Wohlgemuths Auftrag nicht auf reichsdeutsches Gebiet. Er steuerte auch ein Netz von Agenten, die in die Schweiz emigrierte deutsche Sozialdemokraten beobachteten.

Sozialisten fliehen in die Schweiz

In Deutschland war das Sozialistengesetz in Kraft, das den immer zahlreicher werdenden Arbeitervertretern außer dem Wahlrecht jede Befugnis zur freien politischen Betätigung entzog. Die

Die Wohlgemuth-Affäre erregte Aufsehen. Sogar ein Theaterstück wurde geschrieben, die Aufführung aber verboten.

staatsbürgerlichen Freiheiten galten für die «Roten» nicht mehr. Bismarck ließ die Parteiorganisationen, die Gewerkschaften und die Arbeiterpresse zerschlagen. Tausende von Sozialdemokraten verloren durch hohe Geldstrafen, Inhaftierung und Kündigung ihre Existenz. Haussuchungen, Verhaftungen und drakonische Gerichtsurteile waren an der Tagesordnung.

Viele politisch Verfolgte retteten sich in die Schweiz, wo sie nicht nur Arbeit und Brot fanden, sondern auch ihren Kampf gegen Bismarck weiterführten. Besonders in Zürich gab es viele emigrierte deutsche Sozialdemokraten, die dort auch ihre Zeitung «Sozialdemokrat» druckten und auf den abenteuerlichsten Wegen nach Deutschland schmuggelten. 1879 richteten die deutschen Sozialdemokraten in Zürich sogar ihr administratives Zentrum ein, zumal Österreich-Ungarn ähnliche Gesetze erlassen hatte und ihnen die Schweiz als einziger Zufluchtsort geblieben war. Gleichzeitig zeichnete sich bei den Emigranten eine Spaltung ab zwischen gemäßigten Sozialdemokraten und sozialistischen Revolutionären mit zum Teil anarchistischem Einschlag.

Behörden und Bevölkerung der Schweiz begegneten der politischen Agitation der deutschen Linken mit bemerkenswerter Gelassenheit. Der Bundesrat rief die Kantone, denen damals die Politische Polizei noch uneingeschränkt anvertraut war, zur Wachsamkeit auf, doch wurden diese Aufrufe unterschiedlich befolgt. Einflußreiche Kreise des Freisinns zum Beispiel ließen offene Sympathien zu den verfolgten Sozialdemokraten erkennen, und in den katholischen Kantonen genoß Bismarck seines Kulturkampfes wegen ohnehin keine besonderen Sympathien. Mehrere nationalistische deutsche Zeitungen griffen zu Beginn der achtziger Jahre die Schweiz immer wieder wegen ihres «Laisser-faire, Laisser-aller» an, doch beschränkten sich die diplomatischen Interventionen auf das übliche Maß.

Das Klima wurde rauher, als die Zürcher Polizei kurz vor Weihnachten 1887 die Agenten Christian Haupt und Karl Schröder festnahm, die sich in die dem Anarchismus nahestehende «Internationale Arbeiterassoziation» eingeschlichen hatten und in Zürich wie in Genf durch aktive Propaganda und Streikaktionen hervorgetreten waren; in Wirklichkeit waren Haupt und Schröder aber seit mehreren Jahren gut bezahlte Agenten der Berliner Polizei – «agents provocateurs». Dies ergab die Untersuchung, die der Zürcher Polizeihauptmann Jakob Fischer im Auftrag des Eidgenössischen Justiz- und Polizeidepartements durchführte.

Fischer war es auch, der den sozialdemokratischen Reichstagsabgeordneten Paul Singer über dieses Verfahren pflichtwidrig informierte. Als es am 27. Januar 1888 vor dem Reichstag um die Verlängerung und Verschärfung des Sozialistengesetzes ging, eröffnete

Singer die von Fischer erhaltenen Informationen dem Plenum und verurteilte scharf die Lockspitzeltaktik der preußischen Polizei.

Bismarcks Diplomatie der Drohungen

Bismarck protestierte beim Bundesrat nicht nur heftig gegen diese Indiskretion des Polizeioffiziers, er drohte auch unverhohlen: «Notwehr kann uns zu Maßregeln nötigen, die unseren freundnachbarlichen Gesinnungen zuwiderlaufen. Es muß der Schweiz klargemacht werden, daß, wenn dortige Kantonsbehörden eine so unglaubliche Stellung einnehmen, (...) dadurch auch die Handelsbeziehungen der beiden Länder berührt werden würden.»
Wie arrogant sich die preußischen Diplomaten damals aufführen konnten, mußte Bundesrat Numa Droz erfahren, dem der deutsche Gesandte Otto von Bülow am 4. Februar 1888 den Protest des Kaiserreichs in einer mündlichen Note vortrug: Entgegen allen Gepflogenheiten hinterließ Bülow den Text nicht in Schriftform, ja er gestattete dem schweizerischen Außenminister nicht einmal, sich während des Vortrags der Note Notizen zu machen – dies wohlverstanden im schweizerischen Bundeshaus!
Der Bundesrat bezeichnete die Handlungsweise Fischers als unverantwortlich, aber nicht als Bruch des Völkerrechts. Die Schweizer Presse reagierte auf den deutschen Protest überwiegend gereizt, und an der Basler Fasnacht zum Beispiel machte sich der Zorn des Volkes über die Preußen in ungewöhnlicher Derbheit Luft. Auf einem «Zeedel», der die deutsche Politik im Elsaß angriff, stand mit Anspielung auf eine Überschwemmungskatastrophe in China:

«In China isch dr gäli Fluß
dert iber d Ufer gloffe,
und zwei Millione sind drbi
elendiglich versoffe.
Wie mainsch, wär's nit e grächti Sach,
wenn au in Ditschland so-ne Bach
mit sine Wassermasse
ersäuffe tät die ganzi Rasse?»

Es dürfte dies der einzige Beitrag zur Basler Fasnacht gewesen sein, der je einen deutschen Gesandten zu einem offiziellen Protest beim Bundesrat herausgefordert hat...
So gereizt und gehässig war also die Stimmung zwischen den beiden Ländern, als August Wohlgemuth am Ostersonntag 1889 in Rheinfelden verhaftet wurde. Diese Festnahme brachte den schon lange brodelnden Kessel zur Explosion.

Rheinfelder Bezirksamtmann gebüßt!

Wegen seiner entschiedenen Haltung im Wohlgemuth-Handel wurde der Rheinfelder Bezirksamtmann Emil Baumer von seinen politischen Gegnern heftig angegriffen. Um sich zu verteidigen, veröffentlichte er in der «Volksstimme» eine ausführliche Darstellung der Ereignisse aus seiner Sicht.
Daraufhin erlegte ihm der Regierungsrat des Kantons Aargau eine Ordnungsbuße von 50 Franken auf und erteilte ihm einen Verweis. Ausdrücklich verbot die Regierung ihrem Statthalter in Rheinfelden die Veröffentlichung von amtlichen Aktenstücken zu seiner weiteren Rechtfertigung und drohte ihm «für den Fall einer ferneren Pflichtverletzung ernstere Maßnahmen» an.
Die Volksmeinung sprach ein anderes Urteil. Aus der kurz nach der Verhaftung durchgeführten Erneuerungswahl ging er mit einer geradezu sensationellen Stimmenzahl hervor, die fast das Doppelte des absoluten Mehrs betrug.
Die Nachwehen der Affäre machten aber die Spaltung in der freisinnigen Bewegung des Kantons Aargau sichtbar, der auseinanderlaufende Tendenzen bei der Staatspartei in der gesamten deutschen Schweiz entsprachen. Dem betont liberalen Flügel, der offene Sympathie und Solidarität mit den verfolgten deutschen Sozialdemokraten bekundete, stand ein rechtsbürgerlicher Flügel mit nicht weniger deutlichen Sympathien zu Bismarck gegenüber. Am Fall Wohlgemuth und an der Person des zur «linken» Fraktion gehörenden Baumer entbrannte eine ungewöhnlich scharfe Zeitungsfehde.
Spottlieder und -verse über die Ungeschicklichkeit des ertappten Bismarck-Spitzelwerbers machten in der ganzen Schweiz die Runde. Beim Eidgenössischen Offiziersfest vom Juli 1889 in Bern war in einer Wirtschaft der Spruch zu lesen:

«Rheinfelder Bier
Trinkt mer hier,
Frisch und gut
Wohlgemuth.»

Flugs schrieb auch ein Basler namens M. Häring-Sahner ein Theaterstück mit dem Titel «Der Polizeispitzel. Eine wahrheitsgetreue Darstellung in vier Aufzügen aus der neuesten Zeit im Jahre 1889». Die gereimte Schnulze war zur Aufführung durch Arbeiterbühnen bestimmt. Auch für Rheinfelden waren die Theaterplakate schon gedruckt. Da verbot der Aargauer Regierungsrat die Vorstellung...
Am Ende des ersten Aktes spricht der Held des Stückes, der arme Schneider Lutz:

«Freiheit ist das schönste Gut,
Welches noch besteht auf Erden,
Doch mit dem Spitzel
  Wohlgemuth
Soll es morgen anders werden.
Denn, du freche Schnüfflerbande,
Bleib in deinem Labyrinth,
Ansonsten gebührt euch Spott und
  Schande,
Dieweil wir Sozialisten sind.»

Im zweiten Akt hebt Balthasar Anton Lutz sogar zu singen an:

«Wenn ich schon nur arm
  geboren,
So lechzet doch mein
  Schneiderblut
Nach einer Rach', die ich erkoren
An dem Spitzel Wohlgemuth.
Doch aus ist's jetzt mit
  deinem Wühlen,
Heute noch sollst du es fühlen,
Wie des Schneiders Nadel sticht.
O Spitzel, du entgehst mir nicht!»

Wohlgemuth läuft in die Falle

Der Schneider Balthasar Anton Lutz war ein Sozialdemokrat, der sich nur zum Schein auf den verfänglichen Briefwechsel mit dem Spitzel suchenden Polizeiinspektor einließ. Wohlgemuth nahm von Lutz an, er habe sich mit den Basler Sozialdemokraten überworfen und werde deshalb besonders gerne gewillt sein, über die Genossen auszupacken. Wie hätte der kaiserlich-preußische Polizeiinspektor in Mülhausen wissen können, daß der jungverheiratete Schneider nur aus der Partei ausgetreten war, weil er sich die Mitgliederbeiträge nicht mehr hatte leisten können!

Durch die Vermittlung eines sozialdemokratischen Basler Großrats erhielt der Rheinfelder Bezirksamtmann Emil Baumer, ein ausgesprochen populärer Wirt und prominenter Freisinniger, die Schuldbeweise schon in der Karwoche schwarz auf weiß. Nun sollte Lutz Wohlgemuth auf Schweizer Gebiet locken. Rheinfelden wurde als Treffpunkt wohl deshalb gewählt, weil Baumer als unabhängiger Kopf und rechtlich denkender Mann diesen Beweisen besonders zugänglich war – und die Briefe ließen in ihrer Deutlichkeit nichts zu wünschen übrig! In einem hieß es zum Beispiel, nachdem Wohlgemuth seiner «Neuerwerbung» einen für damalige Verhältnisse fürstlichen Honorarvorschuß von 200 Mark zugesichert hatte:

«Hoffentlich werden Sie jetzt befriedigt sein. Jetzt sehe ich aber auch Ihren regelmäßigen und ausführlichen Berichten entgegen. Also jetzt offenes Entgegenkommen und Nennung von Namen. Zunächst die Wahlagitation. Wer ist denn der glückliche Elsässer, der den armen Schmidt in Dornach abtrumpfen soll mit Stimmenmehrheit? Halten Sie mich beständig auf dem laufenden, und wühlen Sie nur lustig drauflos,

Comic strips von damals: Wohlgemuth wird ertappt (3, 4), seine Briefe kommen ans Licht (5), Bismarck tobt (6), der Aufdecker Lutz wird aus der Schweiz geworfen (7), die nun die Bundesanwaltschaft einführt (8).

nehmen Sie sich aber in acht, daß meine Briefe in keine fremden Hände geraten.»

Wühlen Sie nur lustig drauflos – dieser Befehl sollte innert weniger Tage in ganz Europa bekannt und zum entlarvenden Motto für Bismarcks internationales Spitzelsystem werden.

Daß Wohlgemuth ein älterer, nicht besonders geschickter Beamter war, den man für seine letzten Jahre auf einen eher unbedeutenden Posten abgeschoben hatte, interessierte zunächst nicht. Endlich lagen die Beweise auf dem Tisch! In einem anderen Brief Wohlgemuths an Lutz wurden sogar konspirative Einzelheiten der Nachrichtenübermittlung behandelt:

«Wegen Ihrer demnächstigen mündlichen Mitteilung schreiben Sie mir Näheres. Entweder auf die

nächste Station Lutterbach oder Dornach oder auch abends auf meinem Büro, Kreisdirektion Nr. 8, oder in meiner Wohnung abends, nicht am Tage, und legen Sie einen falschen Bart an, damit Sie hier nicht erkannt werden. Das beste wird sein, Sie kommen in meine Wohnung, dort sieht Sie niemand, doch nur bei Nacht.»
Mit der gleichen Naivität tappte Wohlgemuth denn auch in die Falle, die ihm die Basler Sozialdemokraten und ihr vorgeschobener Schneidermeister gestellt hatten. Lutz, der mit Scheininformationen («Spielmaterial») inzwischen das Vertrauen des Inspektors erworben hatte, versprach ihm Einzelheiten über eine sozialdemokratische Wahlkampagne. Außerdem stellte er ihm einen Augenschein in Aussicht:
«Kommen Sie Ostersonntag nach Rheinfelden, da werde ich Ihnen zeigen, wie geschmuckelt wird zu Wasser, desgleichen von Kleinhüningen nach Großhüningen, zweitens einen Schleichweg zur Bahn in Basel...»

Berlin weiß es früher als Bern

Noch vor dem Bundesrat in Bern wußte das Auswärtige Amt in Berlin von der Verhaftung, denn die aargauische Meldung traf erst am Mittwoch, drei Tage nach der Festnahme, im Bundeshaus ein. Der Gesandte Bülow versuchte es vorerst noch mit Anstand und schrieb der Fremdenpolizei: «Der fragliche Beamte hat sich durch nichts schuldig gemacht. Seine Verhaftung muß auf einer Intrige beruhen.»
Der Bundesrat mußte passen; die Akten aus Aarau waren noch nicht eingetroffen. Nun trug ja die Verhaftung Wohlgemuths alle Merkmale eines fein ausgeklügelten sozialdemokratischen Komplotts. Dies ging aus den Unterlagen damals noch nicht hervor. Und wenn auch – Bundesrat Droz, der sich in der ganzen Affäre durch Festigkeit ebenso auszeichnete wie durch Diplomatie, antwortete dem Gesandten ebenso höflich: «Unglücklicherweise ist dieser Angriff auf die Souveränität und die Interessen der Schweiz zu schwerwiegend, als daß wir auf Genugtuung verzichten könnten.» Damit war die österliche Agentenkomödie auf dem Rheinfelder Bahnhof endgültig zur internationalen Angelegenheit geworden.
Bismarck, bis auf die Knochen blamiert, tobte. Seinem Gesandten in Bern schrieb er zornerfüllt: «Die Schweiz ist seit Jahrzehnten der Sammelpunkt der revolutionären und anarchistischen Verschwörer gegen unseren inneren Frieden, welche aus diesem sicheren Hinterhalt durch persönliche Agitation und durch massenhafte Verbreitung aufregender Druckschriften nach Deutschland bei uns die Elemente bearbeiten, welche zur Schädigung unserer gesellschaftlichen und staatlichen Ordnung geneigt und bereit sind.» Vorerst ließ er von der Schweiz Rücknahme der Ausweisungsverfügung gegen Wohlgemuth und eine Entschuldigung verlangen. Offen drohte er, Deutschland würde auf schweizerischem Gebiet eine eigene Polizei unterhalten müssen, weil die schweizerische nicht in der Lage sei, die revolutionären Umtriebe unter Kontrolle zu halten. Auf diese Unverschämtheit antwortete Numa Droz verbindlich und unerschrocken zugleich, die Schweiz werde ihre Souveränitätsrechte mit niemandem teilen.
Bismarck ließ den Grenzverkehr verschärft kontrollieren, drohte mit völliger Grenzsperrung und

---

Der versteckte Abraham Levy

Schon 1823, ein Menschenalter vor dem Wohlgemuth-Handel, war Rheinfelden der Mittelpunkt einer Spitzelaffäre, die den damaligen aargauischen Regierungsrat sogar zwang, mit Fürst Metternich zu korrespondieren.
Ferdinand Johannes Wit, der auch von Dörring genannt wurde, mußte als freiheitlich-revolutionärer Jenaer Student aus Deutschland fliehen. Bald beschuldigte man ihn, er sei an der Ermordung des französischen Thronfolgers Herzog de Berry beteiligt gewesen. 1821 wurde er in Mornex, südlich von Genf, einem damals zum Königreich Sardinien gehörenden Dorf, verhaftet und an die Österreicher nach Mailand ausgeliefert. Dort konnte er aus dem Gefängnis fliehen. Unter dem falschen Namen Abraham Levy stieg Wit 1823 im Gasthof Drei Könige unter dem Vorwand ab, als Sohn eines elsässischen Juden Kornmagazine anlegen zu wollen. Der Wirt Peter Adam Kalenbach kam aber hinter die wirkliche Identität seines Gastes und unterstützte ihn nach Kräften.
Die Österreicher sandten dem Ausbrecher den Polizeiagenten Volpini hinterher, der alsbald das Rheinfelder Versteck fand und bei der Aargauer Regierung sowie beim Rheinfelder Bürgermeister Herzog, mit einer Empfehlung des österreichischen Gesandten versehen, die Verhaftung Wits erwirken wollte.
Wit und sein Beschützer hatten aber – möglicherweise von Regierungskreisen in Aarau – rechtzeitig Wind von Volpinis Plänen erhalten. Als der Detektiv im Gasthof eintraf, hieß es, Wit sei am Vorabend, von einem dringlichen Brief gerufen, nach Stein und über den Rhein nach Säckingen weitergereist.
In zwei demütigen Briefen mußte der Aargauer Regierungsrat dem ungehaltenen Fürsten Metternich die «Bereitwilligkeit, welche wir in dieser Angelegenheit, um Ihrem Ansuchen bestmöglich zu entsprechen, gerne bezeugt haben», beteuern; damals war die Schweiz eben noch ein schwacher Staatenbund und kein Bundesstaat, der wie beim Wohlgemuth-Handel dem mächtigen Nachbarn die Stirn bieten konnte.
In Wirklichkeit hielt sich Ferdinand Johannes Wit in einem Schlupfwinkel des Gasthauses sechs Tage lang versteckt, bis die Häscher fluchend weiterzogen.

dem Rückzug der deutschen Neutralitätsgarantie für die Schweiz. Schließlich kündigte er den deutsch-schweizerischen Niederlassungsvertrag von 1876 und versuchte, Österreich-Ungarn und Rußland gegen die Schweiz aufzubringen.

Diese Reaktionen trugen alle Merkmale einer unüberlegten, impulsiven und rein gefühlsmäßigen Handlung, und insbesondere die Schikanen an der Grenze brachten Süddeutschland gegen den alternden und kranken deutschen Staatsmann auf. Die Ablösung an der Spitze des Deutschen Reiches zeichnete sich ab: Unter der glänzenden Oberfläche des wirtschaftlichen Aufschwungs begannen in Deutschland soziale Probleme sichtbar zu werden, für die der Fürst kein Verständnis hatte. Ausgerechnet zur Zeit des Wohlgemuth-Handels kam es zu einer starken Streikbewegung. Der damals 75jährige Kanzler und der 30jährige Kaiser Wilhelm II. verstanden sich nicht mehr. An den Auseinandersetzungen um die Arbeiterfrage entzündete sich ihr Konflikt, der ein Jahr später zur Aufhebung des Sozialistengesetzes und zum erzwungenen Rücktritt Bismarcks führte.

Der schweizerische Bundesrat verstand es, den zornigen großen Nachbarn schrittweise zu beschwichtigen. Die Anarchisten und Sozialisten auf Schweizer Boden wurden schärfer überwacht. Wohlgemuth war schon neun Tage nach der Verhaftung freigelassen und ohne weitere strafrechtliche Folgen ausgewiesen worden.

Die deutsch-schweizerischen Gehässigkeiten setzten sich trotzdem noch eine Weile fort, insbeson-

Szenen aus der wehrhaften Schweiz während der Grenzbesetzung 1914–1918. Der Fesselballon, von den Soldaten «Bundeswurst» genannt, gehörte noch zum Waffenarsenal (oben). Vor einem Tessiner Gemeindehaus findet die Wachablösung statt. Die Spionage war weit weniger bedeutend als im Zweiten Weltkrieg.

dere in der deutschen Presse, die entgegen den schriftlichen Erklärungen Wohlgemuths behauptete, er sei im Gefängnis schlecht behandelt und unzureichend verpflegt worden. Die Schikanen gingen so weit, daß der Kölner Bahnhofinspektor die Brieftauben, die der Ornithologische Verein von Basel für ein Wettfliegen dorthin gesandt hatte, «auf höhere Weisung» zurückschickte, statt sie fliegen zu lassen.

Die Schweiz zog aus dem weltweit beachteten und nicht ungefährlichen Konflikt den Schluß, daß es nicht länger angehe, den Staatsschutz einzig den Kantonen zu überlassen, die ihn je nach der politischen Konstellation und den polizeilichen Mitteln unterschiedlich zu handhaben pflegten, dieweil die Eidgenossenschaft für eben diesen Staatsschutz außen- und neutralitätspolitisch geradestehen sollte.

Am 28. Juni 1889 beschloß der Bundesrat die Einrichtung einer ständigen schweizerischen Bundesanwaltschaft.

Grenzbesetzung 1914–1918: Massenhaft Agenten, nachlässige Polizei

«Es erwies sich bald, daß Fälle von militärischer Spionage gegen die Schweiz selten vorkamen. Was dem Ausland bei uns militärisch wissenswert erscheinen konnte, lag zu offen am Tage oder war zu leicht zu erfahren, als daß es dafür eines besonders umständlichen Kundschafterapparates bedurft hätte. (...) Dagegen nahm der Spionagedienst unter den kriegführenden Mächten auf und

über Schweizer Gebiet sehr rasch einen gewaltigen und für die Neutralität und Sicherheit der Schweiz bedrohlichen Umfang an.»
Theophil Sprecher von Bernegg

Mit diesen knappen und offenherzigen Sätzen umschrieb der Generalstabschef in seinem Bericht an den General über den Aktivdienst 1914/18 ganz genau die Problematik der Spionage in der Schweiz während des Ersten Weltkriegs.

Mit diesem Maschinengewehr führten Kavallerie-Mitrailleure des Ersten Weltkriegs das Feuer. Der Ernstfall blieb ihnen erspart. Dagegen kennzeichnete innere Zerrissenheit die Schweiz von damals; die Oberstenaffäre war der Beweis.

Nach einer Zusammenstellung des ehemaligen Bundesanwalts Werner Lüthi wurden von 1914 bis 1920 rund 150 Fälle verbotenen Nachrichtendienstes aufgedeckt. Die kriegführenden Mächte benutzten die zentral gelegene neutrale Schweiz als Nachrichtensammelstelle, Agentendrehscheibe und Versorgungsbasis. Generalmajor Max Ronge, der Chef der Nachrichtenabteilung des österreichisch-ungarischen Armeeoberkommandos und des Evidenzbureaus des Generalstabs, beklagte sich in seinen Memoiren: «Im Frieden hatten wir die von der Schweiz her gegen uns geführte Kundschaftstätigkeit der Russen und wohl auch der Franzosen stark gespürt. Eine organisierte Arbeit anderer Staaten konnten wir jedoch nicht wahrnehmen. Während des Krieges aber wandte sich der groß aufgezogene Apparat aller Feindstaaten von der neutralen Schweiz her gegen die Mittelmächte. Es war ihre patriotische Pflicht, die in gleicher Art erfüllten: Italiener, Franzosen, Engländer, Russen und – ihre Gegner. Die Schweiz war infolge ihrer zentralen Lage der Tummelplatz der Spionageagenten für die ganze Welt geworden. Es war Sache der Schweiz, sich gegen diese internationale Tätigkeit zu wehren. Sie tat es auch, wenn vielleicht in noch zu eleganter Form und in bescheidenem Umfange.»

Generalstabschef Sprecher nennt auch unverblümt die Gründe für die nicht sonderlich erfolgreiche Abwehrtätigkeit: die extrem föderalistische Gestaltung des schweizerischen Polizeisystems und die Doppelspurigkeit zwischen militärischer und ziviler, d.h. kantonaler, Fahndungstätigkeit. «Die Fäden der einzelnen Spionagefälle zogen sich zumeist über das Gebiet mehrerer Kantone, und da die Bundesanwaltschaft für die Nachforschungen über kein eigenes Personal verfügte, sondern auf die Tätigkeit einer nicht selten ungeschickten, zuweilen selbst widerstrebenden kantonalen oder Gemeindepolizei angewiesen war, so gelang es oft nicht, die verworrenen Irrgänge der Spionage rechtzeitig und vollständig aufzudecken.» Die Tätigkeit der sich erst entwickelnden Heerespolizei sei, so beklagte sich Sprecher, oft behindert worden durch die «krankhafte Eifersucht der kantonalen Polizei, die hie und da ihre Prärogative (Vorrechte) höher stellte als das offenkundige Interesse des Landes in diesen schweren Zeiten. Wie sich in der Folge herausstellte, handelte es sich in einzelnen Fällen nicht allein um die eifersüchtige Wahrung hoheitlicher Befugnisse, sondern selbst um Konnivenz (sträfliche Nachsicht) mit den Angeschuldigten oder Verdächtigten, denen geradezu zur rettenden Flucht ins Ausland verholfen wurde.»

Verschlungene Pfade...

Von der Schweiz aus schlichen sich Agenten und Saboteure in die kriegführenden Länder ein. Die Wege nach Vorarlberg und Tirol führten zum Beispiel auf Schmuggelpfaden durch das Inntal sowie über die Rhein- und die Liechtensteiner Grenze. Die Österreicher hatten auf dem Bodensee eigens eine Motorbootflottille stationiert, die das Eindringen schwimmender Agenten sowie die Flucht kriegsunwilliger Einberufener und desertierter Soldaten verhindern sollte. Der k.u.k. österreichisch-ungarische Geheimdienstchef hatte u.a. im Hotel Anker zu Rorschach ein amerikanisches Spionagebüro geortet, das mit den Italienern zusammenarbeitete und dem angeblich zwei als Geistliche getarnte Agenten angehörten. Ein diesem Büro zugeteilter Italiener, Anselmo Paris, fuhr regelmäßig die Eisenbahnlinie Sargans–Rorschach ab und nahm in den Bahnhofwirtschaften die Nachrichten seiner Zuträger entgegen. Der wohl wichtigste unter ihnen war ein Landsmann namens Evaristo Pagnutti, der vor dem Krieg als Bauführer in Friedrichshafen gearbeitet hatte und auf die dortigen Zeppelinwerke angesetzt war. Als er im Auftrag Paris' einmal mehr dort spionierte, wurde er verhaftet und zu zehn Jahren Zuchthaus verurteilt. Paris selbst fiel der schweizerischen Heerespolizei in die Hände.

Die Spionage beider Kriegsparteien profitierte namentlich an der schweizerischen Ostgrenze vom regen Grenzgängerverkehr zwischen Vorarlberg und dem Rheintal. Agenten und Informanten wurden u. a. durch verlockende Heimarbeitsinserate, namentlich für Heimstickerei, angeworben, und besonders begehrte – zwangsläufig auch besonders willige – Zielpersonen waren sogenannte Refraktäre: Ausländer, die es vorgezogen hatten, in der Schweiz zu bleiben, statt den Einberufungsbefehlen ihrer jeweiligen Vaterländer Folge zu leisten. Schließlich wurden zahlreiche Kundschafter von der Schweiz aus als Elektromonteure nach Österreich-Ungarn eingeschleust, das damals unter einem ausgesprochenen Mangel an Spezialarbeitern litt.

«Il colpo di Zurigo» oder: Watergate an der Bahnhofstraße

Die mit Sicherheit sensationellste und folgenschwerste Geheimdienstaktion während der Grenzbesetzung 1914/18 spielte sich in der bitterkalten Schneenacht zum Sonntag, dem 25. Februar 1917, im Haus «Zur Trülle» an der Bahnhofstraße 69 in Zürich ab.

Eine entscheidende Zeit im Ersten Weltkrieg! Drei Wochen zuvor hatten die Vereinigten Staaten ihre diplomatischen Beziehungen zum Deutschen Reich abgebrochen, nachdem dieses den totalen U-Boot-Krieg erklärt hatte. In weniger als sechs Wochen sollte Amerika in den Krieg eintreten. Die kämpfenden Völker rüsteten zu den Entscheidungsschlachten.

Am bewußten Sonntag um vier Uhr früh schleppten vier Männer ihre schweren Koffer die Bahnhofstraße hinunter zum Zürcher Hauptbahnhof. Eigentlich nichts Verdächtiges. Italiener, die den ersten Gotthard-Schnellzug erreichen wollten!

Plötzlich drückte einer der vier seinen Koffer einem Begleiter in die Hand und fuhr in einem Taxi davon. Der Wagen stoppte vor einem dunklen Haus in Außersihl. Ein Mann stürzte an die Tür und öffnete.

«Wie ist's gelaufen?»

«Alles in Ordnung!»

Wortlos fielen sich die beiden Männer in die Arme. Eines der kühnsten und erfolgreichsten Geheimdienstunternehmen des Ersten Weltkriegs war geglückt!

Die vier Einbrecher hatten in ein angebliches Zweigbüro des österreichisch-ungarischen Generalkonsulats im ersten Stock des Hauses an der Bahnhofstraße eingebrochen und in sechsstündiger Arbeit den mannshohen Tresor aufgeschweißt. Was ihnen in die Hände gefallen und in vier großen Koffern zum Bahnhof geschleppt worden war, waren die fast lückenlosen Akten der österreichisch-ungarischen Spionagezentrale, Abteilung Italien.

Als wenige Stunden später der italienische Militärattaché in Bern die Beute sichtete, fand er zum Beispiel rund hundert Adressen von österreichischen Spionen und Saboteuren in italienischen Hafenstädten, außerdem den Geheimcode des königlich-kaiserlichen Marine-Evidenzbureaus.

Obwohl zunächst nicht einmal die Polizei die wirklichen Hintergründe des Einbruchs ahnte, erregte die Tat in Zürich gewaltiges Aufsehen, denn im Tresor hatten sich auch Bargeld, Münzen und Schmuck für über 50 000 Franken befunden. Ein Vermögen! Für diesen Betrag standen damals im Seefeld und in der Enge ganze Mietshäuser zum Verkauf.

Wenn es den Einbrechern allerdings nur um Geld gegangen wäre, hätten sie sich nicht so viel Mühe zu machen brauchen: Im Erdgeschoß des Hauses befand sich eine Bank, die weit mehr Geld weit weniger gut aufbewahrte als die Österreicher einen Stock höher.

Die Italiener werden nervös

Das von Linienschiffskapitän Rudolph Mayer geleitete Zürcher Büro war in den letzten anderthalb Jahren sehr erfolgreich. Der erste große Erfolg von Mayers Agenten: die Sprengung des Panzerkreuzers «Benedetto Brin» im Hafen von Brindisi. Von nun an nahmen die gezielten Sabotageakte gegen italienische Militär- und Versorgungsanlagen kein Ende mehr. In Ancona flogen Flugzeughangars in die Luft, in Neapel brannten Lagerhäuser ausgerechnet in dem Augenblick, als sie mit aus Amerika gelieferten Lebensmitteln vollgestopft waren, und im Hafen von Genua wurde das Zollgebäude ein Raub der Flammen. In La Spezia flog ein Munitionszug in die Luft, ebenso wie der mit Dynamit beladene Frachter «Etruria» im Hafen von Livorno.

Der große Coup von der Bahnhofstraße erregte internationales Aufsehen. Einer der Haupttäter war Natale Papini (links oben). Der Tresor, in dem die österreichischen Spionagedokumente lagen, wurde aufgeschweißt (links Mitte), die Täter ließen das Werkzeug zurück (links unten, Original-Polizeiaufnahmen). Nebenstehend: der Tatort, das Haus «Zur Trülle», wie es damals aussah.

Großer Einbruchdiebstahl.

In der Nacht vom Sonntag auf den Montag in der Zeit zwischen abends 9 Uhr und morgens früh 8 Uhr ist an der mittlern Bahnhofstraße ein großer Einbruchdiebstahl verübt worden. Das kantonale Polizeikommando, das uns gestern abend von diesem Kriminalfall Kenntnis gab, erklärte, nähere Angaben über den Ort der Tat nicht machen zu dürfen. Die Täter sind mittels Nachschlüssel in ein Bureau eingedrungen und haben den dort befindlichen Kassenschrank mit einem sogenannten Sauerstoffgebläse geöffnet und des Inhaltes beraubt. Zu dem Oeffnen des Geldschranks wurden verwendet: Eine 50 Zentimeter hohe Sauerstoffflasche, grün, mit Nr. 181 versehen, und eine 33 Zentimeter hohe Azetylen-Dissous-Flasche, schwarz, Nr. 388. Das Schneidinstrument ist ein sogenannter Pyrocopt-Schneidbrenner, noch ganz neu.

Entwendet wurden im ganzen aus verschiedenen Behältern: 1006 Napoleons und zwei Zehnfrankengoldstücke, 24 österreichische Tausendkronennoten, 23 österreichische Hundertkronennoten, 1 Fünfzigmarkschein, 1 Hundertmarkschein, 4 Darlehensscheine zu 20 Mk., 1 Darlehensschein zu 10 Mk., 500 Fr. in Noten, und Kleingeld im Betrage von mehreren hundert Franken.

Ferner wurden entwendet: drei goldene Kettenarmbänder, eines mit Breloque, eine Busennadel mit österreichischer Kaiserkrone und kleinem Brillanten, außerdem ein Scheckbuch mit unbekannter Nummer der österreichischen Postsparkasse, ein Scheckbuch der Kreditanstalt, Filiale Feldkirch, einige Schecks auf die österreichisch-ungarische Bank in Wien zu 5000 und 10,000 Kronen (Anzahl unbekannt). Bei dem Gold befindet sich ein Stück mit dem Bildnis von Jerome, König von Westfalen, und bei dem österreichischen Kleingeld befinden sich zwei Fünfkronenstücke vom Fürstentum Liechtenstein und vier Stücke zu zwei Kronen ebenfalls vom Fürstentum Liechtenstein. **Die Höhe des gestohlenen Bargeldes allein beträgt schon gegen 50,000 Kr.**

Die Täter sind bis jetzt vollkommen unbekannt, trotzdem sofort mit aller Energie die Fahndung aufgenommen wurde. Die Täter gingen bei dem Einbruch mit aller Vorsicht vor und benutzten dabei, um zu verhindern, daß irgendwelcher Lichtschein nach außen dringe, ein großes Wachstuch, das, wie die Einbruchsinstrumente, am Tatort zurückgelassen wurde. Alle Merkmale an den Instrumenten (Nummern, Fabrikzeichen, Firmenbezeichnung), die auf eine Spur führen könnten, waren sorgfältig ausgefeilt und unkenntlich gemacht.

Lange fahndeten die italienischen Abwehrstellen vergeblich nach dem Drahtzieher dieser Sabotageakte, bis sich eines Tages in Zürich der emigrierte Advokat Livio Bini auf dem Generalkonsulat seines Heimatlandes meldete.

Bini war als österreichischer Spitzel bekannt. Er horchte gegen geringes Entgelt die vielen tausend italienischen Emigranten aus, darunter zahlreiche wehrunwillige Sozialisten und Anarchisten, die damals vor allem in Außersihl und rund um die Kaserne in Zürich wohnten.

Natürlich konnte Bini im Geheimbüro an der Bahnhofstraße, das nicht einmal im Adreßbuch der Stadt Zürich verzeichnet war, ungehindert ein- und ausgehen. Ob aus plötzlich wiederentdecktem Patriotismus oder gegen Geld: Jedenfalls ließ sich der windige Advokat als Doppelagent einsetzen und hielt fortan die als Konsuln getarnten Abwehrleute der Italiener in Zürich über die Bewegung des Feindes auf dem laufenden.

Er besorgte die Wachsabdrücke der Büroschlüssel und lieferte einen genauen Grundriß. Außerdem beschrieb er den Tresor, in dem er zu Recht die begehrten Unterlagen vermutete, mit äußerster Genauigkeit. Zur Sicherheit ließen die Italiener sofort einen Ingenieur kommen, der die Möglichkeiten eines Einbruchs erkunden mußte. Sein Bescheid war positiv.

Da wurde die wahrscheinlich paradoxeste Großfahndung ausgelöst, die es in Italien je gegeben hatte: Von Como bis Sizilien wurden in allen Gefängnissen und auf sämtlichen Polizeistationen die tüchtigsten Geldschrankknacker der Republik gesucht. Sie sollten in allerhöchstem Geheimauftrag der Regierung, die sie eben noch

So meldete die «Neue Zürcher Zeitung» den Einbruch. Die Beutezahlen sind in dieser Meldung noch ungenau; später wurden sie korrigiert.

bestraft hatte, ihr altes Handwerk wieder ausüben.

Der Schlossermeister Natale Papini aus Livorno, 35 Jahre alt, war gerade aus dem Gefängnis gekommen, wo er die Strafe für einen Einbruch in die «Banca Marittima» in Viareggio verbüßt hatte. Als die Livorneser Polizei das Rundschreiben aus Rom erhielt, mußte sie nicht lange überlegen; Papini war mit Abstand ihr fähigster «Schränker».

Rückkehr zur Ehrlichkeit beginnt mit Einbruch

Eigentlich hatte sich der Schlosser auf ein ehrliches Leben eingerichtet, wenn es in diesen Kriegszeiten auch an Arbeit fehlte. Aber wer, bitte, kann schon einem Regierungsauftrag widerstehen, vor allem dann, wenn man noch Bedingungen stellen darf?

Die italienische Abwehr erklärte sich mit allem einverstanden, was Papini forderte: Streichung sämtlicher Vorstrafen aus dem Leumundsregister, Befreiung von jedem zukünftigen Militärdienst und eine Prämie in der Höhe aller Wertsachen und Bargeldbestände, die sich in dem fraglichen Tresor finden würden.

Natale Papini und Remigio Bronzin, ein Mechaniker aus Triest, waren die Köpfe des Unternehmens, das in Zürich so großes Aufsehen erregen sollte, daß die «Neue Zürcher Zeitung» schrieb:

«Der neueste große Einbruchdiebstahl ist wohl der erste, der Zürich praktisch von dem Bestehen eines Berufes in Kenntnis setzt, dem der Fortschritt der Technik neben den unzähligen Segnungen und Erleichterungen, die wir ihm verdanken, als Giftblüte im letzten Jahrhundert hat aufkommen lassen: Es ist der Beruf der Einbruchsingenieure.»

Volle fünf Wochen dauerten allein die Vorbereitungen in Zürich. Mehrmals wurden nächtlicherwei-

Heute im Zürcher Kriminalmuseum: Tresorschloß, Schweißgerät, Brille und Sohlenschutz zum Verwischen der Spuren.

le die nachgemachten Schlüssel am eisernen Gittertor beim Hauseingang und an der Bürotür im ersten Stock ausprobiert.

Am Abend des 24. Februar um 21.30 Uhr steigen die vier Einbrecher ein: Papini, Bronzin, der Advokat Bini als Wegweiser und ein weiterer Helfer namens Tanzini. Im Hauseingang gegenüber stehen zwei Konsulatsbeamte Schmiere. Sobald sich etwas regt, sollen sie sich laut schneuzen und so die Einbrecher warnen. Die Fenster des Büros werden mit Wachstuch verhängt, damit kein verräterischer Lichtschein nach außen dringt. Die Einbrecher haben in den Koffern, die später zum Abtransport der Beute dienen, eine komplette Pyrocopt-Schweißanlage mitgebracht – das Modernste, was auf dem Markt zu haben ist. Der Profi Papini hat sogar daran gedacht, die Fabrikationsnummern auf den Gasflaschen auszuschleifen, um die Fahndung zu erschweren.

Ein Tresorknacker packt aus

Remigio Bronzin beschreibt die entscheidenden Stunden des Einbruchs unmittelbar danach in seinem Tagebuch wie folgt:

«Ich öffne das Gittertor und lasse die anderen drei passieren. In diesem Augenblick gehen außen zwei Polizisten vorbei, die kurz hineinschauen, dann aber ruhig weitergehen. Hastig schließe ich das Tor. Wir steigen in den ersten Stock hinauf. Während ich die Bürotür aufschließe, läßt Bini Zeichen panischer Angst erkennen. Papini und Tanzini schauen ihm ins Gesicht und lachen. Wir schließen die Tür hinter uns, ich orientiere mich anhand der Skizze und trete ans Fenster. Leutnant Cappelletti, der gegenüber Schmiere steht, gibt das verabredete Zeichen: alles in Ordnung! Bini holt Stricke aus seinem Koffer, die er aus dem Fenster fallen lassen will, wenn wir fliehen müssen. Ich montiere das Wachstuch. Um 21.45 Uhr beginnt Papini mit dem Schneiden. Sobald die Flamme das Blech durchstößt, entsteht ein starker Druck, die Flamme kriecht in die Gummischläuche, sie explodieren. Ich habe gerade noch Zeit, die Ventile zu schließen, um Schlimmeres zu verhüten. Das Zimmer füllt sich mit Gas, das sich mit einer chemischen Substanz in der Zwischenwand des Tresors verbindet.

35

Bürokrach begünstigt die Einbrecher

Generalmajor Max Ronge, Chef der Nachrichtenabteilung des österreichisch-ungarischen Armeeoberkommandos und des Evidenzbureaus des Generalstabes, erinnerte sich wie folgt an den Einbruch der Italiener in die Zürcher Spionagezentrale:

«In der Schweiz hatte sich allmählich ein Gegensatz zwischen dem k. u. k. Generalkonsul von Maurig in Zürich, dessen Unterstützung des Kundschaftsdienstes wir sehr schätzten, und dem ihm als Vizekonsul an die Seite gestellten Linienschiffskapitän Mayer herausgebildet, vielleicht weil Gehilfen des letzteren zwei Vertrauensleute des Konsuls, in Österreich nachträglich naturalisierte Reichsitaliener, geheimer Umtriebe für Italien verdächtigten.

Fest in der Gunst des Generalkonsuls, der ihnen unbedingt vertraute, bekämpften die beiden die Gruppe Linienschiffskapitän Mayer und brachten sie auch beim Militärattaché Oberst von Einem in Bern in Mißkredit. So kam es, daß er den vielredigen Organen Mayers die von einem Deserteur des italienischen 5. Genieregimentes stammende Meldung über die Unterminierung des Gipfels des Col di Lana, der an dem vom Deserteur vorausgesagten Tage in die Luft flog, nicht glaubte.

Die Divergenzen zwischen Konsul und Kapitän veranlaßten letzteren, die Marinenachrichtenstelle aus dem Generalkonsulat in ein Privathaus zu verlegen. Hier wurde in der Nacht vom 24. auf den 25. Februar 1917, als unverzeihlicherweise keines der Unterorgane im Lokal schlief, ein Einbruch verübt.

Das Aufsehen war groß. Der kompromittierte Marineur und sein Personal mußten die Schweiz verlassen.

Am unangenehmsten war uns, daß neben anderen auf den Kundschaftsdienst bezughabenden Dokumenten auch ein Chiffreschlüssel abhanden gekommen war.»

Ständig muß ich auf die Azetylen- und Sauerstoffflaschen aufpassen. Es ist 22.30 Uhr. Jedesmal, wenn wir das Deckblech durchstoßen, erlischt die Flamme, und ich muß sofort die Ventile der Gasflaschen schließen. Die Lage verschlimmert sich zusehends. Es bilden sich giftige Gase. Das Atmen wird schwieriger. Bini möchte die Gelegenheit benützen, den Raum zu verlassen. Er will uns weismachen, seine Anwesenheit auf der Straße sei viel wichtiger; aber wir verbieten ihm zu gehen.

Plötzlich hören wir das Tor. Jemand öffnet. Wir unterbrechen die Arbeit sofort und horchen. Ganz deutlich hört man den Hund des Wächters die Treppen hinauf- und hinuntergehen. Der Wächter schließt wieder ab.

Zum Glück hat Tanzini Handtücher und schmutziges Wasser in einem Becken gefunden. Wir tauchen diese Tücher immer wieder ins Wasser und wickeln sie uns um die Köpfe. Nur die Augen lassen wir frei. Trotzdem ist das Atmen fast unmöglich.

Alle paar Minuten erlischt die Flamme. Wir beschließen, das Fenster ein bißchen zu öffnen, und schauen auf die Uhr: Mitternacht, und wir haben erst die Hälfte der Arbeit geschafft! Papini verliert den Mut, läßt alles liegen und sagt: ‹Ich kann nicht mehr.› Ich antworte, er solle zur Abwechslung auf die Ventile achten und mir den Schneidbrenner geben. Als ich ihn noch bei seiner Berufsehre als Einbrecher packe, macht er weiter.

Um zwei Uhr früh haben wir rings um das Schloß Löcher gebohrt. Ich stecke einen Geißfuß in eines der Löcher und beginne zu würgen. Das Eisen gibt nach. Tanzini hilft mir. Papini kratzt die chemische Substanz, die uns so viel zu schaffen gemacht hat, aus dem Loch. Keiner spricht. Wir zünden die Flamme wieder an, und Papini schweißt das Schutzblech auf, das das Schloß einhüllt.

Das geht sehr schnell. Jetzt kommt das Schloß an die Reihe. Ich nehme einen Schraubenzieher und lege den Deckel weg. Papini entfernt die Bügel, ich schiebe den Riegel, die Tür geht auf.

Wie der Blitz schnappt Papini eine Kassette und eilt mit ihr ans Fenster, um im fahlen Schein der Straßenbeleuchtung den Inhalt zu kontrollieren. Papiere! Papini und ich brechen zwei weitere Kassetten auf. Wir finden Goldstücke, Fotos, noch mehr Papiere.

Zum Glück entdecken wir in dem Büro noch zwei kleine Koffer. Sonst könnten wir nicht einmal alles abtransportieren.»

Im Kassenschrank befanden sich 1008 Napoleon-Goldstücke, rund 3000 Franken und 32000 Kronen sowie kleinere Beträge in Mark, ferner eine Reihe von Münzen und Schmuckstücken – und eben die begehrten Dokumente.

Abwehr bricht das Versprechen

Trotz dieses vollen Erfolges hielt sich die italienische Abwehr nicht an das Versprechen, das sie Papini gegeben hatte. Die Regierung händigte ihm lediglich 30000 Lire aus. Aber er konnte es sich nicht leisten, auf der Erfüllung des Versprechens zu bestehen, zumal er bei Androhung schwerster Strafe zu schweigen gelobt hatte. Mit dem Geld richtete er sich eine Schlosserei ein, die aber nie recht florierte. 1954 reichte der monarchistische Abgeordnete Ettore Viola im Parlament einen Antrag ein, dem um die Republik verdienten Einbrecher eine jährliche Rente von umgerechnet 1700 Franken auszusetzen. Der Antrag verschwand indes in den unergründlichen Schubladen der italienischen Bürokratie und ward nimmer gesehen, geschweige denn erfüllt. Der Schlossermeister starb 1966 im Alter von 85 Jahren in bitterer Armut in seiner Heimatstadt Livorno; seine Neffen Aldo und Giuseppe Melani, die ein

Blumengeschäft besitzen, hatten ihn unterstützen müssen, damit er auch nur zu essen gehabt hatte.

Schweizer Nachrichtenchefs beliefern die Deutschen – die Oberstenaffäre

Der tollkühne italienische Coup in Zürich war ein Husarenstück; seine wirklichen Hintergründe wurden erst viel später und zunächst nur bruchstückhaft bekannt. Wirklich erschüttert wurde die Schweiz von einem Nachrichtenfall, der zeitweise eine ernste Vertrauenskrise zwischen Volk und Armee, aber auch zwischen General und Bundesrat heraufbeschwor: die Oberstenaffäre.

Mit einer unbedachten Bemerkung verriet einer der beiden Obersten sich selbst: Oberst Moritz von Wattenwyl, Chef der Nachrichtensektion des Armeestabes, machte sie am 10. Juli 1915 gegenüber seinem dienstuntauglichen Geheimschriftexperten Dr. André Langié. Dr. Langié hatte seinem Chef soeben den Klartext eines abgefangenen chiffrierten Telegramms vorgelegt, das der russische Militärattaché in Paris seinem Berner Amtskollegen gesandt hatte. Darin stand: «Man informiert mich aus Petersburg, daß die Depeschen, die Sie absenden und empfangen, von den Deutschen gelesen werden.»
Etwas geistesabwesend lächelte Oberst von Wattenwyl vor sich hin und murmelte dann, mehr zu sich selber als zu seinem Unter-

General Ulrich Wille hoch zu Roß. Wegen der Oberstenaffäre geriet er in ernsthaften Streit mit dem Bundesrat: Wille wollte die deutschfreundlichen Obersten decken und den öffentlichen Militärprozeß verhindern, konnte sich aber nicht durchsetzen.

gebenen gewandt: «Schau, schau, jetzt haben sie's gemerkt!»
Ob denn die Deutschen den Schlüssel der Russen nun auch herausgefunden hätten, erkundigte sich Langié. Da lächelte von Wattenwyl, deutete mit dem Zeigefinger auf seine Brust und sprach den verräterischen Satz: «Mais les Allemands, c'est nous, voyons...» («Die Deutschen, das sind doch wir!»)
Ein Wort wie eine Zeitbombe! Vier Monate später sollte er eine ernste innenpolitische Krise auslösen! Die beiden leitenden Männer im militärischen Nachrichten-

dienst der neutralen Schweiz hatten die Abschriften von Hunderten von abgefangenen diplomatischen Telegrammen und das tägliche vertrauliche Bulletin des Generalstabs dem deutschen Militärattaché in Bern zugespielt.

General Ulrich Wille (Mitte), begleitet von Generalstabschef Theophil Sprecher von Bernegg (rechts) und Generaladjutant Friedrich Brügger (links), bei der Inspektion eines Manövers. Bei den Wehrmännern zirkulierte der Spruch: «Was Wille will und Sprecher spricht, dem füge dich und murre nicht.» Auch Sprecher stellte sich im Militärprozeß gegen die Obersten Egli und von Wattenwyl vor die Angeklagten. Sie wurden freigesprochen und nur disziplinarisch bestraft.

Kein «einzig Volk von Brüdern»

Um beides zu verstehen – die Taten der Obersten und die Aufregung im Volk –, muß man sich in die damalige Zeit zurückversetzen, wo die Eidgenossen alles andere als ein «einzig Volk von Brüdern» waren. Zahlreiche kriegswirtschaftliche Affären hatten das Volk erzürnt. Immer bitterer rächte sich das Fehlen einer gerechten Versorgung des Landes. Schieber und Kriegsgewinnler hatten ihre große Zeit, während die Familien der Wehrmänner ohne Lohnausgleich und ohne sozialen Schutz Not litten. Das Verhältnis zwischen den Wehrmännern und ihren Kadern war schlecht. Der Historiker Peter Dürrenmatt berichtet: «Der Dienstbetrieb wurde routinehaft, kasernenmäßig und – abgesehen von der Endzeit – ohne geistige Anregungen durchgeführt. Alles beruhte auf dem deutschen Vorbild des Drills. Die Truppe, die nicht unmittelbar zum Grenzdienst eingesetzt war, übte nach den Programmen einer Rekrutenschule, und wenn sie damit zu Ende war, so fing man wieder von vorne an. Gewehrgriff, Taktschritt und Grußüben füllten halbe Tage aus. Das formelle Exerzieren erreichte unglaubliche Präzisionen. Aber den einzelnen Mann erfüllte es mit wachsender Unlust.»

Unlust herrschte auch über die Überfremdung, die nicht nur geistig, sondern ebenso zahlenmäßig an vielen Orten größere Ausmaße erreichte als je in der Hochkonjunktur der späten sechziger und frühen siebziger Jahre, welche die verschiedenen Überfremdungsinitiativen hervorbrachten. Stramm deutschfreundliche höchste Offiziere wie General Ulrich Wille sprachen auch privat nur hochdeutsch. Namhafte Zürcher und Basler Familien verboten selbst ihren Kindern den Schweizer Dialekt.

Schon 1910 lebten 552 000 Ausländer in der Schweiz, die Hälfte von ihnen Österreicher und Deutsche. Ihre Zahl hatte sich innert zwanzig Jahren verdoppelt. Deutsche beherrschten namhafte Schweizer Firmen. Ein Drittel der Hochschulprofessoren in der deutschen Schweiz kam aus Deutschland. So verschob sich der geistige Schwerpunkt der Schweiz immer mehr nach dem Reich hin, so weit, daß zum Beispiel ein Deutschprofessor an der Universität Bern, gebürtiger Schweizer, an einem deutschen Philologentag den Ausspruch tat, die Schweiz sei eine geistige Provinz des Deutschen Reichs.

Ähnlich lagen die Verhältnisse in der Westschweiz mit Bezug auf Frankreich. Zwangsläufig spalteten die gegensätzlichen Parteinahmen die Schweiz. Aber es existierte nicht nur der sprichwörtliche Graben zwischen Deutsch und Welsch, sondern, wie es der Historiker Jürg Schoch ausdrückt, «ein eigentliches Grabensystem. Es trennte Bürgerliche von Sozialdemokraten, Sozialdemokraten von Regierung und Armeeleitung, Deutsch- von Welschschweizern und diese wiederum, wenn auch anders als die linksstehenden Kreise, von den Trägern der Regierungsverantwortung. Die Einheit des Staates litt beträchtlich unter der gegenseitigen Bekämpfung der auf ihren Positionen beharrenden Meinungsgruppen.»

Sprachgenie kommt den Obersten auf die Schliche

Auch der weltfremd scheinende Literaturwissenschafter Dr. André Langié, damals 43 Jahre alt, machte aus seinen Sympathien kein Hehl; als Welscher neigte er zur Entente. Seit 1903 war der ausgesprochen schüchterne, in sich gekehrte Gelehrte Bibliothekar der Freien Theologischen Fakultät an der Universität Lausanne. Langié litt darunter, daß er wegen drei fehlender Zentimeter Brustumfang nicht militärdiensttauglich war. Um so lieber stellte er seine besonderen, ans Geniale grenzenden Fähigkeiten der Armee zur Verfügung: Dr. André Langié beherrschte nicht weniger als 32 Sprachen und besaß ein ausgeprägtes Talent, Geheimschriften zu entziffern und Codes zu knacken! Während des Aktivdienstes wurde er als ziviler Bediensteter in der Nachrichtensektion des Armeestabs eingesetzt.

Zu Hunderten wurden dem nervösen, sensiblen Gelehrten chiffrierte Depeschen unterbreitet. Er nahm an, es handle sich um Botschaften, welche die Berner Attachés ihren Zentralen übermittelten und welche von den Schweizern abgefangen worden seien. In der Regel wurden die Codes ein- bis zweimal monatlich gewechselt. Dr. André Langié entschlüsselte sie alle. Nur wunderte er sich, daß er es beinahe ein Jahr lang hauptsächlich mit russischen Depeschen zu tun hatte, deren Inhalt für die Schweiz offensichtlich nichts wert war.

Der naive Doktor ahnte nicht, daß Oberst Karl Egli, Unterstabschef in der Nachrichtensektion, diese Texte aus Deutschland mitgebracht hatte, weil die Deutschen mit dem Code nicht fertig geworden waren. Es handelte sich um Botschaften, die die russischen Militärattachés in Kopenhagen, Stockholm und London mit Petersburg austauschten. Offensichtlich vermochte Oberst Egli seinen deutschen Freunden mit den Fähigkeiten seines Dechiffrier-Genies zu imponieren.

Es steht fest, daß hohe Persönlichkeiten in Regierung und Armee recht bald von der neutralitätswidrigen Zusammenarbeit zwischen den beiden Nachrichtenobersten und den Deutschen wußten, doch wurde die peinliche Angelegenheit vertuscht. Mit Dr. Langié rechnete indes niemand. Nach längeren Gewissenskämpfen beschloß er zu reden. Aber er vertraute sich nicht etwa dem Chef des Militärdepartements an, sondern verständigte anonym einige welsche Politiker und die zaristische Botschaft. Zum Zeichen, daß die Russen, gestützt auf seinen Tip, keine Repressalien gegen die Schweiz ergreifen würden, ver-

Oberst Moritz von Wattenwyl, Chef der Nachrichtensektion, später Beamter.

Oberst Karl Egli, Mitarbeiter des Armeenachrichtendienstes, später Redaktor.

Dr. André Langié, der Mann mit den 32 Sprachen, deckte die Affäre auf.

Ist der Staatsrat ein Spion?

Zur Zeit der Oberstenaffäre geriet sogar einer der bekanntesten freiburgischen Bürger, der katholisch-konservative Freiburger Staatsrat Emile Savoy, in Spionageverdacht. Zu Beginn des Jahrhunderts hatte Savoy vier Jahre in Belgien gelebt. Dort hatte er den Journalisten Camille Joset kennengelernt, der am 14. April 1915 in Luxemburg wegen Spionage zugunsten von Frankreich zum Tode verurteilt, später aber zu lebenslänglicher Haft begnadigt worden war.

In den Einvernahmen stellte sich heraus, daß Staatsrat Savoy in seiner Eigenschaft als Polizeidirektor Joset und einem Begleiter zu Handen der deutschen Behörden bescheinigt hatte, er habe die Zeit vom 22. Dezember 1914 bis zum 1. Januar 1915 in Freiburg verbracht. In Wirklichkeit waren die beiden Herren verbotener- und heimlicherweise nach Le Havre gereist. Savoy hatte die Bescheinigung schon am 22. Dezember ausgestellt.

Am 23. Januar 1915 hatte Joset dem franzosenfreundlichen Freiburger Politiker ein Telegramm folgenden Inhalts gesandt:

«Pouvez-vous envoyer pour le comité à Arlon
les 21 ou 23 du mois prochain
deux mille kilos de sucre?
Répondez de suite.»

Ob Savoy den wirklichen Sinn dieser Botschaft verstanden hatte oder nicht, war nicht festzustellen; immerhin wurde bekannt, daß Joset damals zur Tarnung als Delegierter für ein luxemburgisches Hilfskomitee unterwegs gewesen war. Nach dem bei ihm gefundenen Code bedeutete der Text in Wirklichkeit: «Am 21., 22. und 23. haben zwei Infanteriedivisionen Arlon in Richtung Namur passiert.»

Dem Staatsrat konnte jedoch nicht nachgewiesen werden, daß er diese Botschaft auch weitergegeben hatte. Nach mehr als einem Jahr des Nachforschens stellte der Oberauditor der Armee die Untersuchung aus Mangel an Beweisen ein.

langte er ein Inserat. Tatsächlich erschien im «Journal de Genève» vom 3. Dezember 1915 die verabredete winzige Todesanzeige: «Die Freunde von Herrn Alexander N. Droujinsky werden benachrichtigt, daß dieser am 16. November auf seiner Besitzung in Rußland gestorben ist.» Umgehend beschwerte sich der französische Botschafter beim Bundesrat.

General Wille versuchte den Sanktionen des Bundesrates zuvorzukommen. Er machte Oberst Egli zum Chef der Hauenstein-Befestigung und gab Oberst von Wattenwyl ein Brigadekommando. Professor Edgar Bonjour: «Fast hatte man den Eindruck, die fehlbaren Obersten seien die Treppe hinaufgefallen.»

Wille will alles geheimhalten

Es kam zum Krach zwischen General Wille und dem Bundesrat. Politisch instinktlos beharrte der General darauf, daß dem Land am besten gedient sei, wenn die Affäre nicht an die Öffentlichkeit komme. Das wirklich Schlimme sei der «Landesverrat» der unbekannten Schweizer Quelle, die den Nachrichtenhandel den Entente-Vertretern eröffnet habe. Die Presse erörterte den Fall leidenschaftlich. Nur widerwillig stimmte Wille einer Untersuchung zu, nachdem ihm der Bundesrat sogar vorgeworfen hatte, der Generalstab handle neutralitätswidrig und treibe eine Politik, «als ob wir Alliierte Deutschlands und Österreichs wären». Mit der Untersuchung wurde der Staats- und Völkerrechtler Professor Dr. Max Huber betraut. In seinen Lebenserinnerungen urteilt er:
«Die Mitteilung des Bulletins war eine grobe Unkorrektheit, ja auch neutralitätswidrig, denn es enthielt die Beobachtungen unserer Grenzposten, Beobachtungen, die interessanter für die Kriegführenden als für uns selbst waren.

Mit dieser «Todesanzeige» signalisierten die Russen Dr. Langié, daß sie mit seinen Bedingungen einverstanden seien.

Waren es auch keine wichtigen militärischen Nachrichten, so waren es doch Nachrichten, die wir wegen unserer Neutralität viel leichter als die interessierte Kriegspartei uns verschaffen konnten. Wichtiger waren diese Nachrichten immerhin als die meist kläglichen Informationen, die die in unserem Lande ihr Unwesen treibenden Agenten der kriegführenden Staaten ihren Auftraggebern zukommen ließen und für deren Vermittlung sie von der Gegenpartei mit dem Tod bestraft worden wären. Die Aneignung und Entzifferung der diplomatischen Telegramme fremder Staaten ist eine sozusagen selbstverständliche Unanständigkeit – nicht nur in Kriegszeiten…»
Weit weniger abgeklärt urteilte das Volk. Protestversammlungen und Resolutionen jagten sich. Die Linke war in ihrem Antimilitarismus bestärkt. In Lausanne riß ein Bursche die deutsche Fahne herunter, die auf dem dortigen Konsulat zu Ehren des Geburtstags von Kaiser Wilhelm II. gehißt worden war. Der Bundesrat mußte sich eiligst entschuldigen. Die sozialdemokratische Presse sprach von Halunken («Volksrecht»), und der in Lausanne erscheinende «Grutléen» urteilte: «Ein Offizier, der sich solche Verbrechen hat zuschulden kommen lassen, wird in jeder Armee der Welt vor Kriegsgericht gestellt und erschossen.»
Die Oberstenaffäre war der Funke, an dem sich ganze Explosio-

nen von Bitterkeit und Haß, von Angst und Unzufriedenheit entzündeten. Der Militärgerichtsprozeß, der Ende Februar 1916 im Zürcher Schwurgerichtssaal begann, brachte keine völlige Klärung und Beruhigung. Die beiden Offiziere verteidigten sich mit dem nachrichtendienstlichen Grundgesetz, wonach man eben nur im Austauschverfahren zu Nachrichten kommt: Do ut des – ich gebe, damit du gibst... Freilich vermochten sie nicht eine einzige konkrete Gegenleistung Deutschlands oder Österreichs zugunsten der Schweiz zu nennen.

Egli und Wattenwyl kamen gnädig davon! Das Gericht fand zwar, sie hätten aus Fahrlässigkeit die Neutralitätsvorschriften verletzt, doch eines gerichtlich zu bestrafenden Vergehens wurden sie nicht schuldig gesprochen. Für ihre Fahrlässigkeit bestrafte sie General Wille mit je 20 Tage scharfem Arrest. Außerdem blieben sie vom Generalstabsdienst suspendiert.

Der wohlhabende von Wattenwyl zog sich auf seinen Familiensitz im Murifeld bei Bern zurück. Dann ging er als Berichterstatter verschiedener Schweizer Zeitungen an die Front und machte sich nebenher wieder für den Nachrichtendienst des Armeestabs nützlich. Später machte sich der Berner Patrizier um die Schweizer Kinderhilfe in Österreich verdient und wurde Beamter des Eidgenössischen Justiz- und Polizeidepartements.

Oberst Karl Egli, den der Hinauswurf materiell bedeutend härter traf, trat in die Redaktion der «Basler Nachrichten» ein.

So endeten immer wieder ertappte Spione in vielen Ländern der Welt. Diese Originalaufnahmen zeigen die Hinrichtung eines Spions durch die österreichisch-ungarische Armee während des Ersten Weltkriegs. Der Feldgeistliche erteilt dem knienden Verurteilten den letzten Zuspruch (oben). Nach vollzogener Hinrichtung salutiert das Exekutionskommando vor der Leiche.

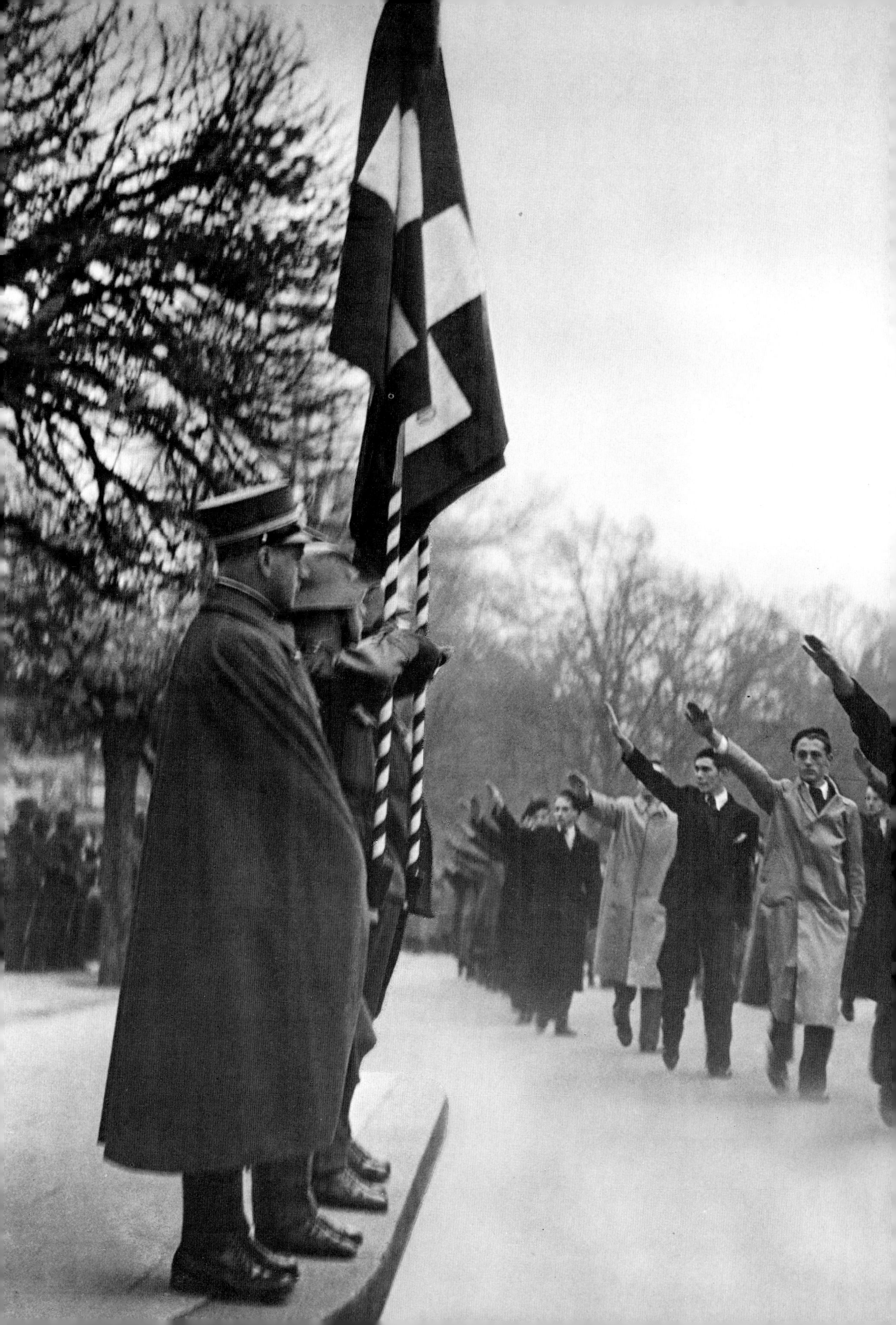

Der gefährliche Aufmarsch

Fröntler, Faschisten und Nazis in der Schweiz

Die Weltwirtschaftskrise schafft Massenarbeitslosigkeit und Not ohne Beispiel. Im Deutschland der Weimarer Republik zerfleischen sich die Parteien, während das Volk hungert.
30. Januar 1933: Adolf Hitler wird Reichskanzler. Am Abend dieses Schicksalstages marschieren 25 000 SA-Männer, eine ganze Bürgerkriegsarmee, mit Hakenkreuzfahnen und lodernden Fackeln durch das Brandenburger Tor zur Reichskanzlei. Kurze Zeit später marschieren sie auch in der Schweiz...

Mit dem Faschistengruß erweisen Schweizer Fröntler und Nazis bei der General-Dufour-Feier von 1938 den Feldzeichen der Schweizer Armee die Ehre. Ein symbolhaftes Bild für die damalige zerrissene Zeit!

Der scheinbar friedliche Regierungswechsel entlarvt sich: Zeitungen werden verboten, mißliebige Beamte zu Hunderten entlassen, die SA geht zum Terror über und ermordet Dutzende von politischen Gegnern.

27. Februar 1933: Der Reichstag in Berlin brennt. Ein holländischer Kommunist soll's gewesen sein, Schauprozeß, Todesurteil. Jetzt geht alles sehr schnell.

24. März 1933: das Ermächtigungsgesetz. Hitlers Regierung kann Gesetze erlassen, ohne den Reichstag zu fragen.

Parteienverbot, Röhm-Putsch, Blutbad, Austritt aus dem Völkerbund, Rückführung der Saar, Schaffung der Achse Berlin–Rom, Aufrüstung…

Europa treibt auf den vernichtendsten aller Kriege zu. Auch an der lautlosen Front der Geheimdienste wird gerüstet. Das Beispiellose am deutschen Netz, das über ganz Europa geknüpft wird, ist die explosive Mischung von Aggressivität und Systematik.

Noch finden die Eroberungen nur auf dem Papier statt: Nicht ein halbes Jahr ist seit Adolf Hitlers Machtergreifung vergangen, da führt die «Hamburger Illustrierte» in einer Gesamtdarstellung des deutschen Volkes bereits die 2,86 Millionen Deutschschweizer als «heimatlose Deutsche» auf. Aus den neuen Schulbüchern lernt die deutsche Jugend, das Finsteraarhorn sei der höchste Berg des Deutschen Reichs.

Auch in der Schweiz gärt es. Der Frontenfrühling erscheint vielen, zunächst wohlmeinenden Bürgern als tauglicher Aufbruch in eine neue, bessere Zeit.

Die Machtergreifung Hitlers und die Suggestivkraft seiner radikalen neuen Bewegung ist aber nur einer von vielen Gründen für die Bildung der Fronten: Noch ist die Schweiz eng mit Deutschland verbunden, insbesondere die Wirtschaft und das Bankensystem, das große Guthaben beim nördlichen Nachbarn besitzt; das nationalsozialistische Versprechen, einen Kreuzzug gegen den Bolschewismus zu führen, ist für weite Kreise des schweizerischen Bürgertums durchaus annehmbar, zumal sich in der Innenpolitik der Bürgerblock und die (damals noch armeefeindliche und klassenkämpferische) Sozialdemokratie unversöhnlich gegenüberstanden.

Gerade dieses kämpferische Gegeneinander ist vielen jüngeren Bürgern zuwider; sie erblicken in der von Deutschland inspirierten Frontenbewegung so etwas wie eine dritte Kraft, einen Ausweg aus dem hergebrachten Grabensystem: Nationalsozialismus wörtlich genommen.

Dazu kommt die ausgeprägte Tendenz, tüchtige jüngere Leute nicht ans Ruder zu lassen; das böse Wort von der Schweiz als «Greisendemokratie» ist nicht unberechtigt.

Schließlich begünstigt die wirtschaftliche Misere die Suche nach neuen Wegen. Tausende von gewerblichen und bäuerlichen Existenzen gehen zugrunde. Die Arbeitslosigkeit ist ein Massenphänomen, die soziale Sicherheit gleich Null. Das begünstigt den Ruf nach autoritärer Führung, nach dem «starken Mann».

Allein in der deutschen Schweiz gibt es von den frühen dreißiger Jahren an mindestens ein Dutzend frontistischer Bewegungen und Splittergruppen, die Bindungen ans Ausland unterhalten. Viele ihrer Führer und Mitläufer werden zu Spionen und Landesverrätern. Kaum eine große Nachrichtenaffäre vor und während des Zweiten Weltkriegs, in der nicht Frontisten, zum Teil fanatische Nazis, Hauptrollen spielen!

Dr. Ernst Biedermann, Landesführer der «Nationalen Front» (rechts oben). Diese Organisation liebte es, sich militärisch zu gebärden. Ihre Mitgliederausweise gab sie in Form von Dienstbüchlein ab (Mitte). Ein Ausschnitt aus der Zürcher Kaderliste beweist die straffe Organisation (unten).

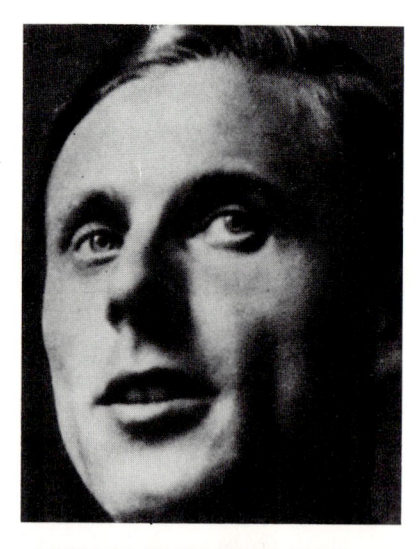

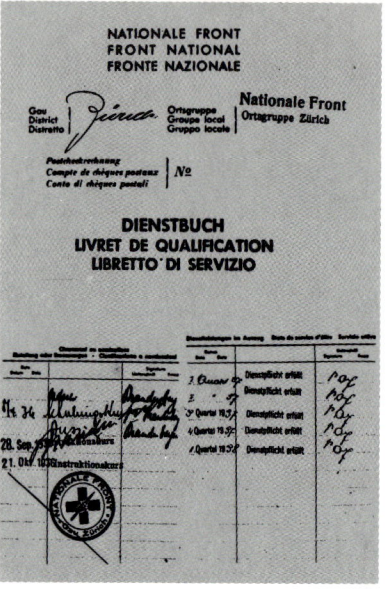

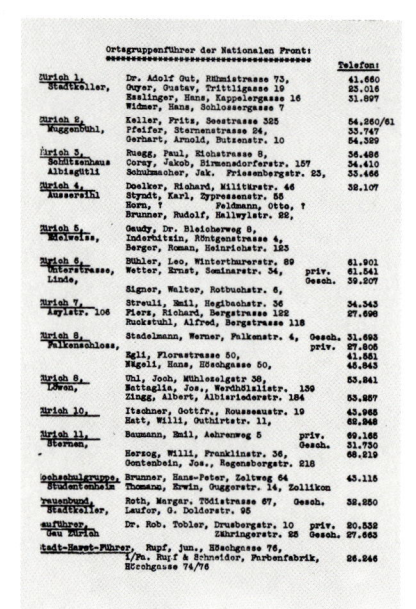

Verwirrung, Zersplitterung, Verrat

«Ein hervorstechendes Merkmal der frontistischen Bewegung bildeten die Eifersüchteleien der Gruppen unter sich wie der Spitzenfiguren innerhalb der einzelnen Parteiungen. Sie waren die Frucht eines Trugschlusses: Hitler hat mit sieben Mann begonnen und wurde der Führer einer großen Nation, folglich habe ich mit sieben Getreuen die Chance, ein schweizerischer Hitler zu werden!»
Prof. Dr. Karl Weber

Die Geschichte der schweizerischen «Erneuerungsbewegungen» wimmelt von Gründungen, Abspaltungen, Intrigen, Richtungskämpfen, Einigungsversuchen, vorübergehenden Versöhnungen, neuer Feindschaft – und von Männern mit hemmungslosem Machtstreben. Wiederholt unternahmen die deutschen Führungsstellen Versuche, die verschiedenen Bewegungen zusammenzuführen und damit zu stärken, doch blieb der Erfolg aus. So kommt denn der Historiker Walter Wolf in seiner wegweisenden Studie «Faschismus in der Schweiz» zum Schluß:

«Die selbstmörderische Tendenz zum Partikularismus verhinderte ein geordnetes Wachstum der Fronten. Sie begünstigte im Gegenteil ein ungezügeltes Wuchern von Gruppen und Bünden und raubte damit dem Frontismus seine Schlagkraft. Schon aus diesem Grunde konnte der ‹Erneuerungsbewegung› kein dauernder Erfolg beschieden sein. Die chaotische Zersplitterung der Fronten mußte letztlich nur den alten Parteien zugute kommen und damit den demokratischen Institutionen unseres Landes förderlich sein.»

Versuchen wir, stichwortartig einen Überblick über die wichtigsten längerdauernden oder auch nur kurzlebigen Einzelorganisationen zu gewinnen:

Der böse Geist des Jahrhunderts, Adolf Hitler. Ihn hatten viele Fröntler zum Ideal erwählt. Unser Bild zeigt Hitler bei einer Kundgebung im Berliner Sportpalast.

– Nationale Front
Bedeutendste und langlebigste Fröntlerpartei, hervorgegangen aus der von jungen Akademikern freisinniger Richtung gegründeten «Neuen Front» (autoritär-ständestaatliche Tendenzen, aber noch klares Bekenntnis zur Schweiz) und der «Nationalen Front» (antisemitisch, antidemokratisch, nationalsozialistisch). Im April 1933 schlossen sich die beiden Bünde zusammen (vorerst zum «Kampfbund Neue und Nationale Front»). Erster Landesführer war der Zürcher Kantonsschullehrer Dr. Ernst Biedermann, ihm folgte der Schaffhauser Anwalt Dr. Rolf Henne. Schnell paßte sich die Nationale Front nordischen Vorbildern an. Sie stellte aggressive Saalschutztruppen (Harste) auf, die Uniformen trugen (graues Hemd, schwarze Krawatte, rote Armbinde mit dem langschenkligen Schweizer Kreuz, dem Zeichen der Bewegung). Die NF-Mitglieder grüßten sich mit dem alteidgenössischen Schlachtruf «Harus». Politische Anfangserfolge stellten sich ein. Im besonders frontenfreundlichen Grenzkanton Schaffhausen wurde zwar der NF-Kandidat für den Ständerat nicht gewählt, doch im September 1933 kam es bei den Zürcher Stadt- und Gemeinderatswahlen zur Aufnahme der NF in den Bürgerblock. Das Ziel, die sozialistische Mehrheit zu brechen, wurde nicht erreicht. Im Gemeinderat erhielt die NF auf Anhieb zehn Mandate, die alle auf Kosten der Freisinnigen und der Demokraten gingen. Doch schon wegen dieser Beteiligung an einer Parteienwahl kam es zur ersten Spaltung. Die NF, die 1933 die Chance gehabt hätte, als rechtsstehende Oppositionsgruppe eine Rolle in der eidgenössischen Politik zu spielen, manövrierte sich selbst ins Ab-

45

seits. Ihr kämpferischer Antisemitismus und Antiliberalismus wirkten abstoßend. Die Enthüllung, daß die NF von Deutschland finanziell unterstützt wurde, der blamable Ausgang des Prozesses um die von ihr eifrig verbreiteten gefälschten «Protokolle der Weisen von Zion» und die immer offenere Hinwendung zum Nationalsozialismus leiteten ihren Niedergang ein, der 1937 durch die vernichtende Ablehnung der Volksinitiative für ein Verbot der Freimaurerei besiegelt wurde.

– *Schweizerische Faschistische Bewegung*
Gegründet vom Obersten und Exdozenten für Militärwissenschaften an der ETH Arthur Fonjallaz, war diese Gruppe auf Mussolini ausgerichtet, der Fonjallaz und seine Getreuen am 17. Oktober 1933 empfangen hatte. Vorübergehend hatte sie Sektionen in den Kantonen Tessin, Waadt, Neuenburg, Genf, Solothurn, Zürich und Graubünden, doch brachte sie es nie auf einen grünen Zweig. Die Beteiligung an kantonalen Wahlen im Tessin und im Wallis endete äußerst blamabel. 1937 wurde die Bewegung liquidiert.

– *Nationaldemokratischer Schweizerbund*
Gegründet 1935 vom Appenzeller Exsozialdemokraten und politischen Einzelgänger René Sonderegger. In Zürich beteiligte er sich 1935 an den Nationalratswahlen und brachte es nur auf 192 von 154 015 Listen. Ab 1940 bekannte sich der Schweizerbund offen zum «Europäertum Adolf Hitlers», den Sonderegger als den «größten und einzig praktizierenden Staatsphilosophen, welcher die Demokratie zu erwecken imstande ist», bezeichnete. Auch sein Bruder Hans Konrad, ehemaliger Appenzeller Stände- und späterer Nationalrat, der den Freiwirtschaftlern nahestand, bekannte sich zu ähnlichen Grundsätzen.

– *Nationalsozialistische Eidgenössische Arbeiterpartei oder Bund Nationalsozialistischer Eidgenossen*
1931 vom eingebürgerten Architekten Theodor Fischer gegründet und zur Zeit des Frontenfrühlings schon im Zerfall. Fischers sofortige und blinde Gefolgschaft zu Hitler trug ihm in der Schweiz heftige Kritik ein. Fischers Gefolgschaft trat mehrheitlich zur Nationalen Front über.

– *Nationalsozialistische Schweizerische Arbeiterpartei (Volksbund)*
Radikale Absplitterung von der Nationalen Front nach deren Wahlbündnis mit den Zürcher Bürgerlichen vom Herbst 1933. Führer dieses Volksbundes waren der später als Landesverräter verurteilte Major Ernst Leonhardt und Oberstdivisionär Emil Sonderegger. Die beiden zerstritten sich aber schon ein knappes halbes Jahr später, worauf Sonderegger eine «Volksfront» gründete. Diese ging 1935 im «Eidgenössischen Bund» auf. Der vor allem auf Basel beschränkte Volksbund (etwa 400 Mitglieder) erhielt seinerseits Zulauf von Restbeständen der Fischer-Partei. Der Volksbund war extrem deutschfreundlich und antisemitisch. Zeitung und Fahne führten das Hakenkreuz. Am 10. Dezember 1938, als der Bundesrat durch die Demokratieschutzverordnung gerade die Kompetenz für Parteienverbot erhalten hatte, löste Leonhardt seine Partei auf. Er führte sie über in die

– *Schweizerische Gesellschaft der Freunde einer autoritären Demokratie*
Während sich Leonhardt nach Frankfurt am Main verzog, trat hier zum erstenmal der Luzerner Journalist Franz Burri in Erscheinung. Die SGAD führte vor allem Kampagnen mit überaus heftigen, gegen die Schweiz, ihre Behörden

46

und ihre militärischen Führer gerichteten Flugblättern. Zahlreiche Verteiler wurden im Oktober 1940 von der Bundespolizei verhaftet. Mehrere SGAD-Mitglieder, darunter Burri selbst, wurden später als Landesverräter zu hohen Strafen verurteilt. Zwei von ihnen gehörten dem deutschen Kommando an, das im Sommer 1940 mehrere schweizerische Militärflugplätze sabotieren sollte («Unternehmen Wartegau»). Am 8. November 1940 verbot der Bundesrat diese Gesellschaft.

– *Eidgenössische Soziale Arbeiter-Partei*
Entstand als Abspaltung von der Nationalen Front (1936) und fusionierte mit der Eidgenössischen Sozialen Volksbewegung (1938), ohne indessen zahlenmäßige oder politische Bedeutung zu erlangen. Als Führer wurde der damals 24-jährige Gründer der Partei, Ernst Hofmann, verehrt. Die ESAP erfreute sich der kräftigen finanziellen Unterstützung seitens einzelner Industriebetriebe. 1940 wurde sie auf Weisung deutscher Amtsstellen aufgelöst und mit dem «Bund Treuer Eidgenossen» zur «Nationalen Bewegung der Schweiz» verschmolzen.

– *Bund Treuer Eidgenossen*
Unter der Leitung von Dr. Alfred Zander, Dr. Hans Oehler, Benno Schaeppi und Dr. Wolf Wirz versuchte auch diese Gruppe, die nach ihrer Auffassung schwächlich gewordene Nationale Front rechts zu überholen. Nach dem Anschluß Österreichs erhofften sich diese «treuen Eidgenossen» für die Schweiz einen ähnlichen Weg. Im November 1938 wurde

Fröntleraufmarsch auf der Seebrücke in Luzern (links oben). Das langschenklige Schweizer Kreuz war das Wappen der Bewegung. Unten: Die Frontenführer im Demonstrationsmarsch durch Winterthur. Links Robert Tobler, in der Mitte Landesführer Rolf Henne, rechts Leo Viktor Bühlmann.

Jakob Schaffner, Schriftsteller

Links: Eine der eigenartigsten und tragischsten Gestalten der schweizerischen Fröntlerszene war der Schriftsteller Jakob Schaffner (1875–1944). Er wuchs als Waisenkind in Armenhäusern auf und wurde Schuhmacher. Noch vor dem Ersten Weltkrieg ließ er sich in Deutschland als freier Schriftsteller nieder. Dort feierte er beachtliche Erfolge, doch in seiner schweizerischen Heimat blieb ihm die Anerkennung versagt. Nicht zuletzt aus Enttäuschung darüber wandte er sich zunächst dem Kommunismus und ab 1936 dem Nationalsozialismus zu. Als Propagandaredner der «Nationalen Front» zog Schaffner durch die Schweiz. Er gehörte auch der Frontistendelegation an, die 1940 von Pilet-Golaz empfangen wurde. Ungeachtet seiner politischen Einstellung galt Schaffner als das stärkste und eigenartigste Talent des damaligen Schweizer Schrifttums.

Oberst Fonjallaz, Führer der Schweizer Faschisten (Richtung Mussolini).

Dr. Zander verhaftet. In der Untersuchung stellte sich heraus, daß er seit mindestens vier Jahren politischen Nachrichtendienst zugunsten Deutschlands betrieben hatte und der BTE nichts anderes als eine Spionageorganisation war.

– *Nationale Bewegung der Schweiz*

Gegründet im Juni 1940 als Sammelbecken für die zersplitterten Frontenorganisationen. Die treibenden Kräfte waren der Wirtschaftsberater Dr. Max Leo Keller und Dr. Rolf Henne (früher Nationale Front), Ernst Hofmann und Heinrich Wechlin (ESAP) sowie Hans Oehler und Alfred Zander (BTE). Parteigebote und Organisationsstatut der NBS entsprachen wörtlich denjenigen der deutschen Nazipartei. Aufsehen erregte die NBS, als ihre Spitzenleute am 10. September 1940 von Bundespräsident Pilet-Golaz in offizieller Audienz empfangen wurden. Wenige Tage später fand sich Dr. Keller bei Rudolf Hess, dem Stellvertreter des Führers, ein. Die Fröntleraudienz verschlechterte das Vertrauensverhältnis zwischen Bundesrat und Volk dramatisch. Nachdem sich die noch verbliebenen nazifreundlichen Schweizer Organisationen an einer vom Agentenführer Dr. Klaus Hügel (Sicherheitsdienst der SS in Stuttgart) nach München einberufenen Einigungskonferenz halbwegs zusammengerauft hatten, glaubte Keller vom Bundesrat in ultimativer Form uneingeschränkte Versammlungsfreiheit nebst der Erlaubnis zur Herausgabe einer Tages- und einer Wochenzeitung fordern zu können. Am 19. November 1940 verfügte der Bundesrat die Auflösung der Nationalen Bewegung der Schweiz.

– *Bund der Schweizer in Großdeutschland*

Dieser Auslandschweizerverein nationalsozialistischer Prägung wurde im Juni 1940 in Stuttgart gegründet und zählte Ende Februar 1944 rund 1800 Mitglieder. Als Gründer traten Franz Burri und der zum Obersturmbannführer der Waffen-SS aufgerückte Luzerner Arzt Dr. Franz Riedweg auf. Die führenden BSG-Mitglieder legten einen Eid auf «den von der Vorsehung ausersehenen Retter des Abendlandes, Schöpfer einer neueuropäischen Ordnung und Führer aller Germanen» ab. Zahlreiche führende Mitglieder wurden nach dem Krieg wegen Landesverrats sowie politischen und militärischen Nachrichtendienstes streng abgeurteilt. Insbesondere hatte der BSG Schweizer Freiwillige für die Waffen-SS geworben und in Stuttgart das berüchtigte Panoramaheim, Auffangstation für junge Schweizer und Zentrale für Spionage gegen die Schweiz zugleich, unterhalten.

– *Nationalsozialistischer Schweizerbund/ Nationalsozialistische Bewegung in der Schweiz*

Auch dieser Verein war eine Auslandschweizerorganisation. Er wurde im Oktober 1940 von Franz

---

Wie sich die Dinge gleichen...

Propagandalied der SA

«Durchs deutsche Land
    marschieren wir,
für Adolf Hitler kämpfen wir,
die rote Front – KPD –
    schlägt sie entzwei,
SA marschiert – Achtung,
    die Straße frei!»

Propagandalied der «Eidgenössischen Sozialen Arbeiter-Partei» (ESAP)

«Durchs Schweizerland
    marschieren wir,
für unsre Freiheit kämpfen wir,
die rote Front – KPS –
    schlägt sie entzwei,
ESAP marschiert – Achtung,
    die Straße frei!»

Divisionär Emil Sonderegger, Führer des «Volksbundes» und der «Volksfront».

Ernst Hofmann, Führer der «Eidgenössischen Sozialen Arbeiter-Partei».

Dr. Max Leo Keller wollte die Fronten einigen und wurde zum Landesverräter.

Burri und Ernst Leonhardt als Konkurrenz zum BSG gegründet, weil die Führungsansprüche dieser beiden Schweizer Nazis im BSG offensichtlich auf Widerstand gestoßen waren. Die neue Organisation zählte zeitweise rund 2400 Mitglieder. Mit der «Nationalsozialistischen Bewegung in der Schweiz» schuf sich der NSB eine Filiale in der zu «befreienden» Heimat. Der Bund blieb bis zum Kriegsende bestehen und galt allgemein als die radikalste und am heftigsten gegen die Schweiz arbeitende Nazi-Organisation.

Der Untergrund regt sich

Gewalt und Terror waren bei den Fröntlern längst an die Stelle politischer Argumente getreten. Erika Manns Kabarett «Die Pfeffermühle» wurde in Zürich allabendlich von eigens herbeikommandierten Einsatzkommandos gewalttätig gestört. Auf offener Straße überfielen Fröntler Schweizer Juden und Freimaurer. In den Wohnungen sozialdemokratischer Redaktoren explodierten Bomben.

Es war die Zeit der aufflammenden Spionagetätigkeit und der wachsenden geheimdienstlichen Agitation in der Schweiz. Nicht nur die Nazis spionierten: Der sozialdemokratische Tessiner Regierungsrat Guglielmo Canevascini schmuggelte drei überzeugte, aber in der Öffentlichkeit unbekannte Parteimitglieder in die «Federazione Fascista Svizzera» ein, einen Tessiner Ableger der kurzlebigen mussolinifreundlichen Gruppen des Obersten Fonjallaz. Die drei teilten sich eifrig in die Nachtwachen im Parteilokal und kopierten dabei nächtelang die Befehle der «Führer», die sie prompt den Sozialdemokraten hinterbrachten. So wurde der von den Faschisten geplante «Marsch auf Bellinzona» vom 25. Januar 1934, bei dem gegen das neue kantonale Ordnungsgesetz protestiert werden sollte, zu einem Fiasko. Als das magere Häufchen von knapp hundert Tessiner Faschisten das Regierungsgebäude stürmen wollte, in dem gerade der Große Rat tagte, brach die linke Jungmannschaft aus ihren Verstecken hervor und verprügelte die Mussolini-Jünger jämmerlich. Polizei und Feuerwehr mußten schlichten.

Oberst Fonjallaz selber entpuppte sich, wenn auch viel später, als Agent des Auslandes. Als er im Januar 1940 nach Deutschland ausreisen wollte, wurde er aus dem Zug heraus verhaftet. Zum Nachteil Frankreichs hatte er vor allem dorthin reisende Schweizer ausgehorcht, denen er zum Teil weiszumachen verstand, die Nachrichten seien für die Schweiz bestimmt. In Wirklichkeit übergab der braune Oberst seine Befunde den Abgesandten des Dritten Reichs. Er bespitzelte auch die britische Nachrichtenagentur Exchange Telegraph sowie die Vereinigung der Exilpolen in der Schweiz. Kurz nach Verbüßung der dreijährigen Zuchthausstrafe starb er.

Fünfte Kolonne im Aufbau

Vorerst wurden die Auslandsdeutschen auf ihre nachrichtendienstliche Verwendung hin vorbereitet. Eine «Forschungsstelle Schwaben im Ausland» zum Beispiel versandte in der Schweiz an Hunderte von niedergelassenen Deutschen «Fragebogen zur sippenkundlichen Erfassung der Schwaben im Ausland», auf denen neben den genauen familienkundlichen Tatsachen auch «bemerkenswerte Ereignisse der Familie oder einzelner Familienangehöriger» ausführlich zu schildern waren. Schon bald wurde jeder deutsche Student, der zum Studium in die Schweiz ausreisen durfte, in eigens eingerichteten

Schulungslagern, zum Beispiel in Überlingen, zur Bespitzelung von Kommilitonen angeleitet. Als dies bekannt wurde, führte die Polizei bei den Mitgliedern der Landesleitung der Deutschen Studentenschaft in Zürich und Bern Haussuchungen durch. Zehn Jahre später berichtete der Bundesrat den eidgenössischen Räten:

«Aus dem durch diese Polizeiaktionen ergänzten Aktenmaterial ergab sich in erster Linie der Gesamteindruck, daß man es bei der NSDAP, Landesgruppe Schweiz, bereits mit einer außerordentlich straffen, bis in alle Einzelheiten von der deutschen Zentrale abhängigen Organisation zu tun hatte.»

Vorläufig ergaben sich aber noch sehr wenig eindeutig strafbare Tatbestände. Der Bundesrat beklagte sich:

«Nach wie vor war die Abgrenzung dessen, was den schweizerischen Interessen zuwiderlief, die Landessicherheit gefährdete oder gegen die schweizerischen Gesetze verstieß, von dem, was noch als zulässig angesehen werden konnte, nicht leichter geworden, da sich fast nirgends der klare Tatbestand einer Gesetzwidrigkeit herausschälen ließ und von deutscher Seite formell immer wieder die Respektierung des Gastlandes betont wurde.»

Das neu beigebrachte Material bestätigte indessen, daß die deutschen Auslandsstudenten sorgsam ausgelesen, in besonderen Lagern geschult wurden und auch im Ausland in die NS-Organisation eingespannt blieben. Im Überlinger Lager waren den deutschen Studierenden in der Schweiz Fragebogen abgegeben worden, auf denen Fragen wie diese zu beantworten waren:

«Wie verhielten sich die Emigranten, und welches war ihre Tätigkeit? (Auch in politischer Hinsicht.) Nach Möglichkeit bei der Aufzählung mit genauer Namensnennung. Trennung zwischen Ariern und Juden: Nennung der Organisationen, mit denen diese Emigranten zusammenarbeiten.» Schließlich stellte sich heraus, daß zahlreiche nationalsozialistische Organe in Deutschland Auskunftsbegehren bei den deutschen Studentenschaften in der Schweiz gestellt hatten. Die Studentenfunktionäre sollten in erster Linie über deutsche Rückwanderer berichten, die sich zum Beispiel bei einer deutschen Amtsstelle zur Arbeitsvermittlung gemeldet hatten, ferner über Parteimitglieder, die von einer Schweizer Ortsgruppe in eine deutsche überzutreten wünschten. Auskünfte sollten auch erteilt werden über Leiter oder Besitzer von Schweizer Hotels, die der Deutsche Automobil-Club berücksichtigen sollte, und über Firmen, die deutsche Vertretungen suchten.

Merkwürdige Landkäufe

«Schon 1938 war ein Anwachsen der fremden Spionage auf unserem Gebiet festzustellen. Es ist vorgekommen, daß fremde Staatsangehörige Land in unmittelbarer Nähe wichtiger Anlagen kauften. Die Reorganisation und Modernisierung unserer Armee, die Beschaffung von Material und neuen Waffen, die Errichtung eines ganzen gestaffelten Befestigungssystems, überhaupt sämtliche zur Verteidigung des Landes getroffenen Anordnungen erweckten das Interesse des Nachrichtendienstes der fremden Mächte, deren Agenten unsere Pläne auszuspähen begannen. (...) Dabei handelte es sich fast ausschließlich um Spionage zugunsten Deutschlands. (...) Bis dahin hatten sich fremde Agenten darauf beschränkt, auf schweizerischem Staatsgebiet Beobachtungsposten und Nachrichtenlinien einzurichten, welche vor allem einer Aktion gegen andere Staaten dienen sollten.»

Aus dem Bericht an den General über den Aktivdienst von Generalstabschef Jakob Huber

Auch die übrigen Organisationen für Auslandsdeutsche wurden schnell auf- und ausgebaut. In der zweiten Hälfte der dreißiger Jahre gab es überall in der Schweiz die Hitler-Jugend und den Bund Deutscher Mädel, die Deutsche Berufsgruppe und die Frauenarbeitsgemeinschaft, den Nationalsozialistischen Lehrerbund und den Opferring, Sportgruppen, Kraft durch Freude, Deutsche Glaubensbewegung, Winterhilfswerk, Deutsche Arbeitsfront und die Vereinigung für das Deutschtum im Ausland.

Früh befaßte sich die Bundesanwaltschaft in Zusammenarbeit mit der Zürcher Kantonspolizei mit der Sportabteilung der NSDAP Zürich. Schon 1935 exerzierte diese nach den Reglementen der Sturmabteilung (SA) der NSDAP in Deutschland. Am 13. Oktober 1935 fand in Waldshut ein Sportfest statt, an dem Gruppen aus Zürich, Brugg, Baden, Genf, St. Gallen, Luzern und Bern teilnahmen. Die Nationalsozialisten aus der Schweiz trugen dabei einheitliche Kleidung, die der Uniform der SA entsprach, mit dem Unterschied, daß anstelle des braunen ein weißes Hemd getragen wurde. An diesem Sportfest wurde unter anderem auch Handgranatenwerfen demonstriert.

Die Dokumente, die bei der Haussuchung beim Landesleiter der Deutschen Studentenschaft in Zürich gefunden wurden, führten zur sofortigen Entlassung eines Bundesstenographen aus der Bundeskanzlei, der trotz vorheriger Warnung Parteimitglied geblieben war. Er wurde offensichtlich als Sicherheitsrisiko betrachtet.

«Gestatten, Danner, Gestapo-Agent!»

Aber auch an Anzeichen für eine direkte Agententätigkeit Nazideutschlands in der Schweiz fehlte es schon damals, lange vor Ausbruch des Zweiten Weltkriegs, nicht. Der sozialdemokratische Berner Journalist Otto Pünter, der ab Sommer 1936 als Spion für das republikanische Spanien in Italien und der Schweiz arbeitete, hatte Ende 1934 eine Kampagne gegen Fonjallaz geführt. Da stieß ihm Seltsames zu.

«Mitte Januar 1935, an einem düstern Vormittag, klingelte es an meiner Wohnung am Sennweg 7 in Bern. Als ich öffnete, stand vor mir ein großgewachsener junger Mann mit zurückgekämmtem blondem Haar.

‹Sind Sie Herr Pünter?› erkundigte er sich mit forschendem Blick.

‹Ja, Sie wünschen?›

‹Gestatten Sie, daß ich mich vorstelle. Mein Name ist Martin Danner. Gestapo-Agent 10010 aus München. Ich möchte mit Ihnen sprechen.›»

Otto Pünter legte seine Hand ins Feuer, daß es genau so und nicht anders gewesen ist, so unglaublich es klingt!

Danner erzählte Pünter seine Lebensgeschichte. Nach dem Studium sei er Journalist bei den «Münchner Neuesten Nachrichten» geworden. Nach der Machtübernahme habe er sich dem nationalsozialistischen Druck gebeugt. Seine Mutter sei Schweizerin gewesen. Nicht zuletzt deswegen habe ihn SS-Gruppenführer Heydrich in einen Gestapo-Lehrgang für Agenten gesteckt.

Martin Danner war, wie er erklärte, auf seinem ersten Auftrag.

Er sollte sich mit den Führern der verschiedenen nationalsozialistischen Schweizer Organisationen in Verbindung setzen und herauszufinden suchen, welche schweizerischen Persönlichkeiten zu einer Zusammenarbeit mit den Nazis bereit wären. Danner erklärte, der

Mit «ruhig festem Schritt», wie es im Horst-Wessel-Lied hieß, marschierten die Sportgruppen der NSDAP auf, hier bei einem Fest in Zürich (oben). Die Marschrichtung wurde im gleichen Umzug schon nach wenigen Minuten klar; das Publikum entbot den Hitler-Gruß.

51

Auftrag sei ihm zuwider, und er wolle die Schweizer Öffentlichkeit alarmieren. Er habe auch schon bei Dr. Markus Feldmann, dem Chefredaktor der «Neuen Berner Zeitung» und nachmaligen Bundesrat, vorgesprochen.

Pünter entschloß sich, diesen angeblichen Überläufer ernst zu nehmen. Danner schrieb ihm einen ausführlichen Bericht über den Aufbau der Geheimen Staatspolizei. Außerdem gab er ihm die auszugsweise Abschrift eines Berichtes an Heydrich, in dem Danner seine bisherigen Aktivitäten in der Schweiz rapportierte.

Nach einigen arbeitsreichen Wochen wurde Martin Danner in Zürich verhaftet, als er sich zu einem Treffen von italienischen und deutschen Geheimagenten begeben wollte. Ein Prozeß wurde ihm, wie damals üblich, nicht gemacht. Die Schweizer Bundesanwaltschaft wollte Danner so schnell wie möglich abschieben. Er bat darum, an die liechtensteinische Grenze gestellt zu werden. Seither hat man von ihm nie wieder etwas gehört...

Ein Attentat wie bestellt

Klarer war jedenfalls die Rolle, die jener – dieses Mal dunkelhaarige – Germane spielte, der sich bei einem Treffen mit Pünter und dem spanischen Gesandten Fabra Ribas als «Wehner, deutscher Marxist», vorstellte.

Wehner entwickelte in der Berner Botschaft des republikanischen Spanien einen phantastischen Plan: Beim kommenden Reichsparteitag in Nürnberg wollte er mit einem Freund im Flugzeug über der Szenerie kreisen und unvermittelt die volle Bombenlast auf die Ehrentribüne niedergehen lassen. Hitler, Göring, Goebbels ... alle würden sterben.

Das Flugzeug sollte – immer nach Wehners Plan – in der Schweiz beschafft, mit spanischen Bomben beladen werden und von jugoslawischem Boden aus starten, angeblich, um das Risiko zu verteilen.

Pünter kam die Sache allzu einfach vor. Von einem Nebenzimmer aus rief er die Politische Abteilung der Stadtpolizei Bern an, die Wehner und seinen im Hotel wartenden Komplizen Krüger verhaftete. Nach einer langen Verhörnacht gaben die beiden zu,

Unermüdlich geißelte der «Nebelspalter» die deutschlandhörigen Erneuerungsbewegungen. Die Karikatur oben enthielt eine Empfehlung, wie mit Spitzeln zu verfahren sei. Unten: Ein neuer Schweizer Exportartikel!

der «Flugzeugüberfall» sei von höchster Stelle in Berlin geplant worden, um einen Beweis für die «Blutschuld der Schweiz» zu konstruieren.

Wehner und Krüger wurden ohne Formalitäten an die deutsche Grenze gestellt. Die Namen waren natürlich falsch gewesen.

Waffenschmuggel und Menschenraub

Schon seit geraumer Zeit hatten die deutschen Übergriffe zugenommen – selbst wenn sie der Öffentlichkeit ausgesetzt waren. In Staad bei Rorschach wurden drei Schmuggler verhaftet, die an Bord eines deutschen Motorboots Bomben, Uhrwerke für Zeitzünder, Zündschnüre, Handfeuerwaffen und hochbrisante Sprengkörper aus den Beständen der Deutschen Wehrmacht hinüber nach Österreich hatte bringen wollen. Die Ladungen hätten genügt, um zwei Brücken oder 15 Eisenbahnlinien zu zerstören.

Das gefährliche Gerät war für Terrorakte in Österreich bestimmt, das damals noch nicht ins Reich «heimgekehrt» war. Die Verhafteten entpuppten sich als SA-Männer der in Deutschland stationierten Österreichischen Legion. Sie erhielten Zuchthausstrafen, und der Bundesrat protestierte in Berlin.

Es war nicht der erste und nicht der letzte Protest! Deutsche Agenten, vermutlich SA-Männer, drangen nach Ramsen SH ein und verschleppten in der Nacht einen deutschen Flüchtling gefesselt zurück ins Reich. Sein Schicksal wurde nie geklärt.

Deutsche Agenten sollen auch in Zürich einen Emigranten namens Sprenger entführt haben.

Als die Gestapo in Basel dasselbe versuchte, mißlang es. Die Affäre erregte internationales Aufsehen. Hitler-Deutschland wurde vor der Weltöffentlichkeit als ein Staat bloßgestellt, dem auch die niedersten Verbrechen und Gewalttaten recht waren, um seine Ziele zu erreichen.

Basel:
Gestapo-Agenten entführen einen Reichsfeind

Das Opfer aß zu Abend. Der Täter trank nur ein Bier. Die beiden Herren waren guter Dinge. An diesem Samstagabend hofften beide, daß langgehegte Wünsche in Erfüllung gehen würden.

Um 19.45 Uhr erschien ein dritter Mann und begann um den Preis des falschen Passes zu feilschen. Gegen halb neun Uhr erhoben sich die drei und verließen das Restaurant Zum Schiefen Eck an der Greifengasse in Kleinbasel. Soeben hatte die bedeutendste und folgenschwerste Geheimdienstoperation in der Schweiz der Zwischenkriegszeit begonnen! Es war Samstag, der 9. März 1935. Es schien, als wäre der kleinste und schmächtigste der drei Männer leicht angetrunken. Seine beiden stämmigen Begleiter hielten

Üppig blühte in der Schweiz der dreißiger Jahre die frontistische und nationalsozialistische Kampfpresse. Dies ist eine Auswahl aus gegen zwanzig meist sehr kurzlebigen Zeitungstiteln.

ihn untergefaßt und setzten ihn in den Fond des wartenden schwarzen Plymouth mit den Kontrollschildern ZH 9512.

Das Auto fuhr davon. Beim Zollamt Kleinhüningen an der Hiltalingerstraße verlangsamte der Chauffeur, der während des ganzen Geschehens im Wagen geblieben war, die Fahrt, als wollte er, wie vorgeschrieben, anhalten; aber plötzlich gab er Vollgas. Der Schweizer Zöllner konnte im letzten Augenblick noch zur Seite springen. Merkwürdigerweise war aber der Schlagbaum auf der deutschen Seite – und dies entgegen allen Gewohnheiten – hochgezogen.

Zweihundert Meter nach der Grenzlinie parkte der Plymouth. An der Adolf-Hitler-Straße in Weil am Rhein kontrollierten zwei Beamte, einer in Uniform und einer in Zivil, die Papiere der Wageninsassen. Es wiesen sich aus die Herren

– *Dr. Hans Wesemann*, geboren 1895 als Sohn einer Gutsbesitzerfamilie, früher Mitglied der SPD, Journalist und Korrespondent in verschiedenen Ländern, zuletzt Emigrant in Paris;

– *Hans Joachim Manz*, geboren 1893, ein Mann mit einem ungewissen Beruf. Heute darf man annehmen, er sei ein ziviler Mitarbeiter der Gestapo gewesen;

– *Gustav Krause*, geboren 1887, Chauffeur;

– *Berthold Salomon Jacob,* geboren 1898, Journalist und linker Pazifist, Experte für Fragen der geheimen deutschen Wiederaufrüstung und Herausgeber gut dokumentierter antinazistischer Pressedienste und Artikel. Jacob war aus dem Deutschen Reich emigriert und lebte fast mittellos in Straßburg.

Ein Mann ohne Paß

Jacob besaß keine ordentlichen Papiere, nur einen Tagesausweis für die Einreise in die Schweiz. Das war der Vorwand für die Beamten, ihn zum Polizeigebäude von Weil mitzunehmen. Dort wurde der Journalist verhört und durchsucht. Die Beamten fanden ein Exemplar seines in Deutschland verbotenen Pressedienstes. Der ebenfalls auf die Wache geführte Begleiter Manz, der sich im «Schiefen Eck» noch als Lieferant falscher Pässe angeboten hatte, tobte über die Festnahme.
Alles Theater!
Der Coup war von langer Hand vorbereitet, ein klassischer Fall von politischem Kidnapping!
Noch in der gleichen Nacht wurde Berthold Jacob auf höchste Weisung nach Berlin verfrachtet, während Dr. Wesemann und die beiden anderen Entführer natürlich gehen durften.
Dr. Wesemann war kontaktfreudig und weitgereist, aber mit 40 Jahren eine verkrachte Existenz. Um Geld zu verdienen und sich bei den neuen Machthabern beliebt zu machen, hatte er sich bei der deutschen Botschaft in London gemeldet und sich als Helfer der Gestapo angeboten.
Der Gestapo-Abteilungsleiter Dr. Walter Richter, zuständig für den Auslandsnachrichtendienst, hatte sogleich Verwendung für Wesemann gefunden, denn dieser kannte Jacob noch von gemeinsamen Berliner Zeitungszeiten her. Jacobs Kritik an der Wiederaufrüstung des heraufziehenden Hitler-Regimes war offenbar so massiv und treffend, daß die Gestapo seine Ausschaltung als «Akt der nationalen Notwehr» betrachtete, wie urkundlich festgehalten ist.
Schon zwei Monate vor dem Basler Fall hatte Wesemann einen anderen Bekannten bedenkenlos ans Messer geliefert: den dänischen Gewerkschaftssekretär Karl Balleng, der am 30. Januar 1935 nach Deutschland entführt worden war.
Jacob kam in Berlin in Teufels Küche. Er wurde pausenlos verhört und gefoltert. Immer wieder weckten ihn die Bewacher mitten in der Nacht, stellten ihn vor ein Erschießungskommando, befahlen Feuer und warfen den von Todesangst gepeinigten Häftling zurück in seine Zelle. Diese simulierten Hinrichtungen waren eine der vielen Methoden, mit denen die Gestapo ihre Opfer weichzumachen versuchte.

Der Täter Hans Wesemann (oben) und sein Opfer Berthold Salomon Jacob (unten). Der aufsehenerregende Menschenraub von Basel, der zu einer Konfrontation der Schweiz mit Deutschland führte, geschah an der Ecke Greifengasse/Claraplatz in Basel (rechts oben, Aufnahme von 1977). Der Fall Jacob wurde 1976 für das Zweite Deutsche Fernsehen verfilmt. Das Szenenbild (rechts unten) zeigt Jacobs Verhaftung durch die Gestapo in Lörrach.

Dr. Wesemann hingegen genoß die Früchte seines Verrates in der Schweiz. Er war allerdings so dumm, in seinem Hotel die Adresse eines Hotels in Ascona zu hinterlassen, wohin ihm allfällige Post nachgeschickt werden sollte. Dort wurde Wesemann, der zusammen mit einer Freundin Ferien machte, denn auch zehn Tage nach der Entführung Jacobs verhaftet. Vor seiner Abreise ins Tessin hatte Wesemann in Basel noch ein Telegramm an Frau Jacob in

FRISCO BAR
FRISCO BAR
Claraplatz
31 Friedhof am Hörnli-Habermatten
34 Käferholzstrasse
CABARET

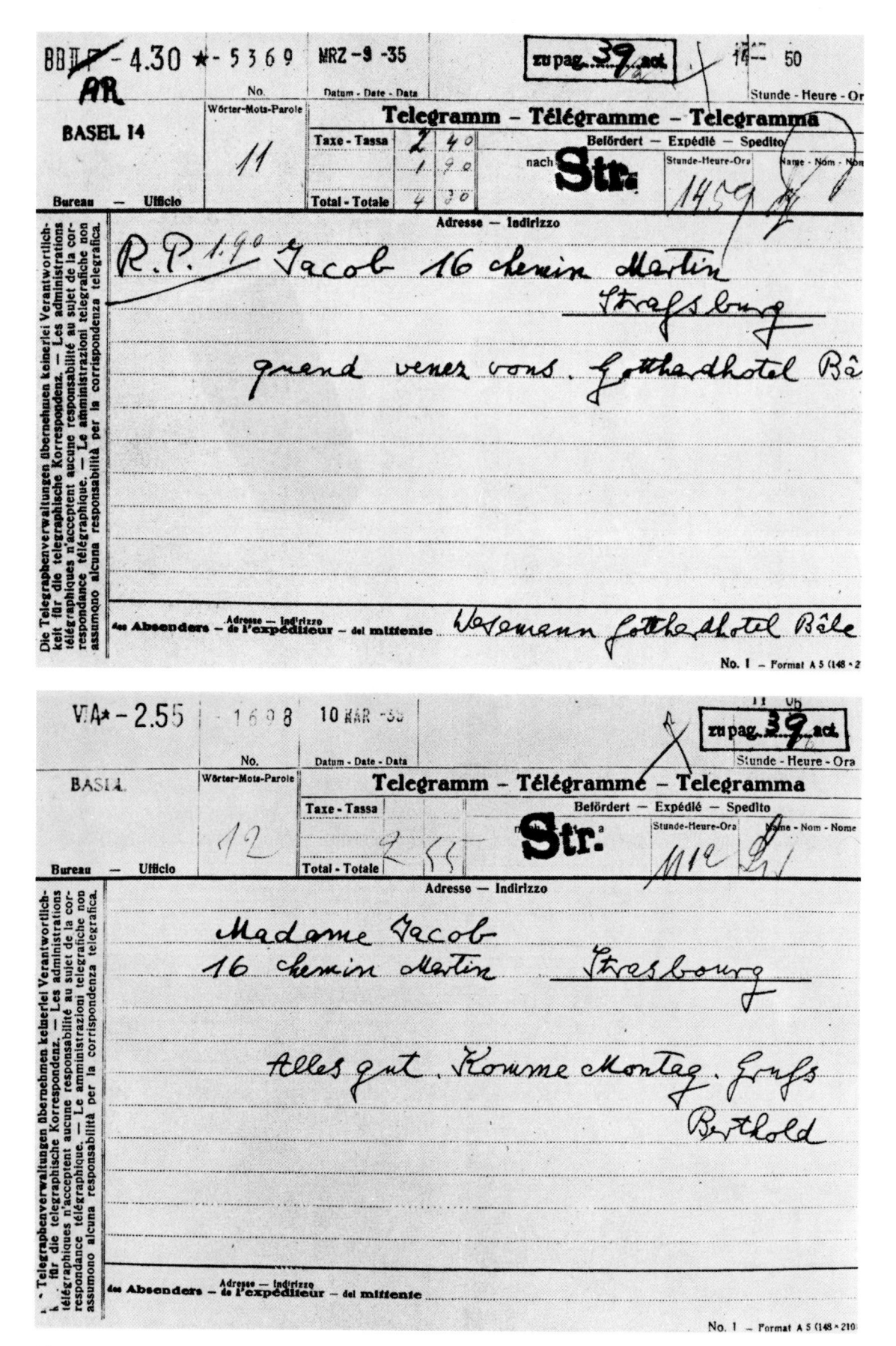

Telegramm — Télégramme — Telegramma

BASEL 14 — No. 5369 — MRZ-9-35

R.P. 1.90 Jacob 16 chemin Martin
Strasbourg

quand venez vous. Gotthardhotel Bâle

Wesemann Gotthardhotel Bâle

Telegramm — Télégramme — Telegramma

BASEL — No. 1608 — 10 MAR-35

Madame Jacob
16 chemin Martin Strasbourg

Alles gut. Komme Montag. Gruss
Berthold

Straßburg aufgegeben, in dem es hieß: «Alles gut. Komme Montag. Gruß. Berthold.» Damit sollte die beunruhigte Frau hingehalten werden; Wesemann wollte sich einen Vorsprung zur Flucht verschaffen.

Als ihr Mann neun Tage lang ausgeblieben war, erstattete einer seiner Freunde im Einvernehmen mit Frau Jacob Anzeige bei der Basler Staatsanwaltschaft. Da Frau Jacob vom Kontakt mit Wesemann wußte, forschte die Polizei auf dem Telegrafenamt nach. Dort fand sie zwei ausgefüllte Telegrammformulare, eines mit dem beschwichtigenden Hinhaltetext an Frau Jacob, das andere, einen Tag früher aufgegeben, an Jacob selbst gerichtet mit dem Text: «Wann kommen Sie? Gotthardhotel Basel.» Unterschrieben war diese Depesche von Wesemann. Beide Telegrammformulare waren von der gleichen Hand verfaßt. Wesemann war überführt.

Die Polizei hatte wenig Mühe herauszufinden, warum sich der sonst überaus vorsichtige Journalist so ohne weiteres hatte auf Schweizer Boden locken lassen: Jacob steckte ständig in Geldschwierigkeiten. Um sein Vertrauen zu gewinnen, hatte Wesemann, den Jacob ja für einen sozialistischen Gesinnungsgenossen und ebenfalls emigrierten zuverlässigen Berufskollegen hielt, ihm verschiedene Abnehmer für seinen Pressedienst in England besorgt und auch öfter Geld geschickt. Jacob wäre am liebsten für immer nach England ausgewandert, doch besaß er als ausgebürgerter Staatenloser keine Papiere. Wesemann versprach ihm, ihn in Basel mit einem Liechtensteiner namens Mattern zusammenzubringen, der Pässe fälschen

Links: Der Beweis, der Wesemann überführte: Das erste Telegramm (oben) lockte Jacob nach Basel, das zweite (unten) sollte Frau Jacob beruhigen. Beide Telegrammformulare stammten von der gleichen, nämlich Wesemanns Hand.

konnte. «Mattern» war niemand anders als der Gestapo-Agent Manz, der sich am Abend der Entführung zu den beiden Männern im «Schiefen Eck» gesellte. Er war es auch, der zwei Tage vor der Entführung den Plymouth in Zürich gemietet hatte. Der Wagen mußte später von einem Chauffeur der Vermietungsfirma in Weil abgeholt werden. Wesemann hatte dafür eine plausible Erklärung vorbereitet: Er habe seinen Chauffeur entlassen müssen, weil er betrunken herumgefahren sei.

Der Vorwand für die Autofahrt war ebenfalls schnell gefunden. Kaum war Mattern alias Manz zu Wesemann und Jacob gestoßen, zeigte er Blanko-Paßformulare vor und erklärte, man müsse in seine Wohnung nach Riehen fahren, um den Paß auszufertigen. Jacob, der immer noch glaubte, er habe es mit wohlmeinenden Freunden zu tun, willigte arglos ein. Es ist anzunehmen, daß er in diesem Augenblick schon alkoholisiert war. Ob ihm Wesemann auch ein Betäubungsmittel in eins der Getränke gemischt hatte, ist nicht bewiesen, aber wahrscheinlich.

Riesenwirbel rettet Jacobs Leben

Ohne es in seinem Gestapo-Verlies an der Prinz-Albrecht-Straße zu ahnen, hatte Jacob das Glück, daß sein Fall einem ausgesprochen ehrgeizigen und zähen jungen Basler Untersuchungsbeamten zugeteilt wurde, dem Staatsanwalts-Substituten Dr. Emil Häberli, der später die Basler Außenstelle «Pfalz» der Nachrichtensammelstelle 1 (NS 1) des schweizerischen Nachrichtendienstes leiten sollte.

Im Verhör gab Dr. Wesemann zwar zu, Jacob in Basel getroffen zu haben, doch von der Entführung wollte er nur so viel wissen, wie die Zeitungen berichteten. Stück um Stück rekonstruierte die Polizei, was wirklich geschehen war. Wesemann erfand laufend neue Versionen.

Da entschloß sich Dr. Häberli zu einer Fahndungsmethode, die internationales Aufsehen erregte. Kurzerhand schickte er zwei Staatsanwälte nach Paris und

Bundesrat Giuseppe Motta (Mitte), hier mit Enrico Celio (rechts), verhielt sich zuerst sehr entschieden, dann ungewöhnlich weich.

57

London, um die Bekannten Jacobs und Wesemanns zu verhören. Einer der beiden Staatsanwälte, der nachmalige Schweizer Diplomat Dr. Anton Roy Ganz, fand in London verräterische Spuren von Wesemanns auffallend häufigen Auslandsreisen sowie Hinweise auf seine Verbindungen zur Gestapo und seine Verstrickung in den dänischen Fall Balleng.

Am 30. März nahm Dr. Häberli den Untersuchungshäftling Wesemann ins Gebet. Er konfrontierte ihn mit dem im Ausland gesammelten Beweismaterial und schilderte ihm das Schicksal Jacobs in den schwärzesten Farben. In einem Verhör, das von 18 bis 01.30 Uhr des folgenden Morgens dauerte, gestand Hans Wesemann alles.

Längst war der Fall Jacob Thema Nummer eins in der internationalen Presse. Gestützt auf Wesemanns Geständnis machte der damalige Chef des Politischen Departements, Bundesrat Giuseppe Motta, Nägel mit Köpfen: Zum erstenmal hatte Bern konkrete Beweise für amtliche deutsche Verbrechen auf Schweizer Boden in der Hand. Noch eine Woche zuvor hatte der Schweizer Gesandte in Berlin, Paul Dinichert, auf eine vorsichtige Beschwerde wegen Verletzung der schweizerischen Gebietshoheit zur Antwort bekommen, es liege keine Entführung vor und Jacob sei «freiwillig nach Deutschland eingereist». Die Einvernahme in Paris und London sowie das Geständnis hatten nun den Beweis erbracht, daß dies nicht stimmte. Sämtliche Freunde und Bekannten Jacobs, allen voran natürlich seine Frau, bestätigten, daß der Journalist genau wußte, was ihn im Dritten Reich erwartete, und nicht im Traum an eine freiwillige Rückkehr nach Deutschland dachte.

Gestützt auf Wesemanns Geständnis protestierte die Schweiz schon am übernächsten Tag, dem

Ein unermüdlicher und unnachgiebiger Kämpfer um Jacobs Leben war der Schweizer Botschafter in Berlin, Paul Dinichert.

1. April, mit einer Verbalnote in Berlin. Gleichzeitig zitierte Motta den deutschen Botschafter Ernst von Weizsäcker ins Bundeshaus und verlangte Genugtuung für den Übergriff.

Hinter den Kulissen in Berlin ging es hart auf hart. Der Schweizer Gesandte Dinichert war ein Mann, der mit seiner Meinung nicht hinter dem Berg hielt. Es kam zu scharfen Auseinandersetzungen mit dem Staatssekretär im Auswärtigen Amt, von Bülow, der mit dem Rücken zur Wand kämpfte und, wie Professor Edgar Bonjour berichtet, zeitweise die Nerven verlor. Noch am 13. April bestritt das Auswärtige Amt, daß widerrechtliche Handlungen deutscher Beamter auf schweizerischem Boden vorgekommen seien. Zugegeben wurde indessen, daß Jacob nicht freiwillig über die Grenze gekommen war.

Inzwischen verfolgte die halbe Welt die Auseinandersetzung zwischen dem Kleinstaat und der Großmacht. Nur in der gleichgeschalteten deutschen Presse erschien kaum ein Wort über den Fall. Dafür lobte zum Beispiel die Londoner «Times»:

«Wenn die schweizerische Darstellung einigermaßen korrekt ist, dann ist ein brutaler Akt der Gewalt gegen ein Individuum begangen worden sowie ein flagranter Bruch der Neutralität in einem Land, das peinlich auf seine Gebietshoheit und auf sein Asylrecht bedacht ist. Motta ist mutig an die Sache herangegangen, und das Schweizervolk unterstützt den Kampf seiner Regierung für Gerechtigkeit uneingeschränkt. In jedem Land, das Freiheit noch zu schätzen weiß, wird der Standpunkt der Schweiz mit Beifall begrüßt werden.»

Die Schweiz verklagt Hitler-Deutschland

Nach einem weiteren fruchtlosen Notenwechsel berief sich die Schweiz auf den mit Deutschland geschlossenen Schiedsvertrag, rief das darin vorgesehene Schiedsgericht an und betraute den damaligen Professor Dr. Carl Ludwig mit der Vertretung der schweizerischen Interessen.

Der 74 Seiten umfassenden Klageschrift waren nicht weniger als 73 Beweisstücke beigegeben. Das bemerkenswerte Dokument schloß mit der Forderung nach Wiedergutmachung:

«Die Wiedergutmachung besteht insbesondere darin, daß der rechtswidrig aus schweizerischem Gebiet entführte Jacob wieder auf schweizerisches Gebiet zurückgeführt wird und daß die an der Entführung beteiligten Amtspersonen gebührend bestraft werden.»

Jetzt endlich stieg die deutsche Diplomatie vom hohen Roß; sie merkte, daß es die Schweiz bitter ernst meinte, und lenkte ein. In der mit dreiwöchiger Verzögerung erstatteten Klageantwort gab Deutschland – wenn auch verklausuliert – die aktive Beteiligung eines Gestapo-Beamten namens Dr. Richter an dem Verbrechen zu; er habe aus Übereifer gehandelt, hieß es. Richter wurde entlassen.

Es paßte wenig zu seiner bisher gezeigten festen Haltung, daß Bundesrat Motta nun plötzlich einlenkte und auf die Weiterführung des Schiedsgerichtsverfahrens verzichtete, obwohl «die schweizerische Öffentlichkeit darauf brannte, das Hitler-Regime amtlich bloßzustellen und ihm eine Lehre zu erteilen» (Prof. Bonjour). Motta bot Hitler-Deutschland einen Vergleich an. Über die Motive des schweizerischen Außenministers urteilt Bonjour:

«Mottas Schwenkung erscheint auf den ersten Blick als Schwäche und um so weniger verständlich, als es bisher in der Tendenz der Schweiz wie jedes kleinen und militärisch schwachen Landes gelegen hatte, mehr auf schiedsrichterliche Erledigung als auf politische Vermittlung abzustellen. Denn von der richterlichen Instanz war anzunehmen, daß sie demjenigen Recht gebe, der Recht hatte, auch dem Wehrlosen, während der Vermittler darnach trachtet, durch eine Kompromißlösung die Ansprüche beider teilweise zu befriedigen. Aber Motta war es aufrichtig darum zu tun, die Lage zu entspannen. Er wollte keine Bloßstellung von Hitler-Deutschland, vermutlich aus Furcht vor Vergeltung.»

Der Historiker Jost Niklaus Willi, der eine bedeutende Studie über den Fall Jacob/Wesemann geschrieben hat, erklärt, warum:

«Mottas Rückzug aus der über ein halbes Jahr gehaltenen Angriffsstellung auf eine mittlere Linie war der Schachzug eines Diplomaten, dem es bei der Affäre letztlich um politische und nicht um rechtliche Dinge gegangen war. Darum vermied er es sorgfältig, für sich und die Schweiz die Rolle eines öffentlichen Anklägers zu übernehmen, der mit Leichtigkeit das Treiben im Ausland an diesem Fall hätte aufzeigen können. Sollte denn ein neutraler Kleinstaat den untätigen Mächten den Gefallen erweisen, mit der Demütigung Deutschlands ein Schauspiel zu bieten und für sie die Kastanien aus dem Feuer zu holen?»

Motta täuschte sich. Sobald Deutschland merkte, daß eine Bloßstellung vor der Weltöffentlichkeit nicht mehr zu befürchten war, begann es neue Bedingungen zu stellen. Die ursprünglich geforderte öffentliche Erklärung des Bedauerns über die Verletzung der schweizerischen Gebietshoheit unterblieb. Schließlich verlangten die Deutschen sogar noch, daß bei der Rückführung Jacobs in die Schweiz jede Publizität unterbleibe und daß dementsprechend Ort und Zeitpunkt der Übergabe geheim bleiben müßten.

Die schweizerische Versöhnlichkeit ging so weit, daß nicht einmal das rechtlich an sich durchaus mögliche Bundesstrafverfahren durchgeführt, sondern die gerichtliche Verfolgung Wesemanns an den Kanton Basel-Stadt delegiert wurde. Dadurch hielt sich das internationale Aufsehen über den Prozeß ganz im Sinne Deutschlands in Grenzen.

Ein halbes Jahr nach der Entführung wurde Berthold Salomon Jacob in aller Stille in die Schweiz zurückgeschafft. Dr. Hans Wesemann wurde vom Basler Strafgericht der Freiheitsberaubung für schuldig befunden und zu drei Jahren Zuchthaus verurteilt. Seine Verteidigung bezahlte die Gestapo, die ihm nach der Strafentlassung auch weiterhalf. Wesemann wanderte nach Venezuela aus und wurde seither nicht mehr gesehen.

Nazi-Chef ermordet!

Kaum war die Unruhe um den Fall Jacob verebbt, erschoß am 4. Februar 1936 der aus Jugoslawien stammende Medizinstudent David Frankfurter den Landesgruppenleiter der deutschen Nationalsozialisten, Wilhelm Gustloff, in dessen Davoser Wohnung. Als der Untersuchungsrichter ihn fragte, warum er geschossen habe, antwortete Frankfurter:
«Weil ich ein Jude bin!»

An Gustloffs Sarg, der in Hakenkreuzfahnen eingehüllt war, hielten Davoser Hitler-Jungen Ehrenwache. In Deutschland wurde er mit allen militärischen und politischen Ehren bestattet; er galt fortan als «Blutzeuge» des Nationalsozialismus.

Der Mord bescherte der Schweiz erneut heikle außenpolitische Probleme, wobei dieses Mal ihre Position weit ungünstiger war als im Fall Jacob. Der deutsche Gesandte von Weizsäcker warf dem Bundesrat, wenn auch in erstaunlich gemäßigter Form, vor, die «Hetze der sozialistischen und kommunistischen Presse der Schweiz» habe, wenn auch ungewollt, den Boden für dieses Verbrechen vorbereitet. Dafür erging sich die deutsche Presse in ungezügelten Haßkampagnen gegen die Schweiz.

Bundesrat Motta entbot dem deutschen Gesandten das Beileid der Landesbehörde, was in der Schweiz Befremden hervorrief, denn schließlich war Gustloff zumindest rechtlich nichts weiter als ein Privatmann gewesen.

1917 war er als Lungenkranker nach Davos gekommen und als Angestellter der deutschen Physikalisch-Meteorologischen Forschungsanstalt dagebleiben. Er war einer der frühesten Anhänger Hitlers und gründete schon 1930 einen schweizerischen Ableger der NSDAP in Davos. Bereits 1931 war Gustloff nicht mehr allein: In St. Gallen, Lugano, Genf und Zürich gab es weitere Stützpunkte der Partei. 1932 wurden zwei Anhänger nach einer Untersuchung durch die Bundesanwaltschaft verwarnt und mit der Ausweisung bedroht. Der Leiter der Ortsgruppe Zürich, Max W. Morstadt,

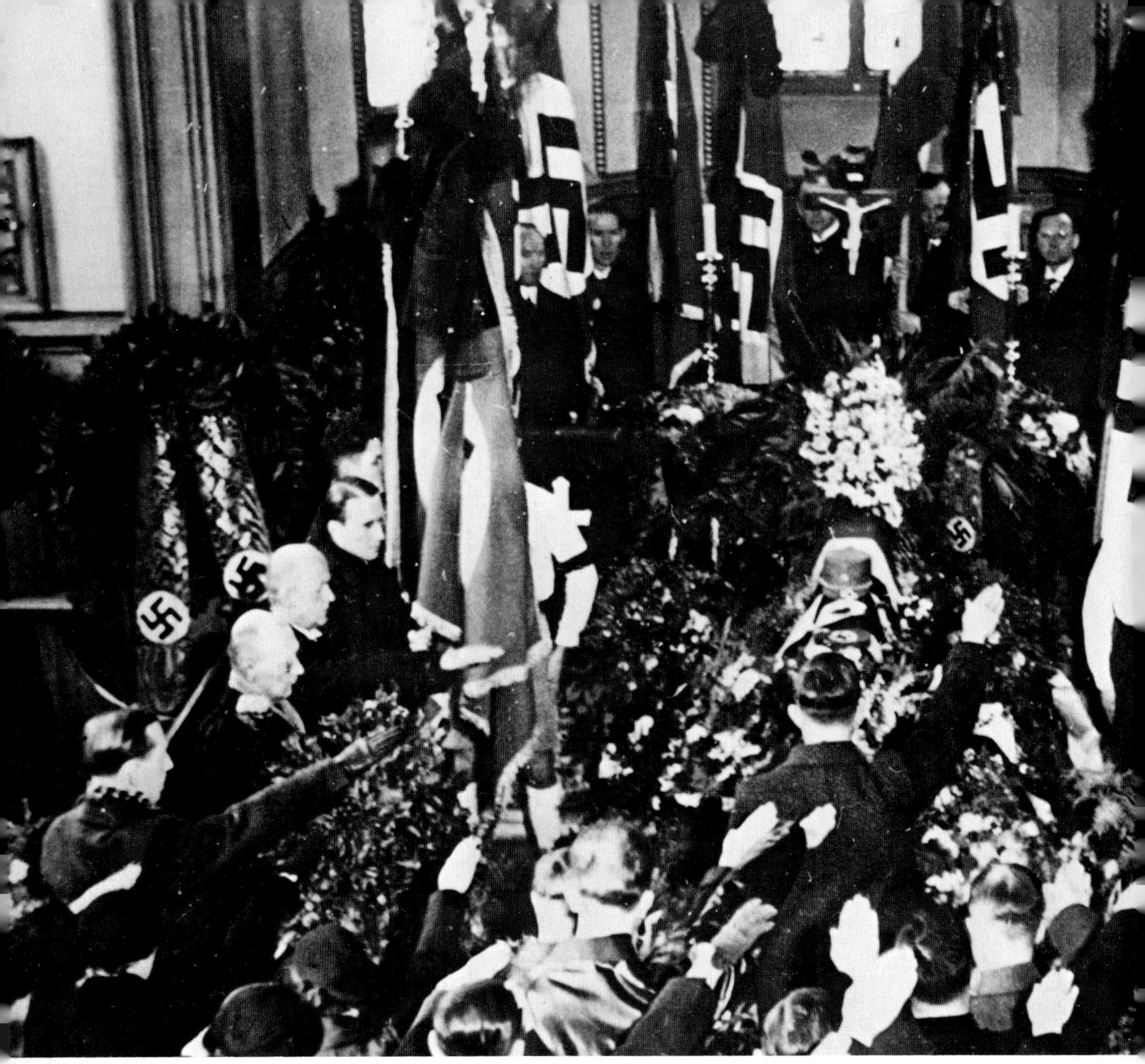

6

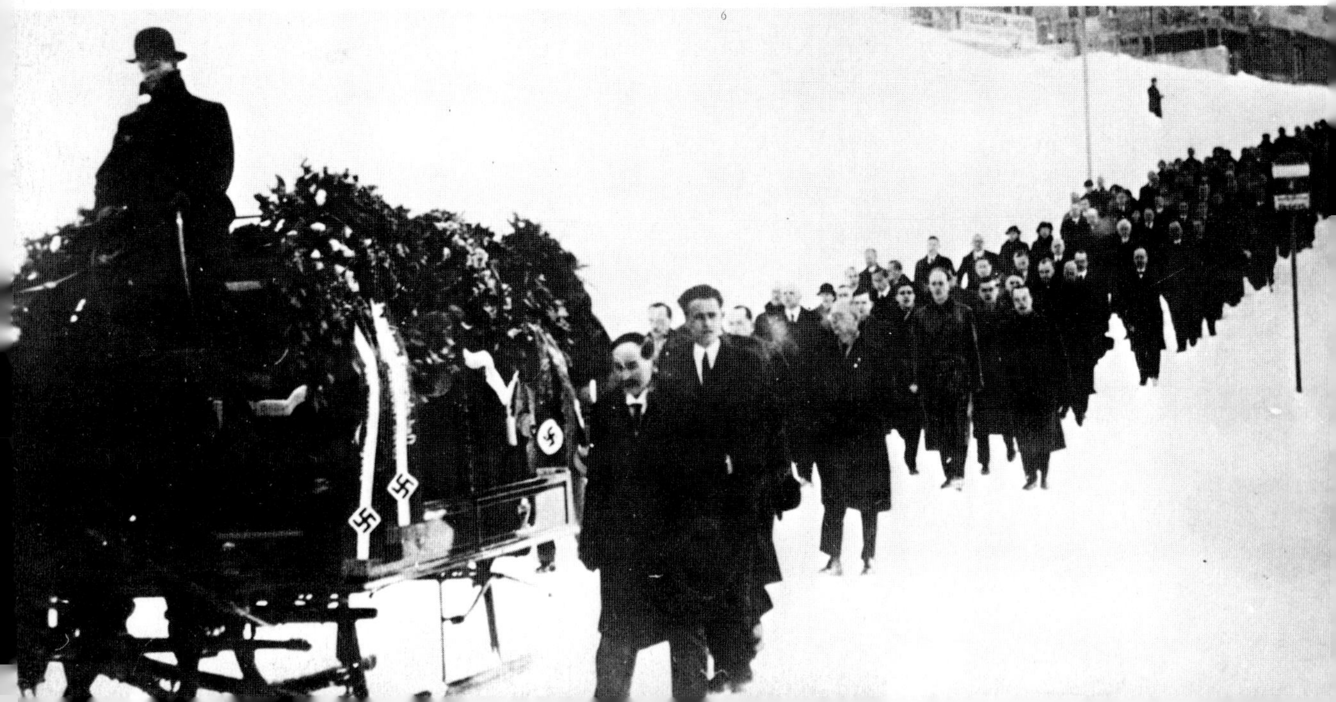

Die Trauerfeier für den ermordeten Landesgruppenleiter Wilhelm Gustloff wurde zu einer gewaltigen Demonstration der Nationalsozialisten in der Schweiz. Die Leiche des Ermordeten wurde in der evangelischen Kirche von Davos inmitten eines Waldes von Hakenkreuzfahnen aufgebahrt und von schweizerischen Gesinnungsgenossen mit erhobener Rechten bewacht (links oben). Eine unabsehbare Zahl von schweizerischen und deutschen Parteigenossen begleitete den Katafalk zum Davoser Bahnhof; sogar die Kranzschleifen zeigten das Hakenkreuz (links unten). Noch auf dem Weg zum Gericht in Chur, das gegen Gustloffs Mörder David Frankfurter verhandelte, verhüllte die Witwe Gustloffs ihr Gesicht mit einem Trauerschleier (unten Mitte).

Das offizielle Parteibild des höchsten Nazis in der Schweiz (unten rechts) ist – dies am Rande – ein typisches Beispiel für die Kunstauffassung im Dritten Reich, die sich auch in der Fotografie niederschlug. Gebärde und Lichtführung machen aus dem Durchschnittstypen Gustloff einen aggressiven nordischen Herrenmenschen mit geballter Faust und stechendem Blick.

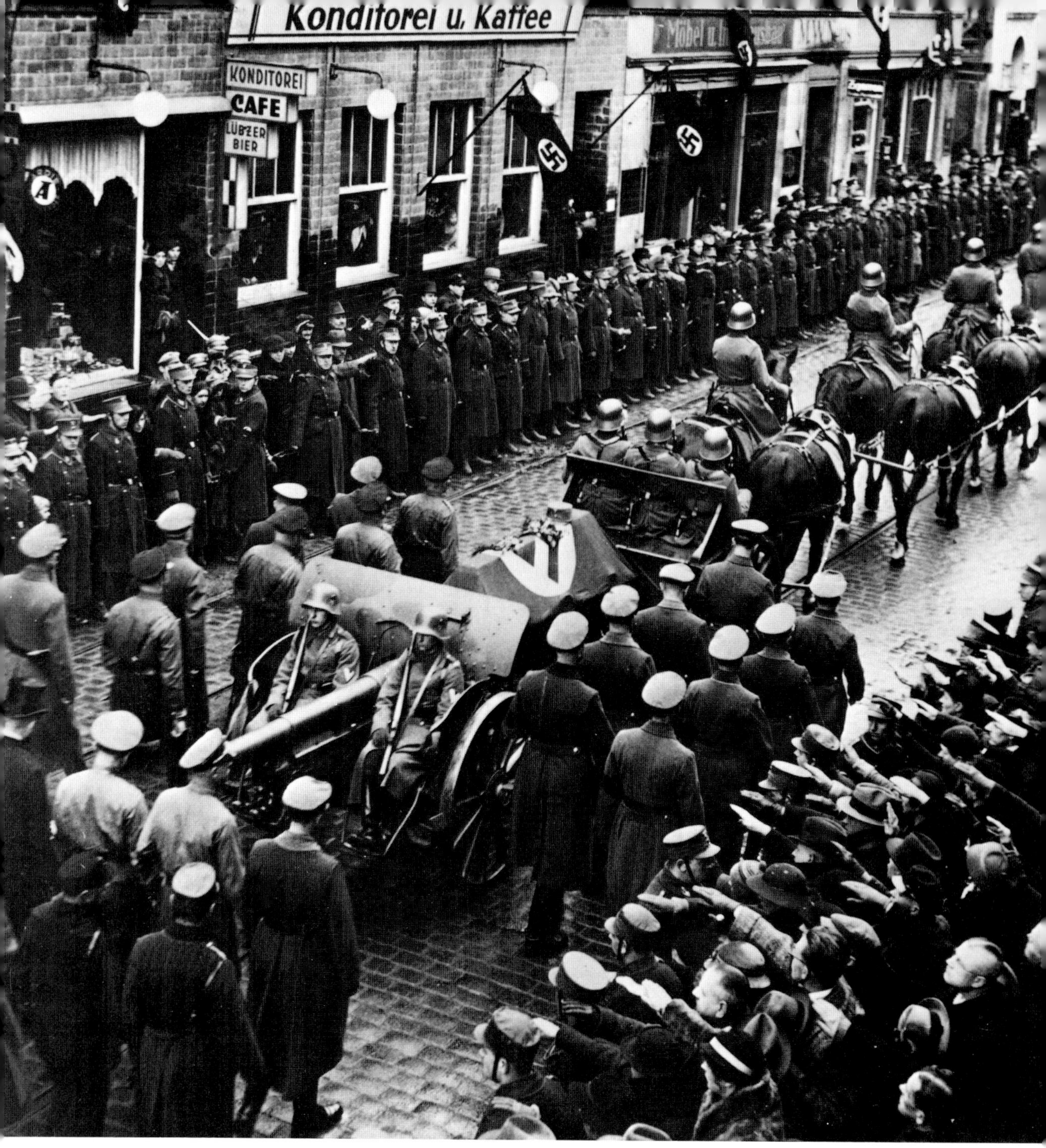
Konditorei u. Kaffee
KONDITOREI
CAFE
LÜBZER
BIER

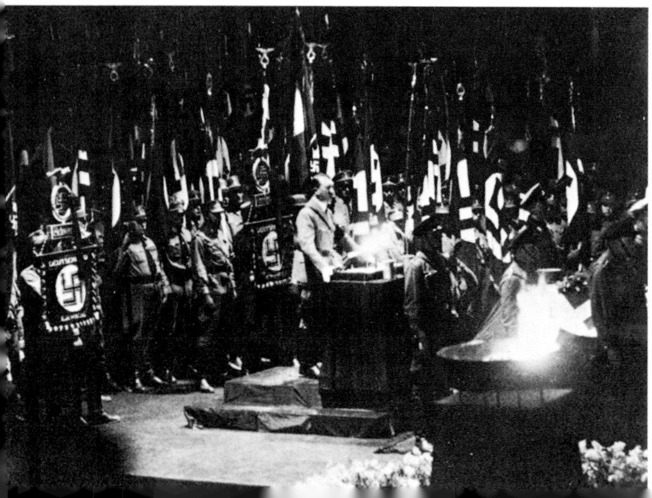

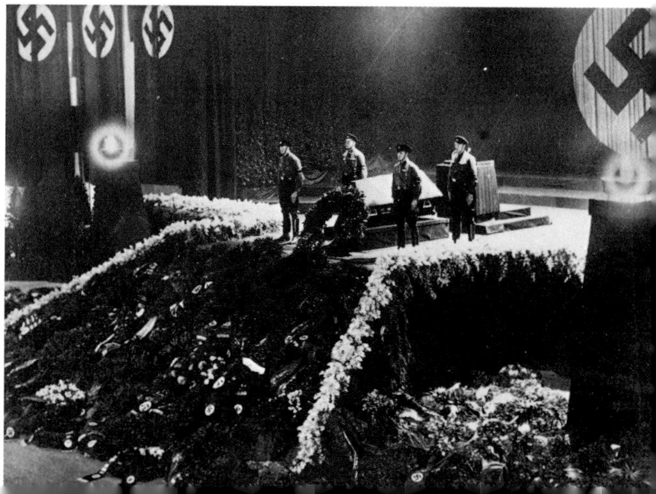

wurde wegen Bespitzelung von Landsleuten und Schweizern sowie wegen fremdenpolizeilicher Übertretungen ausgewiesen.

Gegen Gustloff lag damals noch nichts juristisch Wägbares vor. Erst nach dem Krieg, als geheime Berichte des deutschen Gesandten in Bern aus dieser Zeit zum Vorschein kamen, erwies sich, daß auch Gustloff, der sich immer den Anschein des gesetzestreuen, ja unterwürfigen Ausländers zu geben verstanden hatte, in erpresserischer Weise Spenden, Beitrittserklärungen und Abonnemente auf den «Völkischen Beobachter» beigebracht hatte. Wohlhabende Deutsche in der Schweiz setzte er mit angeblichen Steuerfluchtdelikten und Devisenvergehen unter Druck, bis sie zahlten.

Schon Anfang 1936 gab es NSDAP-Ortsgruppen in nicht weniger als 66 Schweizer Städten und Ortschaften. Zwei Wochen nach dem Attentat auf Gustloff, das diese Zusammenhänge wieder richtig bewußt gemacht hatte, verbot der Bundesrat die Landesleitung und die Kreisleitungen der NSDAP, nicht aber die gesamte Bewegung, weil sie – so die offizielle Begründung – als zweite offizielle deutsche Vertretung neben der Gesandtschaft unhaltbar geworden war. Damit sollte die Wahl eines Gustloff-Nachfolgers verhindert werden, was natürlich mißlang. Die Geschäfte der nationalsozialistischen Auslandsorganisationen wurden einfach von der deutschen Gesandtschaft weitergeführt, die genau zu diesem Zeitpunkt durch den Freiherrn Hans Sigismund von Bibra verstärkt wurde, einen Berufsdiplomaten und fanatischen Nazi, der

Wilhelm Gustloff wurde in Deutschland als «Blutzeuge» geehrt. Links oben: Überführung des Leichnams ins Krematorium von Schwerin. Unten links: Hitler bei der Totenehrung; unten rechts: SA-Männer halten Totenwache. Wie immer bei Nazi-Veranstaltungen waren Arrangement und Lichtregie optisch perfekt.

Gustloffs Mörder David Frankfurter vor dem Kantonsgericht in Chur. Er wurde zu 18 Jahren Zuchthaus verurteilt und nach dem Zweiten Weltkrieg begnadigt.

in vielen Spionage- und Verratsaffären der folgenden Jahre eine wesentliche Rolle spielen sollte.

Agent springt ab und stirbt

Am 4. September 1937 warf ein zweiter, weit weniger stark in Erinnerung gebliebener politischer Mord ein grelles Schlaglicht auf eine andere Untergrundszene in der damaligen Schweiz: Auf der Landstraße in Chamblandes unweit Lausannes wurde an diesem Tag die Leiche eines erschossenen jüngeren Mannes gefunden, der einen tschechoslowakischen Paß auf den Namen Eberhardt bei sich trug. Es ging nicht lange, bis sich die Ehefrau des Ermordeten meldete und die wirkliche Identität des Mannes enthüllte. Es handelte sich um den polnischen Juden Ignaz Reiss, Mitglied der Kommunistischen Partei der Sowjetunion, hoher Beamter des Geheimdienstes des Volkskommissariats des Innern und Inhaber des Ordens der Roten Fahne.

In den letzten beiden Jahren seines Lebens hatte Reiss unter mindestens sieben falschen Namen internationale Geheimdienstaufträge erfüllt. Nach der Darstellung seiner Frau wollte er abspringen und tat diesen Entschluß unvorsichtigerweise in einem Brief an die Partei kund, worauf der Geheimdienst seine Beseitigung verfügte.

Als unverdächtiger Lockvogel wurde die mit Reiss seit Jahren bekannte Straßburger Kommunistin Gertrud Schildbach vorgeschickt. Mit ihr ging Reiss am Abend des 3. September nach Chamblandes zum Nachtessen. Auf dem Rückweg wurden die beiden in der Dunkelheit von einem Auto überholt, dem ein knüppelbewehrter Mann entstieg. Reiss wurde niedergeschlagen, ins Auto geschleppt und dort mit mehreren Schüssen niedergestreckt. Das blutverschmierte Auto ließen die Täter beim Bahnhof Cornavin in Genf stehen, sie entkamen über die Grenze.

Der sowjetische Geheimdienst kämpfte in diesen Tagen auf dem schweizerischen Fechtboden freilich weniger gegen den faschistischen Feind als gegen Abweichler aus den eigenen Reihen, insbesondere gegen die Trotzkisten. Dies bestätigte sich auch im folgenden Jahr 1938, als drei Männer und zwei Frauen, alles Deutsche, festgenommen wurden. Sie hatten einen Nachrichtendienst über die politische Einstellung schweizerischer Sozialisten und Kommunisten eingerichtet und es dabei vor allem auf Trotzkisten abgesehen. Eines ihrer prominenten Opfer war der Basler AZ-Redaktor Paul Thalmann, der sich damals im Spanischen Bürgerkrieg befand und offenbar auf Denunziation dieser deutschen Stalinisten hin zusammen mit seiner Frau in Barcelona verhaftet und wochenlang eingesperrt wurde.

Die Spitzel wurden vom Zürcher Obergericht zu harten Gefängnisstrafen verurteilt und des Landes verwiesen.

Der Schweizer Nachrichtendienst entsteht

Spionageabwehr und Nachrichtendienst hatte es bis zum Fall Jacob in der Schweiz praktisch kaum gegeben. Die Verschleppung des Journalisten führte dann im zivilen Bereich zur Gründung der Bundespolizei als Polizeidienst der Bundesanwaltschaft. Dagegen war trotz der augenscheinlichen militärischen Aufrüstung und Konfliktstrategie Hitler-Deutschlands der militärische Nachrichtendienst vorerst nicht viel mehr als ein Streichholz in der Nacht.

Als der Infanterie-Instruktor und Oberstleutnant im Generalstab Roger Masson 1936 die Leitung der 5. Sektion der Generalstabsabteilung, d. h. des militärischen Nachrichtendienstes, übernahm, war dieser Betrieb kaum arbeitsfähig. In einer Zeit, da die Staaten rings um die Schweiz ihre Geheimdienste ausbauten und selbst das kleine Österreich drei Millionen Franken jährlich für seine

Spionage als Teil der politischen Strategie

Die deutsche Spionage gegen die Schweiz war schon in der Vorkriegszeit keine bloß technisch-militärische Operation, sondern Teil der umfassenden Zermürbungsstrategie des eroberungslustigen Dritten Reichs. Sie bildete zusammen mit politischer Propaganda und Agitation, der Organisation der Auslandsdeutschen auf alle Ebenen, der heimlichen oder offenen Unterstützung der Fröntlerbewegungen, mit subtilem individuellem Terror, diplomatischen und wirtschaftlichen Druckmitteln eine gefährliche Mixtur.

Zum erstenmal wurde dies bei der Entführung des Journalisten Berthold Jacob durch die Gestapo aus Basel sichtbar und in der breitesten Öffentlichkeit bekannt. Aber der Fall Jacob stand damals bei weitem nicht allein: Gestapo-Agenten überwachten Emigranten und versuchten, Einzelheiten über die Bankkonten von Deutschen in der Schweiz in Erfahrung zu bringen. Bei Haussuchungen in Locarno und Ascona wurden Hinweise auf ein weitgespanntes Spitzelnetz in Emigrantenkreisen gefunden. Schon 1939 schrieben die sozialdemokratischen «Schweizer Informationen»:

«Weitaus die meisten Fälle von Spitzelei, Denunziation und sonstigen im Dienste der Gestapo ausgeführten Tätigkeiten gelangen bei uns nicht zur Kenntnis der Öffentlichkeit. Immerhin sind in den letzten Jahren gegen hundert meist gravierende Affären bekanntgeworden, in denen deutsche Spitzel, Spione und Gestapo-Agenten vor ein Gericht oder über die Grenze gestellt wurden. Es hat schwere Fälle von Militär- und Wirtschaftsspionage darunter, Menschenentführungen, Einbrüche, Diebstähle, Schmuggel von illegaler Literatur und selbst von Waffen und Sprengstoffen, zahlreiche Versuche von Lockspitzelei und von finanzieller Unterstützung der Erneuererclique gegeben.»

Die Spitzelei durchdrang den Alltag. Einem St. Galler Kinobesitzer drohte die UFA mit dem Entzug der Wochenschau, falls er weiterhin nationalsozialistische Propagandaszenen aus deutschen Unterhaltungsfilmen herausschneide. In ähnlichen Fällen in Zürich und Basel entpuppten sich Mitglieder des «Bundes Treuer Eidgenossen» als Spitzel. In Bern und Brugg mußten Schülerinnen und Kirchenbesucher über die Äußerungen von Lehrern und Pfarrern Bericht erstatten. Gelegentlich wurden «Prähistoriker» aufgegriffen, die unter wissenschaftlichem Vorwand Gegenden fotografierten, in denen es geheime Befestigungsanlagen gab. Im Tessin wurden zahlreiche Einbrüche in die Häuser deutscher Emigranten verübt. Sogar deutsche Touristen wurden nach ihren Schweizer Reisen von der Gestapo verhört.

Was das Schweizervolk aber besonders empörte, waren die Schikanen der Fröntler und Nazis an den Arbeitsplätzen, wobei man nie vergessen darf, daß damals wirtschaftliche Depression und Arbeitslosigkeit herrschten, daß also manchmal ein Wort genügte, um eine ganze Familie in Not zu stürzen. Die «Schweizerischen Informationen» berichten:

«In der Schweiz sind besonders die Niederlassungen deutscher Unternehmungen Brutstätten nationalsozialistischer Umtriebe. Daß deutsche Betriebsinhaber schweizerische Angestellte entlassen und durch aktive Nazis ersetzen, ist schon mehr als einmal vorgekommen. Bekannt geworden ist unlängst ein solcher Fall im sanktgallischen Rheintal. In der Solothurner Waffenfabrik sind unter dem Betriebsführer Schaad schweizerisch denkende Arbeiter entlassen und durch Nazifreunde ersetzt worden. Die Waffenfabrik Solothurn gehört zum reichsdeutschen Konzern Rheinmetall-Borsig AG und untersteht der Leitung des Nationalsozialisten Dr. Rossmanith, der den Treibereien Schaads mit allen ihm zur Verfügung stehenden Mitteln Vorschub leistete und dessen von amtlichen Stellen längst geforderte Entlassung auf arrogante Weise während eines halben Jahres zu sabotieren verstand. Aber nicht nur die deutschen Firmen, sondern auch die in der Deutschen Arbeitsfront zusammengefaßten deutschen Arbeitnehmer werden in den Dienst des braunes Netzes gestellt. Jedes bei uns tätige Mitglied der DAF ist verpflichtet, Vorgesetzte, Kollegen und Untergebene zu bespitzeln und das Ergebnis der Spitzeltätigkeit auf vorgedruckten Formularen festzuhalten, die via DAF in die Kartei der Gestapo wandern.»

Auslandspionage ausgab, verfügte Masson über ein Jahresbudget von 30 000 Franken, was, wie ein Kenner der Szene vermerkte, gerade für die wichtigsten Zeitschriftenabonnemente ausreichte. Außer Masson gab es in diesem Büro noch einen Kanzleichef und gelegentlich einen oder zwei abkommandierte Milizoffiziere als Abteilungsleiter.

Der in den Kriegsjahren 1914 bis 1918 gut eingespielte Nachrichtendienst war aus Ersparnisgründen demontiert worden. Die 5. Sektion der Generalstabsabteilung sank in der Zwischenkriegszeit auf das Niveau einer Stallwache herab. Selbst für die grundlegendsten und wichtigsten nachrichtendienstlichen Arbeiten fehlten Geld und Fachkräfte. Am Vorabend des Zweiten Weltkriegs gab es weder Studien über die wichtigsten ausländischen Armeen noch technische Expertisen über die vom Ausland verwendeten Waffen, weder einen trainierten Chiffrierdienst noch erkennungsdienstliche Einrichtungen, geschweige denn ein Polizeilabor. Masson, der damals Nachrichtenchef wurde, weil er aus Karrieregründen gerade für einen Generalstabsdienst an der Reihe war, wuchs über sich selbst hinaus und stellte mit der Unterstützung des seit 1936 tätigen privaten Nachrichtenjägers Hans Hausamann eine Organisation auf die Beine, die sich im Verlaufe des Krieges den Ruf erwarb, einer der besten Nachrichtendienste der Welt zu sein.

Daß es an höchster Stelle selbst noch kurz vor Ausbruch des Weltkriegs an Verständnis für die Wichtigkeit von Massons Dienststelle fehlte, belegt ein Brief, den der Nachrichtenchef lange nach seiner Pensionierung einem Freund schrieb:

«Am Vorabend des Konflikts blieb nichts anderes übrig, als ein Agentennetz aus dem Boden zu stampfen, das sich auf bisher un-

Bundesrat Rudolf Minger, Vorsteher des Eidgenössischen Militärdepartements.

bekannte Operationszonen erstreckte. Um meinen Dienst personell mit dem Nötigsten zu versehen, habe ich Labhart (Jakob Labhart, Generalstabschef) geschrieben und ihm erklärt, daß ich zurücktreten würde, wenn mir dieses Personal nicht zugestanden und mein Budget nicht erhöht werde. Erst während des Anschlusses Österreichs, als wir den deutschen Truppenbewegungen nachrichtendienstlich zu folgen vermochten, telefonierte mir Minger (Rudolf Minger, Vorsteher des Eidgenössischen Militärdepartements), um uns zu beglückwünschen. Er bewilligte uns dann alles, was wir verlangten.»

Schweizer Spion auf dem Fahrrad

Wie bescheiden der schweizerische militärische Nachrichtendienst in dieser Aufbauphase arbeiten mußte, bescheinigt der im Ruhestand lebende eidgenössische Beamte Otto Brenner (Name geändert), geboren 1911, der zwischen 1936 und 1938 etwa zwei Dutzend teilweise recht gefährliche geheimdienstliche Missionen in Süddeutschland unternahm. Zweimal entkam Brenner nur mit knapper Not der SS. Seine Spionagereisen machte er meist auf einem geliehenen Velo, der Nachrichtendienst bezahlte ein Kilometergeld von vier Rappen. Die einzige Entschädigung, die der freiwillige Agent je erhielt, waren siebzig Franken in bar sowie ein Hemd und eine Windjacke als Ersatz für verlorene Kleider.

«Aber das Geld war damals Nebensache», betont der bisher unbekannte Schweizer Spion im ersten Interview seines Lebens. «Ich war im Grenzgebiet des Oberrheins, aber auf deutschem Boden, als Auslandschweizer aufgewachsen. Obwohl das Verhältnis zwischen der deutschen und der schweizerischen Bevölkerung im Grenzland immer freundlich war, wurde schon 1933, kurz nach Hitlers Machtergreifung, die Stimmung gegen die Schweiz geschürt. Ich bekam das besonders zu spüren, weil ich aktiv und leitend in den katholischen Jugendorganisationen tätig war. Immer wieder brach die Hitler-Jugend in unsere Versammlungsräume ein, sprengte unsere Zusammenkünfte und schlug an unserer Turnhalle Scheiben ein. Ausländer wurden auch bei der Stellensuche schikaniert. Bei mir mochte zudem eine Rolle spielen, daß ich schweizerischer Offizier war und regelmäßig Militärdienst leistete.»

Keiner seiner Nachbarn in einer ruhigen Neubausiedlung in der Nähe von Bern würde hinter dem freundlichen weißhaarigen Herrn mit dem gemütlichen, von schwäbischen Spuren durchzogenen Ostschweizer Dialekt einen ehemaligen Geheimagenten vermuten, dem sein Führungsoffizier nach dem letzten Einsatz bescheinigte: «Sie haben beste, genaueste Angaben zurückgebracht. Die siebzig Franken können Sie behalten.»

Es handelte sich um den Rest eines Spesenvorschusses, eine für die damaligen Verhältnisse des Schweizer Nachrichtendienstes beträchtliche Summe.

Brenner war 24 Jahre alt, Leutnant der Infanterie und Student der Rechte in Basel, als er zwischen zwei Vorlesungen zum Spion wurde. Auf einem Spaziergang in der Stadt begegnete er zufällig seinem Kompaniekommandanten, der mit einem unbekannten Begleiter in ein angeregtes Gespräch vertieft war. Beide Männer nahmen, wie Brenner später erfuhr, an einer geheimen Tagung teil, an der Kriminalisten aus Deutschland, Österreich und der Schweiz ihre Erfahrungen in der Spionageabwehr austauschten und neue Techniken der Postzensur, der Geheimschrift und ihrer Erkennung besprachen.

Als der Kadi seines Leutnants ansichtig wurde, fuhr er auf und rief aus, als hätte ihn soeben ein Geistesblitz getroffen: «Du kommst uns gerade recht.»

Dieser Satz war das Einstellungsgespräch. Die beiden Männer hatten gerade beratschlagt, wen sie zur Erkundung eines rätselhaften Bauplatzes in den nahen Schwarzwald schicken könnten. Brenner vermutet, daß Aufklärungspiloten das Objekt aus der Luft fotografiert hatten, aber nicht identifizieren konnten.

Der zweite Mann stellte sich vor: Oberst Z., Kommandant eines kantonalen Polizeikorps und nebenamtlicher Mitarbeiter von Oberstleutnant Masson. Ohne zu zögern, nahm Otto Brenner den Auftrag an.

«Ein paar Tage später zog ich Knickerbocker und Wanderschuhe an, fuhr mit dem Rad in den Schwarzwald und spielte den fröhlichen Wandervogel.»

Kein Mensch hatte Brenner auch nur eine Stunde lang in das kleine Abc des Nachrichtendienstes eingeweiht. Was in anderen Ländern jeder angehende Agent während Monaten in hochspezialisierten Lehrgängen büffeln muß, blieb dem jungen Leutnant verborgen: die Technik von Tarnung, Annäherung und Verfolgung, Kontakt-

Ein Bild von symbolischer Kraft: Bei einer Fröntlerversammlung brandet die ferngesteuerte Menge gegen das Bundeshaus.

aufnahme, Gesprächsführung, Festhalten und Übermittlung der Nachrichten, Umgang mit Kameras und Funkgeräten...

Die einzige Unterweisung, die der Fahrradagent aus der Schweiz erhalten hatte, lautete sinngemäß: Wenn sie dich erwischen, beharre einfach stur darauf, du seist Tourist. Im übrigen können wir nichts für dich tun, und zahlen können wir auch nichts. Viel Glück.

Es war Mittag im hochsommerlichen Schwarzwald. Leutnant Brenner hatte die geheimnisvolle Baustelle erreicht und lungerte unschlüssig an der Abschrankung herum. Soeben kehrten die Arbeiter, die Schaufeln wie Gewehre geschultert, zum Essen in die Baracke zurück. Mit der ganzen Naivität, deren er fähig war, trat der falsche Wandersmann aus der Schweiz an die nächste Wache heran und bat um die Erlaubnis, die Baustelle zu besichtigen.

Der einfachste Weg ist manchmal der beste, dachte Otto Brenner. Wer wollte denn auf die Idee kommen, ein ausländischer Agent benehme sich derart auffällig!

Der Kommandant näherte sich. Die Wache berichtete. Der Offizier herrschte den Besucher an: «Kommt nicht in Frage! Alles geheim! Strenger Befehl! Heil Hitler!»

Aber der Spion hatte genug gesehen. Der deutsche Arbeitsdienst baute eine Straße. Auftrag erfüllt! So ging es dann weiter. Rund ein Dutzend Male erkundete der ehrenamtliche Spion einen etwa 60 Kilometer tief landeinwärts führenden Gürtel entlang der Rheingrenze zwischen Lörrach und Konstanz. Er suchte vor allem neue Telefonlinien, Straßen, Lagerhäuser und Bahnrampen. Seine Einzelnachrichten waren Mosaiksteinchen, die sich zu einem Gesamtbild über mögliche deutsche Kriegsvorbereitungen gegen die Schweiz zusammenfügten.

Geheimdienst in Offiziershosen und Ordonnanzschuhen

Nachdem die Deutschen 1936 das Rheinland besetzt hatten, zog Otto Brenner von Lörrach bis Karlsruhe von einem Ort zum andern. Indem er sich, nach wie vor als Radtourist getarnt, einfach zu rastenden Soldaten setzte und belangloses Zeug mit ihnen plauderte, konnte er sich die Einheitsnummern von den Achselpatten merken und die Standorte der Stäbe, die Art und die Stärke der Truppen herausfinden. Auch diese Einzelinformationen ergaben, von Massons wenigen Helfern ausgewertet, ein hochinteressantes militärpolitisches Lagebild. Der Schweizer Nachrichtendienst berichtete dem Bundesrat, die Deutschen seien noch lange nicht stark genug und würden wahrscheinlich zurückweichen, wenn die Franzosen sich ernstlich wehrten. Das aber taten sie nicht, und Hitlers Bluff gelang.

Otto Brenner wurde nie angehalten oder kontrolliert, im Gegenteil: Die gelangweilten Soldaten und ihre geschwätzigen Offiziere erwiesen sich als ausgezeichnete Quellen. Während seiner viertägigen Erkundungstour übernachtete der Schweizer immer in Hotels, in denen deutsche Stäbe einquartiert waren, die lautstarke Kameradschaftsabende feierten. Daß der neugierige Ausländer sogar Schweizer Offiziershosen, Wickelgamaschen und Ordonnanzschuhe trug, fiel ihnen nicht auf.

Als ob er es geahnt hätte, verließ Otto Brenner nach seiner Rückkehr gerade noch rechtzeitig sein Heimatstädtchen am Oberrhein. Er wollte Examen ablegen und sich zum Repetieren und Vorbereiten für einige Monate in ein stilles Kloster zurückziehen. Deshalb packte er seine Offizierskiste und fuhr mit dem Taxi hinüber in die Schweiz. Der SS-Mann an der Grenze kannte Otto Brenner und grüßte freundlich: «Aha, Wiederholungskurs! Aber kommen Sie bald wieder!»

Otto Brenner kam nicht wieder, denn einige Tage später durchsuchte die Gestapo sein Elternhaus; doch sie fand nichts. Vater Brenner erfuhr: «Ihr Sohn ist ein Spion!» Noch heute weiß Otto Brenner nicht, wie ihm die deutsche Abwehr auf die Schliche gekommen ist.

Agent «St.», wie Brenners Deckbezeichnung lautete, wurde nicht für lange Zeit aufs Eis gelegt. Nach dem deutschen Einmarsch in Vorarlberg sollte er wieder Stärke und Standorte der Truppen feststellen. Nie zuvor hatte er falsche Papiere besessen. Jetzt zog er einen schweizerischen Grenzwachtbeamten ins Vertrauen, der ihm einen Tagespaß auf einen erfundenen Namen ausstellte.

Brenner besuchte zuerst einen Bekannten, der in einer grenznahen Internatsschule unterrichtete. Im Korridor des Instituts sah er einen deutschen Offiziersmantel hängen. Natürlich durchsuchte der Agent die Taschen, und er hatte das Glück des Tüchtigen: Auf einem Zettel waren viele der benötigten Angaben säuberlich notiert. «St.» lernte die Truppenbezeichnungen bei einer Tasse Kaffee auswendig und kontrollierte daraufhin die Richtigkeit der Angaben im Gelände zwischen Bregenz und Feldkirch.

Auf der Rückreise mit der Bahn wäre es noch einmal um ein Haar schiefgegangen: Der kontrollierende österreichische Zöllner war von einem SS-Mann begleitet, der dem Tagespaß nicht traute und den verdächtigen Reisenden mißtrauisch auszufragen begann. Der Geistliche, der Brenner im Abteil gegenübersaß, wurde immer bleicher: Der Agent trug schließlich, was ihm selber schon nicht mehr auffiel, einen schweizerischen Offiziersmantel, an dem zwar Gradabzeichen und Einteilung fehlten; aber das Schweizer Kreuz am Ärmelaufschlag war deutlich zu sehen. Der österreichische Zöllner wies mit dem Finger auf dieses Kreuz und sagte zum SS-Mann: «Schauen Sie her, der Mann ist schon in Ordnung…» Der SS-Mann glaubte es.

Die Spionage hat das Leben Otto Brenners einschneidend verändert. Nachdem ihm die Gestapo auf die Schliche gekommen war, konnte er nicht mehr gratis zu Hause, jenseits der Grenze, wohnen. Da sein Vater als einfacher Angestellter in jenen Jahren kein Geld erübrigen konnte, mußte Otto Brenner sein Studium abbrechen und sich eine Arbeit suchen. Schließlich stellte ihn die Bundesverwaltung für Hilfsarbeiten in einem Archiv zum halben Gradsold an. Brenner mußte mit weniger als hundert Franken im Monat auskommen. «Es war die Zeit, da man eben den Tee vom Montag bis zum nächsten Wochenende aufbrühte», erinnert er sich mit einem Anflug von Wehmut.

Eines Tages, als es kaum mehr weitergehen wollte, ließ sich der mehrfach belobigte Offizier und Agent beim Generalstabschef melden, um ihm seinen Fall vorzutragen und ihn um Hilfe zu bitten. Dabei hat er eine spezifisch geheimdienstliche Variante von Dankbarkeit erfahren, und Otto Brenner macht kein Hehl daraus, daß es lange gedauert hat, bis er darüber hinweggekommen ist. Er wurde nämlich nicht einmal vorgelassen. «Ein Adjutant sagte mir, der Herr Generalstabschef sei mit Grenzschutzaufgaben überlastet. Da ging ich und dachte: ich auch...»

Spion in Bern: Dolce vita als Tarnung

Etwas mehr als ein Jahr, nachdem Otto Brenner dem mißtrauischen SS-Mann zwischen Bregenz und Rorschach entkommen war, traf Rittmeister Ulrich Hagen in der deutschen Gesandtschaft zu Bern seinen Posten als Vizekonsul für wirtschaftliche Angelegenheiten an. So jedenfalls lautete sein Titel. In Wirklichkeit war Hagen, im Zivilberuf Rechtsanwalt, Mitarbeiter der Abteilung III F des Amtes Ausland/Abwehr im Oberkommando der Wehrmacht, also dem legendären Admiral Wilhelm Canaris unterstellt. Er sollte in Bern Nachrichtenverbindungen der feindlichen Mächte aufspüren und bekämpfen, Quellen und Zwischenträger aushorchen sowie Übermittlungswege recherchieren. Als todkranker Mann hat Hagen in den ersten Tagen des Jahres 1945 in einem deutschen Militärlazarett einem Mitpatienten seine Lebenserinnerungen diktiert. Außergewöhnliches steht nicht drin, und gerade deshalb ist dieses Dokument wichtig und für den Alltag der deutschen Spionage in der Schweiz bezeichnend. Die Einzelheiten, die der Büro- und Cocktailspion Hagen über seine kurze Zeit in Bern berichtet, sind zudem ein reizvoller Kontrast zu den Erinnerungen des Otto Brenner; denn in der Tat standen sich damals eine geheimdienstliche Supermaschinerie mit millionenschweren Spesenkonten und ein Miliznachrichtendienst gegenüber, der vier Rappen Kilometergeld zahlte.

Hagen verbrachte den größten Teil seiner Arbeitszeit außerhalb des Büros, denn er brauchte dringend neue V-Leute (Verbindungsleute). In seinem Bericht lesen wir:

«Ich bin dauernd unterwegs: in Hotels, Cafés, Weinstuben, Bars, Dancings, an Modeschauen, im Theater und auf den sportlichen Veranstaltungen, auf Autotouren, Reisen usw. Habe bald kleine Freundschaften, die zu Kaffee-Einladungen führen, und manchmal auch zu mehr, so daß ich mich öffentlich revanchieren muß. Und das ist mir sehr angenehm. Stets esse ich außerhalb – sehr selten allein. (...) Zu Abend esse ich je nach den vorliegenden Notwendigkeiten: im elegantesten Palace-Hotel Bellevue, wo, wie ich weiß, die reiche deutsche Emigration, die Diplomatie und die ho-

Nazi-Organisationen in der Schweiz

In der Stadt Zürich gab es 1939 folgende deutsche Organisationen mit engen Bindungen ans Dritte Reich (in Klammern die Mitgliederzahlen, soweit bekannt): Nationalsozialistische Deutsche Arbeiterpartei (200), Deutsche Arbeitsfront (550), Kraft durch Freude, Frauenarbeitsgemeinschaft FAG (100), Deutscher Hilfsverein, Hitler-Jugend, Bund deutscher Mädel (50), Deutsche Jugend, Jung-Mädel, Deutsche Studentenschaft (50), Deutsche Kolonie, Opfer-Ring (300), Winterhilfswerk, Deutsche Turnerschaft (Aktive, Männerriege, Turnerinnen), Bund ehemaliger deutscher Kriegsteilnehmer, Reichsdeutschenhilfe, Deutscher Militärverein, Arbeitsgemeinschaft Handel und Gewerbe, Sportgruppe, Deutscher Ruderverein, FAG-Sportgruppe, FAG-Jugendgruppe, Deutscher Männergesangverein, Verband deutscher Kriegsbeschädigter, Deutsches Heim.

hen Schweizer Militärs verkehren und wo die Barfrau ein Spitzel und jeder zweite Serviermeister ein gutbezahlter Nachrichtenträger ist; ich sitze auch in einer der offenen Séparée-Ecken des Café du Théâtre. (...) Ich hoffe sehr, daß die Schweizer Überwachungsorgane allmählich zu der Erkenntnis gelangt sind: Dieser deutsche Konsul überarbeitet sich sicher nicht; er vergnügt sich hauptsächlich.»

Anders, so betont Ulrich Hagen in seinem Lebensbericht, wäre er nicht vorwärtsgekommen, «denn rund 90 Prozent aller Schweizer sind fanatisiert gegen das große Deutschland, dessen Sprache ihre Regierungssprache ist».

Dann verrät der Rittmeister aus Berlin auch, was er tat, wenn er nicht gerade auf Landpartien war oder in feinen Lokalen speiste. Bienenfleißig begann er, ein Album mit allen Leuten anzulegen, die er kennenlernte: Konsuln, Militärattachés, Angestellte der diplomatischen Missionen. Er sammelte ihre Bilder und Lebensdaten. Eine Kartei füllte er allein mit den Namen leitender Leute in den großen Berner Hotels, in Zeitungen und Nachrichtenagenturen.

Hagen überlegt: «Gewiß wird vieles, vielleicht sehr vieles davon umsonst für unsere Tätigkeit sein, aber etwas kann doch dabei herauskommen, und eine einzige Sache darunter kann sogar der große Erfolg sein.»

Hagens Einschleichtaktik trug schnell Früchte. Einer seiner neuen Mitarbeiter berichtet ihm, der britische Feind wisse über geheime deutsche Versuche mit einem magnetischen Torpedo Bescheid.

Die Rückverfolgung dieses bloßen Gerüchts ist ein Musterbeispiel für die Art von Aufgaben, die heute noch das tägliche Brot der Geheimdienste in aller Welt sind:

– In einem kleinen Kreis in einem Berliner Hotel erzählt ein wichtig-

Die Ortsgruppe Siblingen der Nationalen Front war zum 1. Mai nach Stuttgart gepilgert: «Am Altar ihres Vaterlandes ...»

Dieses Wortspiel des «Nebelspalters» ging um die Welt: «Vati, was bedeutet dieser Gruß?» – «Ganz einfach: Aufgehobene Rechte!»

tuerischer Industrieller von diesen Tests.
– Der Oberkellner horcht und verkauft das Gerücht dem britischen Geheimdienst.
– Der britische Geheimdienst schickt einen Agenten ins Torpedowerk, der einen Oberingenieur als Geheimnisträger ermittelt.
– Der Oberingenieur wird durchleuchtet. Alles ist interessant: Wo wohnt er? Wovon lebt er? Lebt er über seine Verhältnisse? Mit wem hat er Umgang? Hobbies? Laster? Gewohnheiten?
– Die Briten werden fündig: Die Braut des Ingenieurs hat abgetrieben. Der Bräutigam weiß nichts davon.
– Der Agent erpreßt das Mädchen. Es gibt sich plötzlich unheimlich interessiert an der Arbeit seines Verlobten, der von diesem Interesse geschmeichelt ist. Er gibt Informationen und fertigt sogar Skizzen an. Die erhält natürlich der Geheimdienst.

So hat es Ulrich Hagen dargestellt, und mit Bestimmtheit gab es Zwischenstationen, die er nicht genannt hat. Aber aus einem Cocktailgerücht war Realität geworden. Belanglos scheinende Einzelmeldungen eröffneten in der Kombination und unter den Händen erfahrener Nachrichtenoffiziere plötzlich neue Einsichten.

Der Oberkellner und der britische Agent wurden gehängt.

Eine andere Aufgabe Hagens war es, zu versuchen, die feindlichen Nachrichtendienste zu verwirren. «Dazu besorgte ich einige Briefe, die an Diplomaten in der Schweiz gerichtet waren. Diese Briefe waren in Berlin hergestellt, ihr Inhalt war meine Arbeit. Die technische Herstellung grenzte an Zauberei. In einer Abteilung der Abwehr gibt es nämlich einen Offizier, der eine merkwürdige Begabung hat: Er kann fremde Handschriften perfekt nachahmen.»

Mit vielen aus den Archiven geholten Originalvorlagen wurden Botschaften fingiert, welche die maßgebenden Leute verbündeter Nachrichtendienste gegeneinander ausspielten. Satzstil, Wortwahl, Raumaufteilung auf dem Briefbogen, Anrede- und Grußformeln – alles war genau imitiert. Die volle Wirkung seines Brieftricks konnte Hagen nicht mehr mitverfolgen: Weil das zur Weltherrschaft strebende Dritte Reich überall Agenten brauchte, wurde er in den Balkan versetzt.

Aber wir werden noch sehen, daß mit Sicherheit ein anderer die Arbeit fortgesetzt hat...

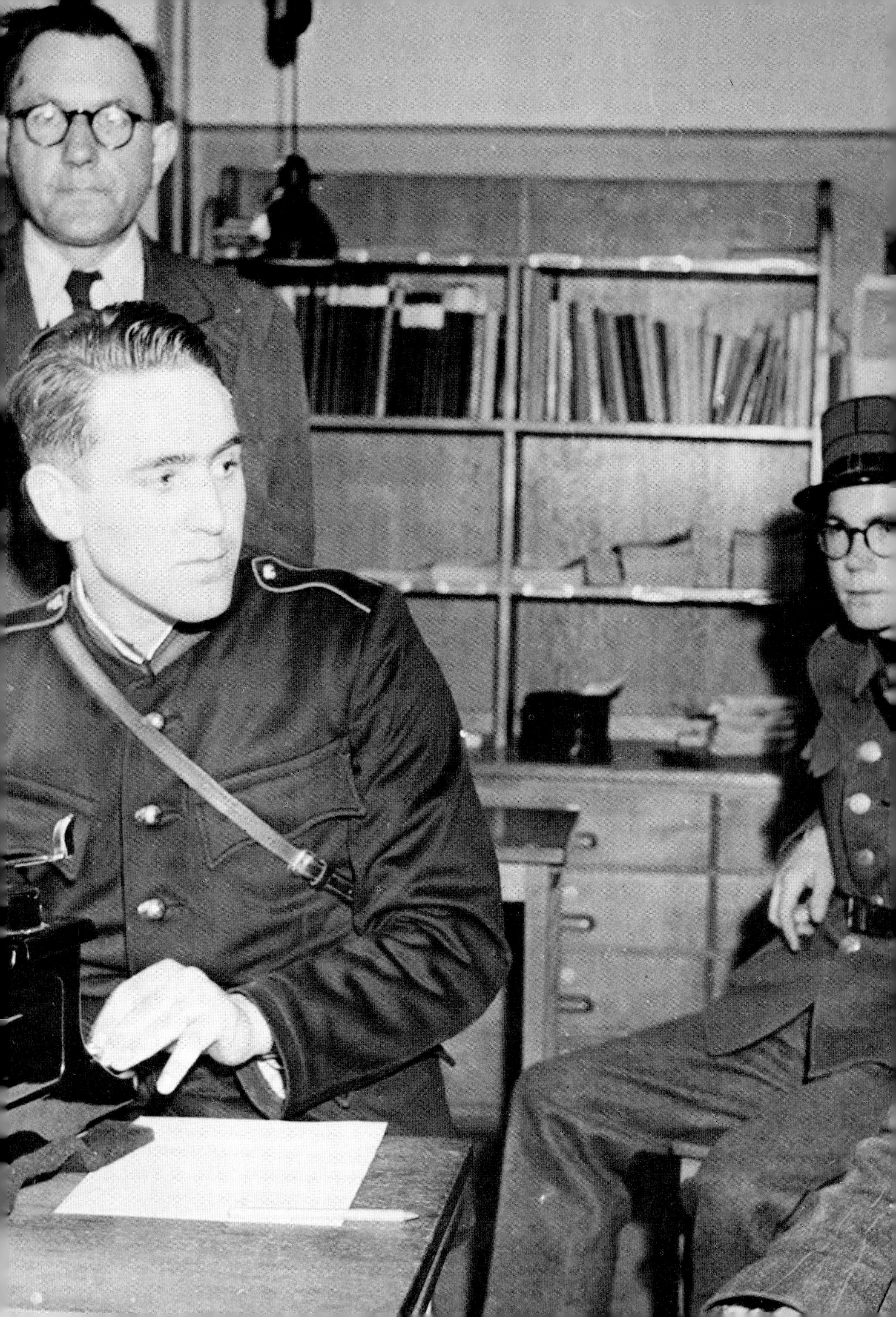

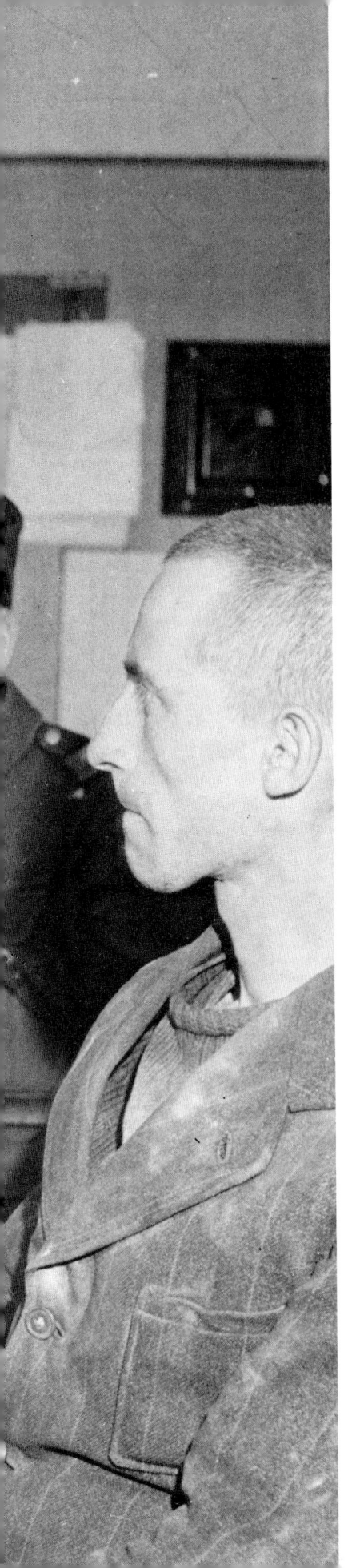

Die unsichtbare Front

Große Spione und ihre Affären

Neutrale Staaten waren in allen Kriegen immer wieder beliebte Ausweichgebiete für die Geheimdienste der kriegführenden Mächte. Hier sind sie weitgehend sicher vor der unmittelbaren Spionageabwehr des Gegners – einer Abwehr, die naturgemäß mit viel größerem personellem und technischem Aufwand und intensiverem Einsatz geführt wird als die Abwehr des an dieser Tätigkeit nicht unmittelbar interessierten Neutralen.
Die in den kriegführenden Staaten überführten und abgeurteilten Agenten hatten meist mit Galgen oder Schafott zu rechnen; in den neutralen Staaten kamen sie in der Regel mit einigen Monaten oder wenigen Jahren Gefängnis davon. *Hans Rudolf Kurz*

Ist er ein Flüchtling? Oder ist er ein Spion? Ein schriftenloser Mann (rechts) hat während des Aktivdienstes die Schweizer Nordgrenze bei Thayngen überschritten. Jetzt wird er im Beisein des Grenzwächters (zweiter von rechts) von einem Polizisten verhört. Der Zivilist im Hintergrund hört aufmerksam zu; vieles spricht dafür, daß er ein Mann vom Nachrichtendienst oder von der Spionageabwehr ist.

«Seit 4.45 Uhr wird zurückgeschossen!»
Mit dem Zynismus des machttrunkenen Diktators kündigt Adolf Hitler im Deutschen Reichstag den Beginn des Zweiten Weltkriegs an. Ohne Kriegserklärung sind deutsche Heeresgruppen in Polen eingedrungen. Es ist Freitag, der 1. September 1939. In 26 Tagen wird Warschau fallen. Am gleichen Freitag, dem 1. September, ordnet der schweizerische Bundesrat die allgemeine Mobilmachung an. 48 Stunden zuvor hat die Bundesversammlung den Waadtländer Landwirt und Berufsoffizier Henri Guisan zum General und Oberbefehlshaber der Armee gewählt.

Die Fronten formieren sich, die Grenzen werden besetzt. Zuerst im Osten, im folgenden Frühjahr 1940 im Norden und im Westen. Dänemark ergibt sich kampflos. Zusammen mit Norwegen soll es als Basis des deutschen Angriffs gegen Großbritannien dienen. Die Westoffensive beginnt. Am 15. Mai 1940 kapitulieren die Niederlande. Die Königsfamilie flieht nach England. Zwei Tage später besetzen Hitlers Armeen Brüssel, tags darauf Antwerpen. Durchmarsch zum Atlantik. Dünkirchen fällt. 337000 britische und französische Soldaten müssen unter schwersten Kämpfen evakuieren. Zehn Tage nach Dünkirchen, am 14. Juni 1940, ergibt sich Paris, und auf den Champs-Elysées singen die Landser: «Wir fahren gegen Engelland...» Das ist der deutsche Blitzkrieg. Eine gigantische Kriegsmaschinerie, die mit tödlicher Perfektion Europa überrollt und die Schweiz ringsum einschließt!

Die Schweiz ist bedroht, aber sie bleibt verschont. Und doch zieht sich durch unser Land eine unsichtbare Front: Der Nachrichtenkrieg ist entbrannt. Der neutrale Staat im Herzen Europas ist der ideale Fechtboden für Agenten aller Schattierungen.

Die Deutschen haben ihre Gesandtschaften in Bern zur Spionagezentrale ausgebaut. Filialen sind die Konsulate in Zürich, Basel, St. Gallen, Lugano, Lausanne und Genf.

Briten und Franzosen tun im Prinzip das gleiche, doch ist ihre Tätigkeit – von eher zufälligen Einzeltaten abgesehen – nicht gegen die Schweiz gerichtet.

Die Amerikaner schicken im November 1942 einen ihrer besten Männer nach Bern, den New-Yorker Anwalt und Diplomaten Allan W. Dulles. Er zieht an der Herrengasse die Zentrale des amerikanischen Geheimdienstes OSS für Mitteleuropa auf.

Die Russen haben es am schwersten: Als einzige kriegführende Macht unterhalten sie keine di-

August 1939: Gebannt verfolgen Männer und Frauen das internationale Geschehen (links).
Dann eilt die Schweiz unter die Waffen (rechts): Generalmobilmachung – und der Beginn eines sechsjährigen Nervenkriegs!

plomatischen Beziehungen zur Schweiz und können deshalb keine Botschaft als legale Residentur und keine auf dem Papier verbotenen, aber ungeahndet betriebenen diplomatischen Kurzwellensender benutzen. Sie weichen in den Untergrund aus und lassen den Meisterspion Sandor Rado von Genf aus ein Netz knüpfen.
Eher im Hintergrund mischen noch andere Mächte mit, zum Beispiel China, das schon wegen seiner Feindschaft mit Japan, wenn auch inoffiziell, immer wieder den Alliierten zu Diensten steht. Die Deutschen ihrerseits schieben Japan und die besetzte Tschechoslowakei vor.
Für die Alliierten, für General de Gaulles Exilregierung in London und später für die Russen betätigt

Deutsche Soldaten stürmen mit langen Schritten über die Trümmer des alten Europa. Die Schweiz wird rings von den faschistischen Mächten eingeschlossen. Nicht weniger gefährlich ist der unsichtbare Krieg an der Nachrichtenfront.

sich Otto Pünter («Pakbo»), der als Journalist und Besitzer einer Presseagentur arbeitet. Obwohl sein Wirken der Schweizer Abwehr nicht verborgen bleiben kann, wird er nicht behelligt.
Als genialer Einzelgänger mit erstklassigen Quellen steht der ständig mit Geldschwierigkeiten kämpfende Verleger Rudolf Roessler in Luzern zwischen mehreren Abschnitten der lautlosen Front und knüpft komplizierte Querverbindungen, die vom Schweizer Nachrichtendienst bis zum «Direktor» (Generaloberst Peresypkin von der GRU-Zentrale) nach Moskau reichen.
Widerstandskämpfer verschiedener Länder haben Operationsbasen in der Schweiz. Es steht fest, daß der Schweizer Nachrichtendienst namentlich gegen Ende des Krieges solche Bewegungen mit Geld, Waffen und gefälschten Ausweisen unterstützt. Die Gegenleistungen sind Nachrichten aus den besetzten Gebieten.

Geheimdienste – nie ganz durchschaubar

Viele brisante Einzelheiten, vielleicht sogar kriegsentscheidende Operationen und Intrigen, sind für immer im Dunkel der ungeschriebenen Geschichte versunken, weil die Hauptpersonen gestorben sind oder eisern schweigen.
Aber was wir über die Tätigkeit der Spionage-Profi in der Schweiz der Aktivdienstzeit wissen, ist auch so eine fesselnde, verwirrende, manchmal abenteuerliche und immer wieder auch tragische Geschichte. Was damals hinter verschlossenen Türen geschah, war für die von der aggressivsten und bösartigsten Macht des 20. Jahrhunderts umzingelte Schweiz Gefährdung und Chance zugleich.
Gefährdung, weil der Krieg an der lautlosen Front keine Neutralen kennt. Die Schweiz mußte – und sie wollte ja auch – Nachrichten gegen Nachrichten tauschen.

Um im Krieg bestehen zu können, mußte sie die Neutralität aufs Spiel setzen und militärische sowie wirtschaftliche Gefahren auf sich nehmen.

Chance, weil die Funktion der Schweiz als Nachrichtendrehscheibe Europas mit Sicherheit einer der Gründe war, weshalb unser Land verschont blieb.

Hitlers Schweizer Spionagekonzern

Kunstvoll verflochten, alles durchdringend, straff gelenkt und überaus produktiv – die deutsche Spionage gegen die Schweiz während der Aktivdienstzeit trug fast alle Kennzeichen eines gutgeführten Konzerns! Dabei ist zu betonen, daß diese «Firma» ein außerordentlich vielfältiges «Sortiment» führte und, um im Jargon der Wirtschaft zu bleiben, ungemein stark «diversifiziert» war; sie betätigte sich nicht nur in den klassischen Branchen des militärischen, politischen und wirtschaftlichen Nachrichtendienstes, sondern besorgte auch politische Propaganda, Desinformation des Gegners, Subversion im Gastland, Anwerbung von Kriegsfreiwilligen, Führung der zahlreichen Organisationen der Auslandsdeutschen, Erpressung und Terrorisierung störrischer Landsleute in der Schweiz, Pflege der Beziehungen zu einflußreichen Politikern, Offizieren, Wirtschaftsführern und Kulturträgern, Abwicklung von Finanzoperationen, Einkauf von Kriegsmaterial und Hilfsgütern und, und, und…

Der Hauptsitz des Unternehmens war die deutsche Gesandtschaft in Bern. Ihr und den deutschen Konsulaten waren schon lange vor dem Kriegsausbruch besondere Vertreter der Abwehrstelle (militärischer Geheimdienst) und des Sicherheitsdienstes (Gestapo) beigegeben worden, die sich als Attachés und Konsulatsbeamte tarnten. Zusammen mit den bestehenden Organisationen der Auslandsdeutschen zog sich ein beispiellos feinmaschiges Netz über das ganze Land, in dem täglich eine riesige Fülle von Material hängenblieb; denn nicht nur den Parteimitgliedern, sondern jedem «guten Deutschen» wurden gelegentliche oder regelmäßige nachrichtendienstliche Handreichungen –

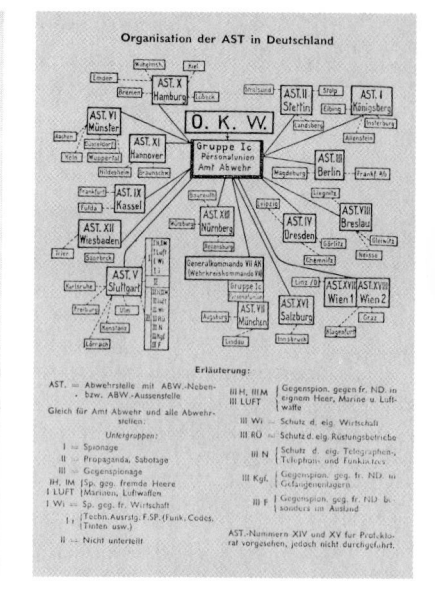

Admiral Wilhelm Canaris war der oberste Chef der deutschen Militärspionage. Er war insgeheim ein Hitler-Gegner und gehörte dem deutschen Widerstand an. Kurz vor Kriegsende wurde er im KZ Flossenbürg erhängt.

Das Organigramm der Organisation Canaris: Für die Schweiz war vor allem die Abwehrstelle Stuttgart mit den Außenstellen Freiburg, Konstanz, Lörrach und andere zuständig. Spähposten gab es entlang der ganzen Grenze.

von der belanglosen Alltagsschnüffelei bis zur handfesten Spionage – zur «patriotischen Pflicht» gemacht. Hunderte kamen dieser vermeintlichen Pflicht nach. Ihre Motive reichten von fanatischer Begeisterung für den Führerstaat über naiven Patriotismus, gedankenlose Mitläuferei, nackte Geldgier und Hoffnung

Canaris' Männer sind die besten

«Die Agenten der Wehrmacht waren weniger zahlreich, dafür besser ausgewählt als jene der Gestapo und der Nationalsozialistischen Partei. Die Aufgaben, die den Spionen der Wehrmacht gestellt wurden, waren im allgemeinen militärischer Natur und ließen einen methodisch aufgebauten Aktionsplan erkennen. Die Agenten der Gestapo und der Partei, welche weniger sorgfältig ausgelesen wurden, betraute man mit den verschiedensten Aufträgen. Wenn sie auch Kühnheit bewiesen, so zeigten sie doch einen Mangel an Methode, was bei einer deutschen Organisation überrascht. Während die Agenten der Wehrmacht die eigentliche Arbeit häufig selbst übernahmen, haben jene der Gestapo und der Partei ziemlich oft Dritte damit beauftragt.

Die deutsche Spionage entwickelte in der Schweiz eine rege Tätigkeit. Der Leiter der Spionagezentrale Säckingen war im Besitze von Taschenbüchern, in denen die Namen seiner 97 Spione geschrieben standen, von denen die Mehrzahl in der Gegend Rheinfelden–Schaffhausen eingesetzt wurden. Ein anderer Leiter hatte in seinem Dienste 95, ein dritter 14 Agenten, so daß in den drei Abschnitten zwischen Bodensee und Basel wenigstens 206 Spione tätig waren. Es ist schwierig, die genaue Zahl der in der Schweiz für Deutschland arbeitenden Spione zu nennen, aber es werden ungefähr 1000 gewesen sein.»

Aus dem Bericht an den General über den Aktivdienst von Generalstabschef Jakob Huber

SS-Brigadeführer Walter Schellenberg war der Chef des Nachrichtendienstes der SS und in dieser Eigenschaft direkt Himmler unterstellt. Dieses Bild zeigt ihn im Zeugenstand beim Kriegsverbrecherprozeß von Nürnberg.

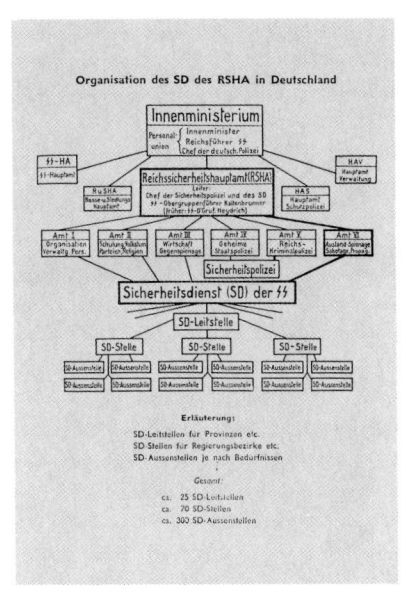

Überblick über die Organisation der SS-Spionage und ihre Einordnung ins deutsche Polizei- und Sicherheitssystem. Dieser Nachrichtendienst übernahm gegen Kriegsende auch die Funktionen der mißliebig gewordenen Abwehr.

auf einen Posten in der «neuen Schweiz» bis zur ängstlichen Rückversicherung «für alle Fälle» und zum Nachgeben gegenüber den raffinierten Erpressungsmethoden der Nazis.

Als Auftraggeber der deutschen Spionage- und Spitzeltätigkeit wurden, wie der Bundesrat Ende 1945 in seinem «Bericht über die antidemokratische Tätigkeit von Schweizern und Ausländern im Zusammenhang mit dem Kriegsgeschehen 1939–1945» ausführte, drei deutsche Stellen ermittelt: die Wehrmacht, die Partei und die SS in Verbindung mit der Gestapo.

Die Wehrmacht-Abwehrstelle (AST)

Die AST war der offizielle Geheimdienst der deutschen Wehrmacht. Sie umfaßte Spionage, Gegenspionage sowie Sabotage und stand unter der Leitung von Admiral Wilhelm Canaris.
Die Schweiz wurde von der AST-Zentrale in Stuttgart aus bearbeitet. Diese Stelle unterstand bis 1942 Oberstleutnant Zeitz, später Oberstleutnant Stefan, Oberst Heusser und Oberst Ohlendorf. Nach den Ermittlungen der Schweizer Abwehr, des Schweizer Nachrichtendienstes und der Bundespolizei war die AST-Zentrale Stuttgart wie folgt organisiert:

1. Gruppe:
Referat I H (Heer). Leitung: Oberstleutnant Schmid alias Dr. Petersen und Ruf, später Oberstleutnant Rumpe und Oberstleutnant Rudolf. Referat I Wi (Wirtschaft). Leitung: Major Gayler. Referat I G (Geheimgruppe). Leitung: Major Heiland. Diese Gruppe war als technischer Dienst verantwortlich für Funkverkehr, Chiffrieren und Dechiffrieren. Außerdem lieferte sie falsche Papiere.

2. Gruppe:
Ihr Leiter war ein Freiherr von Stauffenberg alias «Onkel Franz». Dies war die Sabotagegruppe, die bei einem Angriff auf die Schweiz Brücken und andere militärische Objekte hätte zerstören bzw. deren Zerstörung durch die Schweiz hätte verhindern sollen.

3. Gruppe:
Sie diente der Spionage- und Sabotageabwehr und stand unter der Leitung von Oberstleutnant Meyer. Gegliedert war sie wie folgt:

Referat III F: Erkundung und Unschädlichmachung des ausländischen Nachrichtendienstes.
Referat III H: Behandlung von Straffällen deutscher Soldaten (z. B. Desertion).
Referat III C 1: Grenzangelegenheiten.
Referat III C 2: Überwachung der Ausländer in Deutschland.
Referat III Kgf: Überwachung der Kriegsgefangenen.
Referat III Wi: Schutz der inländischen Industrie vor Sabotage.
Referat III N: Überwachung des Telefon- und Telegrammverkehrs im Inland.

In Sigmaringen unterhielt die AST Stuttgart eine Funkstelle mit Hauptmann Frentznik als Leiter.
Auch die AST-Zentralen in München und Karlsruhe arbeiteten teilweise gegen die Schweiz, wobei längs der Schweizer Grenze die Außenstellen Lörrach (Major Pohlen und Malzacher), Säckingen (Hauptmann Badow und Malzacher), Konstanz (Major Bohning und ab 1943 Furrer alias Witum und Beranger) und Bregenz (Major Böning) errichtet wurden.

Nach dem mißglückten Attentat auf Hitler vom 20. Juli 1944 wurde Admiral Canaris ausgeschaltet und seine Nachrichtenorganisation dem Reichssicherheitshauptamt angegliedert.

Reichssicherheitshauptamt, Amt VI, Auslandsnachrichtendienst (SD des RSHA)

Chef dieses Nachrichtendienstes war SS-Brigadeführer Walter Schellenberg, der direkt dem Reichsführer SS und Chef der deutschen Polizei, Heinrich Himmler, unterstellt war. Beim SD handelte es sich um den Nachrichten- und Polizeiapparat der Nationalsozialistischen Deut-

Organisation der GESTAPO in Deutschland.

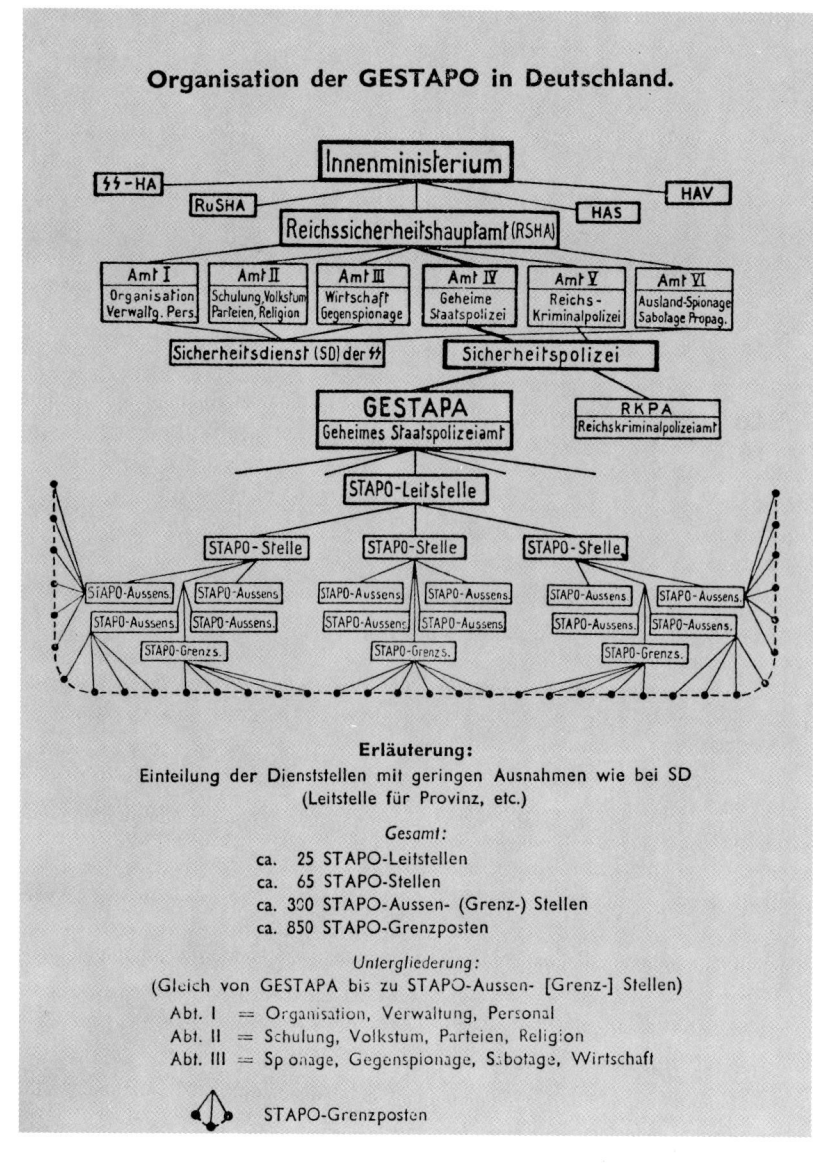

```
                           Innenministerium
   ┌──────┬───────┬──────────┴──────────┬──────┐
 SS-HA  RuSHA                          HAS    HAV
              Reichssicherheitshauptamt (RSHA)
   ┌────────┬────────┬────────┬────────┬────────┐
 Amt I   Amt II   Amt III  Amt IV   Amt V   Amt VI
Organisation Schulung,Volkstum Wirtschaft Geheime Reichs- Ausland-Spionage
Verwaltg.Pers. Parteien,Religion Gegenspionage Staatspolizei Kriminalpolizei Sabotage Propag.
   Sicherheitsdienst (SD) der SS │ Sicherheitspolizei
              GESTAPA                    RKPA
        Geheimes Staatspolizeiamt   Reichskriminalpolizeiamt
              STAPO-Leitstelle
        ┌──────────┬──────────┬──────────┐
   STAPO-Stelle STAPO-Stelle STAPO-Stelle
   ...STAPO-Aussenstellen...
   ...STAPO-Grenzstellen...
```

Erläuterung:
Einteilung der Dienststellen mit geringen Ausnahmen wie bei SD
(Leitstelle für Provinz, etc.)

Gesamt:
ca. 25 STAPO-Leitstellen
ca. 65 STAPO-Stellen
ca. 300 STAPO-Aussen- (Grenz-) Stellen
ca. 850 STAPO-Grenzposten

Untergliederung:
(Gleich von GESTAPA bis zu STAPO-Aussen- [Grenz-] Stellen)
Abt. I = Organisation, Verwaltung, Personal
Abt. II = Schulung, Volkstum, Parteien, Religion
Abt. III = Spionage, Gegenspionage, Sabotage, Wirtschaft

△ STAPO-Grenzposten

Der Nachrichtendienst der Geheimen Staatspolizei (Gestapo) besorgte vor allem die Nahaufklärung im Grenzgebiet. Zwischen den drei deutschen Spionageorganisationen gab es kaum Zusammenarbeit, aber scharfe Rivalitäten.

schen Arbeiterpartei. Er beschaffte Nachrichten auf allen Gebieten, wobei es häufig zu Rivalitäten mit der Abwehrstelle der Wehrmacht und der Gestapo-Nachrichtenorganisation kam. Je weiter der Krieg fortschritt, desto stärker wurde der Einfluß des SD, dem schließlich gegen Kriegsende die gesamte Spionage und Abwehr unterstanden.

Gegen die Schweiz arbeitete vor allem die in Stuttgart eingerichtete SD-Zentrale, die zur Tarnung den Namen «Alemannischer Arbeitskreis» führte. Bis Anfang 1944 wurde sie von SS-Sturmbannführer Dr. Klaus Hügel geleitet, der eine Schlüsselposition bei der gegen die Schweiz gerichteten deutschen Geheimdiensttätigkeit einnahm und nach dem Krieg in schweizerischen Landesverräterprozessen bei freiem Geleit als Kronzeuge auftrat.

Auch der SD errichtete längs der Grenze seine Außenstellen, die zur Tarnung unter den Namen aller erdenklichen Behörden, Parteistellen und Privatfirmen operierten.

Reichssicherheitshauptamt, Amt IV, Gestapo

Leiter dieses dritten gegen die Schweiz spionierenden Amtes war SS-Gruppenführer Müller, der ebenfalls Heinrich Himmler bzw. SS-Gruppenführer Kaltenbrunner unterstand.

Die Geheime Staatspolizei (Gestapo) war die eigentliche politische Polizei des Hitler-Regimes. Ihre Aufgabe war neben der Ermittlung politischer Straftaten (Hoch- und Landesverrat, Verstöße gegen Blutschutz-, Rundfunk-, Heimtücke- und andere NS-Gesetze) die Verfolgung der Personen, die das Regime als seine Gegner betrachtete (Juden, Freimaurer, Marxisten, «östliche Untermenschen» wie Zigeuner usw.). Die Gestapo war das gefürchtetste Instrument politisch-polizeilichen Terrors; ihr Name ist in aller Welt das Markenzeichen für schrankenlose Willkür und Grausamkeit unter dem Deckmantel legitimer Staatsgewalt geblieben.

So spionieren Hitlers Diplomaten

Generalstabschef Jakob Huber enthüllte in seinem Bericht an den General über den Aktivdienst Einzelheiten über die Tarnung deutscher Agenten als Diplomaten:

«Auf der Gesandtschaft in Bern befand sich der ‹Generalkonsul› Meissner. Dieser war mit der Leitung der Spionage beauftragt und in Wirklichkeit Korvettenkapitän und Vertrauensmann von Admiral Canaris. Meissner war, bevor er nach Bern kam, Offizier des deutschen Nachrichtendienstes in Oslo, Angers und Paris gewesen. Er hatte als direkten Mitarbeiter ‹Gesandtschaftsattaché› Fritz Albert, ‹Regierungsrat› Walrat von und zur Mühlen, ‹Generalkonsul› Bohle, ‹Amtsrat› von Pescatore, ‹Gesandtschaftsbeamten›

Piert und vor allem Helmuth Eisele und Günther Diederichs, beide auf dem Politischen Departement als ‹Hilfsarbeiter› der Gesandtschaft eingeschrieben.»

Die Spionageabteilung der deutschen Gesandtschaft in Bern wurde zur Tarnung als «Büro F» bezeichnet, das drei Unterabteilungen besaß: aktive Spionage (Leitung Fritz Albert), Gegenspionage (von Pescatore) und wirtschaftlichen Nachrichtendienst (Gerl). Diese Spezialisten wurden nach dem Waffenstillstand ausgewiesen. Bestrafen konnte man sie nicht, da sie die diplomatische Immunität genossen.

Bereits 1939 beschaffte sich ein Mitarbeiter des deutschen Militärattachés namens Eberth Pläne von militärischen Anlagen im Murtenseegebiet. Zwei Schweizer Nazis, die eine unbedeutende Splittergruppe, die «Schweizerische Einheitspartei», gegründet hatten, waren ihm dabei behilflich. Sie wurden zu je 15 Jahren Zuchthaus verurteilt, der Deutsche ausgewiesen.

Ein anderer überführter Spion, der ebenfalls untergeordnete Gesandtschaftsangestellte Emil Knüttel, verzichtete auf seine diplomatischen Vorrechte und ließ sich lieber in der Schweiz zu 15 Jahren Zuchthaus verurteilen, statt als entlarvter Spion ins Dritte Reich zurückzukehren.

Einer der aktivsten, gefährlichsten deutschen Führungsoffiziere war Dr. Georg Ashton, der auf dem deutschen Generalkonsulat in Zürich tätig war und u. a. intensiv gegen seine frühere Arbeitgeberfirma spionierte, die Werkzeugmaschinen- und Waffenfabrik Bührle. Nach unbestätigten Berichten wurde Dr. Ashton das Opfer seiner Vergeßlichkeit: Er ließ eine Aktenmappe mit zahlreichen Spionagedokumenten in einem Zürcher Tram liegen! Die Mappe wurde aufs Fundbüro gebracht und dort geöffnet, damit man den Namen des Eigentümers feststellen konnte. Als der Beamte Pläne und detaillierte Angaben über die Oerlikoner Rüstungsproduktion sah, schaltete er die Polizei ein. Ashton wurde ausgewiesen.

Fast in allen 33 Fällen, wo Divisionsgerichte Todesurteile gegen Schweizer aussprachen, erwiesen sich deutsche Gesandtschafts- oder Konsulatsangestellte als Anstifter und Mittäter. Der Konsu-

> **«Sag alles, was du weißt!»**
>
> «Denke immer daran, daß uns alles interessiert, was die Feinde Europas tun, sagen und schreiben: Alles muß berichtet werden, was irgendwie in Beziehung zur Kriegführung und Politik des neuen Europa gegen die Judendemokratie und den Bolschewismus steht. Die Verhaftung der mit Deutschland sympathisierenden Schweizer kann mit zwei Worten gemeldet werden; ein Spezialamt ist mit diesen Verhaftungen und deren Folgen beauftragt worden. Uns interessiert vor allem die Zusammenarbeit der schweizerischen Behörde mit den uns feindlichen Staaten und ihrem Nachrichtendienst; was die Versammlungen der Feinde Deutschlands betrifft, melde Ort und Datum sowie die Teilnehmer. Sag alles, was du weißt, selbst dann, wenn du glaubst, wir wüßten es schon.»
> *Aus dem Text einer «Allgemeinen Orientierung» für die Mitarbeiter des Gestapo-Nachrichtendienstes*

latsbeamte Lang, der die Fouriere F. und Z. zur Übergabe geheimer Pläne und Informationen über militärische Befestigungen in der Zentralschweiz angestiftet hatte, konnte sich noch rechtzeitig absetzen. Er wurde in Abwesenheit zu lebenslänglichem Zuchthaus verurteilt, dieweil seine beiden Opfer am Eingang des Eigentals ob Kriens an einem nebligen Novembermorgen erschossen wurden. Auch Oberleutnant R. und Leutnant K. sowie der Zivilist Ph. wurden hingerichtet, während ihr Führungsoffizier, der als «Konsulatsbeamter Bögemann» in Basel wirkte, lediglich an die Grenze gestellt werden konnte.

Auch das deutsche Konsulat in St. Gallen, untergebracht in einer pompösen Villa auf dem Rosenberg, entpuppte sich als Spionagezentrale beim Prozeß vor Divisionsgericht am 9. Oktober 1942, das den Artilleriefahrer Sch. zum Tode durch Erschießen verurteilte: Er hatte den Konsulatsbeamten Gottlob Heilig und August Schmid fünf gewöhnliche Artilleriegranaten übergeben, die er aus dem Munitionsmagazin seiner Einheit gestohlen hatte, sowie ungenaue Skizzen von Befestigungsanlagen am Klöntalersee, bei Ziegelbrücke, vom Biberlikopf usw. Sch. hatte dafür ungefähr 500 Franken erhalten. Schmid hatte ihn auch beauftragt, in der Maschinenfabrik Oerlikon eine Tankbüchse und eine magnetische Mine zu stehlen, doch war der Verräter vorher gefaßt worden.

Schmid hatte noch zwei andere Schweizer Wehrmänner an der Hand, die Informationen über die Festung Sargans besorgten.

Außer den diplomatischen Vertretungen wurden auch Beamte der Reichsbahnzentrale in Zürich und des Badischen Bahnhofs in Basel, die Vertreter der Lufthansa und die Mitglieder der deutschen Handels- und Industriemissionen in die weitläufigen Spionagedienste verstrickt. Oft machten die deutschen Stellen die Erteilung von Visa an Reichsbürger, die zum Beispiel aus geschäftlichen Gründen in die Schweiz reisen wollten, von der Erfüllung bestimmter Nachrichtenaufträge abhängig.

Bei den professionellen Agenten, die alle drei auftraggebenden Stellen in großer Zahl in die Schweiz einzuschleusen verstanden, wurden gefälschte Mahlzeitencoupons, in Deutschland nachgedruckte topografische Karten im Maßstab 1:25 000, Dufourkarten (1:100 000) und die neuesten Minox-Taschenkameras gefunden.

Soweit die Übermittlung der illegal beschafften Informationen nicht durch den diplomatischen Kurier sowie die Funk-, Fernschreib-, Hellschreib- und Morsetelegrafenverbindungen der deutschen Gesandtschaft und der Konsulate geschah, wurde sie von Passeuren, namentlich in den nur schwer zu überwachenden Grenzbahnhöfen von Buchs, Schaffhausen und Basel (Badischer Bahnhof) besorgt. In mehreren Fällen wurden die Nachrichten auch mit gewöhnlichem Brief an den «Evangelischen Missionsverlag in Stuttgart, Kasernenstraße 21» gerichtet. Dieser Verlag existierte in der Tat, diente aber als Deckadresse. Um die brisanten Botschaften von der gewöhnlichen Post zu unterscheiden, mußte als besonderes Merkmal die Frankatur aus drei Zehnermarken bestehen, von denen die mittlere verkehrt aufzukleben war. Die so gekennzeichneten Briefe wurden von der Postzensur abgefangen und sogleich der Gestapo zugeleitet. Zur Tarnung enthielten diese Briefe immer einen unverfänglichen Text; die militärischen und politischen Mitteilungen, auf die es ankam, waren auf der Rückseite des ersten Blattes mit unsichtbarer Geheimtinte notiert. Später wurden viele Agenten auch mit Kurzwellensendern ausgerüstet, mit denen sie nach der Funkstelle Sigmaringen übermittelten.

Was die Deutschen wissen wollen

Im militärischen Bereich war die deutsche Spionage, namentlich deren tüchtigster Zweig, die Abwehrstelle des Admirals Canaris, an allen Detailangaben über Befestigungswerke, Bewaffnung, Heeresorganisation, Truppenstandorte, Aufmarsch- und Operationspläne, Truppenstärke und -lager interessiert. Auf dem politischen Gebiet waren speziell SD und Gestapo tätig; sie verschafften sich Nachrichten über politische Organisationen, Verbände, Vereine und Einzelpersonen, besonders in bezug auf deren Einstellung gegenüber Deutschland. Bespitzelt wurden, wie der Bundesrat in seinem Bericht ausführt, «vor allem Zeitungsredaktoren, Emigranten, Kommunisten und Juden. Ferner wurden die Gesandtschaften und Konsulate der Kriegsgegner beobachtet.»

Auf wirtschaftlichem Gebiet war von Interesse, was in der Schweiz produziert wurde und für wen. Außerdem versuchte Deutschland auszukundschaften, in welche Betriebe jüdisches Kapital investiert wurde. Schließlich wollten deutsche Agenten immer wieder feststellen, wer auf schweizerischen Banken Fluchtgelder deponiert hatte. Diese Finanzspionage ging in verschiedenen Fällen sogar so weit, daß bespitzelt wurde, wieviel Geld eingereiste Deutsche in der Schweiz ausgaben. Man hoffte herauszufinden, daß diese Beträge höher waren als die bei der Ausreise deklarierten Devisen.

«Pakbo» – ein Fuchs und viele Fallen

> «Ich hatte einen ganz einfachen Grund, im Nachrichtendienst zu arbeiten: Wenn die Deutschen gekommen wären, hätten sie mich am nächsten Baum aufgeknüpft.» *Otto Pünter*

Der Journalist und spätere Amtsrichter Otto Pünter in Bern war der Chef einer Nachrichtenorganisation, die seit dem Ende des Spanischen Bürgerkriegs gegen die Deutschen sowie für den briti-

---

Die Auftragsliste eines Spions

Am 6. Juni 1942 wurde der Spion Paul W. Wohler verhaftet und später zu 14½ Jahren Zuchthaus verurteilt. Sein Agentenführer Strenkert alias Straub von der Abwehrstelle (AST) der Wehrmacht (Canaris), der am 1. Februar 1943 in Abwesenheit zum Tode verurteilt wurde, hatte ihm folgende Auftragsliste mitgegeben:
«Truppen: Angabe der Nummer, Farbe der Aufschläge, Abzeichen — welcher Division oder Brigade gehören sie an? —, Zeit und Ort der Feststellung, wo Kantonnement, wo Einsatzgebiet? Wo liegen Stäbe vom 1., 2., 3., 4. AK und von den Divisionen und Gebirgsbrigaden? Wer ist Kommandeur? Welche Divisionen und Gebirgsbrigaden gehören zu den einzelnen AKs? Einteilung der Grenzbrigaden, wo liegen Stäbe? Welche Bataillone gehören zu den einzelnen Brigaden, und wo liegen sie? Angaben über Beurlaubung bzw. Einziehung von Einheiten, wann und wie lange, wohin? (Nach dem neuen Erlaß des Generals.)
Bewaffnung: Zuteilung von lK, Minenwerfern, Panzerbüchsen und Flammenwerfern, Maschinenpistolen pro Bat. bzw. Rgt. Technische Waffenreglemente erwünscht. 3–4 Geschosse der Tankbüchse erwünscht.
Genaue Beschreibung des Flammenwerfers, Konstruktion, Wirkung, Schutzmittel dagegen. Bei neuen Waffen und Munition immer Eigenschaft, Wirkung, Herstellungsfirma usw. melden; erwünscht ist Beschaffung von 3–4 Geschossen der 20-mm-Flugzeugkanone mit höchstempfindlichem Zünder.
Panzerwagen: wieviel, Organisation, Bestückung, Panzerung, Funkausrüstung, Motor, Verbrauch an Brennstoff.
Militärische Anlagen: geheime Pläne über Réduit national, geheime Aufmarschpläne, Operationspläne, Pläne von Gotthard, Sargans, Samaden, Monte Ceneri, Maloja-, Ofen- und Simplonpaß, St-Maurice, Le Locle.
Erkundungen: Gebiet Urner Boden, Klausenpaß, Hilterfingen–Interlaken, Luzern–Bern (Entlebuch), mit Tälern gegen Süden.
Immer genaue Lage, Art und Bestückung, bei Sprengvorrichtungen wo Auslösen, wie Ladung angebracht, ebenso bei Minenfeldern. Bei militärischen Sendern: Apparate, Lage, fest oder fahrbar. Wellenlänge, Rufzeichen, Sendezeit, Geheimcode bzw. -schlüssel für militärischen Nachrichtenverkehr. Bei Depots wo, was und für wen?»

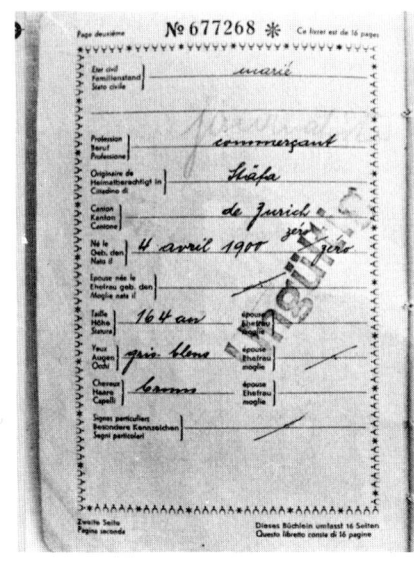

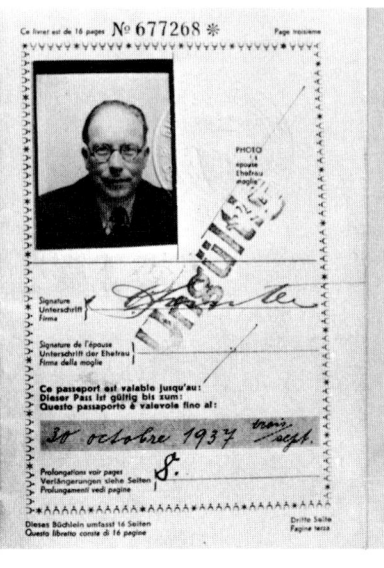

schen Intelligence Service und für General de Gaulle, später auch für die Sowjets arbeitete.

Otto Pünter, Jahrgang 1900, hat keine Hemmungen, über diese delikate Tätigkeit zu sprechen, obwohl die direkte Unterstützung der Russen damals von vielen sozialdemokratischen Parteigenossen nicht verstanden wurde.

Pünter befand sich am Vorabend des Zweiten Weltkriegs auf dem linken Flügel der Schweizer Sozialdemokratie, war indes kein Kommunist. «Aber was wollen Sie?» fragt er mit der bezwingenden Logik des Bedrängten. «Die Feinde meiner Feinde sind meine Freunde, und in der Not verbündet man sich auch mit dem Teufel.»

Pünter war einer von jenen, die die Nazis nicht riechen konnten, denn er stand nicht nur links, sondern war auch ein gutinformierter, kämpferischer und vielbeachteter Journalist. Seine Presseagentur «Insa», die er im Alleingang betrieb, bediente sämtliche sozialdemokratischen Zeitungen der Schweiz und einige bedeutende linksbürgerliche Blätter dazu. Pünter hatte ausgezeichnete Beziehungen in der Bundesverwaltung und beim diplomatischen Korps. Aus diesen Kreisen baute er nach dem Spanischen Bürgerkrieg, der zu seinem Schlüsselerlebnis geworden war, sein erfolgreiches Netz auf.

Pünters wichtigste Nachrichtenlieferanten waren «Long», ein langjähriger französischer Korrespondent in Berlin, «Agnes», ein einflußreicher Funktionär im Auswärtigen Amt, «Nègre», ein französischer Diplomat mit Quer-

Otto Pünter alias «Pakbo» war einer der erfolgreichsten und fleißigsten Spione in der Schweiz. Auf einer selbstgebastelten Anlage (Mitte) stellte er Mikrofilme seiner für die Alliierten bestimmten Mitteilungen her. Schon als er zur Zeit des Spanischen Bürgerkriegs für die Republikaner in Italien spionierte, tarnte ihn ein Paß mit der Berufsbezeichnung «Kaufmann» (unten).

Blätter aus dem Untergrund

Schon kurz nach Kriegsausbruch schaltete sich die Gruppe «Pakbo» auch in die psychologische Kriegführung gegen Hitler ein. Sie versandte in neutralen Umschlägen vervielfältigte Briefe an beliebige, aus Adreßbüchern herausgesuchte Empfänger in Deutschland. Darin stand, Hitler werde das deutsche Volk in eine Katastrophe führen.

In schweizerischen Druckereien wurden heimlicherweise ganze Pakete von Postkarten mit hitlerfeindlichen Texten und Bildmotiven gedruckt; sie wurden von Grenzkurieren, die sich meist aus der Arbeiterbewegung rekrutierten, nach Deutschland gebracht. Gegen Kriegsende ließen «Pakbos» Männer Klebezettel drucken und durch Widerstandskämpfer in die Gebiete bringen, in denen sich deutsche Truppen auf dem Rückzug befanden. Auf den Zetteln, die namentlich in Norditalien, Österreich und Süddeutschland an Telefonstangen und Hauswände geklebt wurden, hieß es zum Beispiel:
«Volkssturm – SOS der SS»
«Deutschland 1939 = Volk ohne Raum... Deutschland 1945 = Raum ohne Volk»
«Du kämpfst für die Partei, nicht für Deutschland»
«Hitlers Tod – Deutschlands Leben»

---

verbindungen zur deutschen Schwerindustrie wie zur Résistance, «Polo», Attaché bei der chinesischen Gesandtschaft in Bern, «Salter», ein weiterer französischer Diplomat, «Lilly», ein katholischer Journalist, «Luise», ein Offizier des schweizerischen Nachrichtendienstes, «Feld», ein österreichischer Staatsbeamter und Angehöriger der Widerstandsbewegung, und «Rocco», eine antifaschistische Widerstandsorganisation mit Sitz in Mailand, die ihrerseits ein Nachrichtennetz über ganz Italien gespannt hatte.

Der Deckname Otto Pünters war «Pakbo», und diese geheimnisvolle Buchstabenkombination hat im nachhinein zu den abenteuerlichsten Vermutungen geführt. Allen Ernstes wurde die Ansicht vertreten, es handle sich dabei um die Abkürzung für Pünters wichtigste Quelle in der unmittelbaren Umgebung Hitlers: **P**arteikanzler **B**ormann. Die Wahrheit ist viel einfacher; «Pakbo» setzt sich aus den Anfangsbuchstaben der Ortschaften zusammen, bei denen die Nachrichten in die Schweiz gelangten: **P**ontresina, **A**rth-Goldau, **K**reuzlingen, **B**ern und **O**rselina.

Die Schliche der Agenten

Die Meldungen trafen auf den verschiedensten Wegen ein. Klartexte wurden meist von gewerkschaftlich organisierten Eisenbahnern von Hand zu Hand weitergereicht oder in den Spülkästen der Toiletten internationaler Züge über die Grenze geschmuggelt. In seinen Lebenserinnerungen («Der Anschluß fand nicht statt») erklärt Otto Pünter, wie seine Gewährsleute erfuhren, daß eine neue Sendung abzuholen war. Der Empfänger erhielt einen Anruf oder eine Postkarte mit dem Wortlaut:
«Die Großmutter hat sich nun doch entschlossen, ein paar Tage bei euch zu verbringen. Sie kommt mit dem Zug 8864 (das war die Wagennummer) am 3. Oktober um 15.46 Uhr an, holt sie bitte am Bahnhof ab.»
Andere Nachrichten gelangten auf Mikrofilmen in die Schweiz, die in Rasierseifentuben, Sockenhaltern, Absätzen und hohlen Spazierstöcken versteckt wurden. Wieder andere waren mit sympathetischer Tinte zwischen die Zeilen eines unverfänglichen Briefes geschrieben.
Eine der wichtigsten Meldungen, welche die Gruppe «Pakbos» auf einem vier Quadratmillimeter messenden Mikrofilm unter der Briefmarke auf einer Ansichtskarte vom Berner Bärengraben über eine Deckadresse in Lissabon nach London beförderte, war im Sommer 1942 der Bericht eines sozialdemokratischen österreichischen Ingenieurs über den Bau von Hitlers Geheimwaffe, der V 1, in Peenemünde. Sogar eine Lageskizze der Raketenfabrik gelangte nach London. Dort waren zwar schon früher ähnliche Nachrichten eingetroffen, doch diente «Pakbos» Beitrag zur Bestätigung. Die Royal Air Force bombardierte Peenemünde.
Eine erstklassige Quelle war ein Funker in der Leibstandarte Adolf Hitlers, der vermutlich den

ganzen Krieg über nicht einmal wußte, daß er für den gegnerischen Nachrichtendienst arbeitete. Mit seinen in Vorarlberg lebenden Eltern hatte er vereinbart, jeden Samstagabend auf einer bestimmten Kurzwelle zu berichten, wie es ihm gehe. Zwangsläufig enthielten seine Mitteilungen wertvolle militärische Nachrichten. Diese gab der gewerkschaftlich orientierte Vater sogleich an Pünters Verbindungsmann «Feld» weiter, der sie jeweils zusammen mit vielen militärischen Informationen aus Österreich in einer Blechdose beim Pfeiler einer Starkstromleitung zwischen Au (SG) und Dornbirn eingrub. Ausgegraben wurde die Dose von einem Zwischenträger, der dann und wann ein halbes Pfund Kaffee hinterlegte. Im übrigen verrichtete «Feld» seine lebensgefährliche Arbeit ehrenamtlich.

«Pakbo» legt drauf

Otto Pünter und seine Presseagentur steckten häufig in Geldnöten. Überbrückt wurden sie hauptsächlich mit Darlehen von Firmen und Geschäftsleuten, die freilich nicht nur in selbstloser Absicht handelten; ohne genau über die Art von «Pakbos» Tätigkeit Bescheid zu wissen, zahlten einzelne dieser Schweizer, um im immer wahrscheinlicher werdenden Fall eines alliierten Sieges günstige Ausgangspositionen für Nachkriegsgeschäfte zu haben und um von der berüchtigten schwarzen Liste gestrichen zu werden, auf die die Amerikaner zahlreiche Schweizer Firmen gesetzt hatten, die in geschäftlichen Verbindungen zu Hitler-Deutschland standen.

Einer der Hauptgeldgeber drohte Otto Pünter nach dem Krieg mit einer Betrugsklage, weil es mit der Absetzung von der schwarzen Liste nicht geklappt hatte und sich «Pakbo» trotz seiner erwiesenen Verdienste um die alliierte Sache bei den Amerikanern nicht durchzusetzen vermochte. «Was wollte ich tun?» fragt Otto Pünter. «Ich hatte für die Beträge quittiert und sie für die Vergütung von Spesen meiner Mitarbeiter ausgegeben; andere Entschädigungen gab es bei uns ja nicht. Meine Mitarbeiter waren ehrliche Leute, aber im Nachrichtendienst sind nun einmal schriftliche Rechnungen und Quittungen nicht üblich. Wenn ich dem Richter das erzählt hätte, was glauben Sie, hätte der geantwortet? ‹Damit könnte ja jeder kommen!› hätte er gesagt...» Otto Pünter und seine Freunde griffen in die eigenen Taschen und zahlten die 65 000 Franken zurück.

Der aus Ungarn stammende Geograph Alexander (Sandor) Rado war der Chef der illegalen sowjetischen Spionageorganisation «Die Roten Drei» in Genf. Nachdem sie aufgeflogen war, wurde Rado nach seiner Rückkehr in die Sowjetunion verhaftet und streng bestraft.

In Rados Netz

Wann die Zusammenarbeit «Pakbos» mit dem illegalen Residenten des sowjetischen Geheimdienstes GRU in Genf, Sandor Rado, begonnen hat, wird widersprüchlich dargestellt. Pünter sagt, es sei Ende Juni 1940, kurz nach dem deutsch-französischen Waffenstillstand gewesen, als sich Hitlers Expansionsgelüste wieder ostwärts zu wenden begannen. Rado dagegen behauptet, sein erstes Zusammentreffen mit Pünter datiere schon vom Jahr 1938. In seinen Memoiren vermerkt er:
«Ich hielt es für richtiger, daß wir uns nicht in Genf begegneten. Es schien mir besser, Pakbo vorläufig nicht wissen zu lassen, wo ich wohnte. In Bern wiederum war er sehr bekannt und wurde beobachtet. Es war also weniger gefährlich, wenn wir uns irgendwo auf halbem Wege zwischen Genf und Bern trafen, beispielsweise auf der Bahnstation Chexbres.»
Die Russen hatten offensichtlich Mühe, den ungenierten Umgang des kontaktfreudigen Journalisten Pünter mit Bekannten und Informanten aller politischen Schattierungen zu verstehen. Wiederholt mahnten sie ihn, in der Wahl seiner Kontaktpersonen vorsichtiger zu sein. Aber Pünter wies diese Bedenken mit dem Hinweis auf die freiheitliche Gesellschaftsordnung in der Schweiz und auf seine beruflichen Pflichten zurück. Wie aus Rados Erinnerungen hervorgeht, fürchteten die Russen, «Pakbos» Post- und Telefonverkehr werde von der schweizerischen Bundespolizei überwacht, und auch Spitzel der Gestapo wie der japanischen Botschaft behielten ihn im Auge.

Beides war nicht einmal so falsch: Otto Pünter ist überzeugt davon, daß die schweizerische Abwehr von seiner Tätigkeit gegen Deutschland wußte, ihn aber gewähren ließ, solange er kein Aufsehen erregte. Daß die Gestapo ihn überwachte, war ihm bekannt: «Gelegentlich sah ich, wie mir Gestalten von meinem Büro im Länggaßquartier folgten, wenn ich abends meine Post zum Bahnhof brachte. Im Bahnhofbuffet traf ich einmal einen Betrunkenen, der mir als italienischer Spitzel bekannt war und der mir in seinem Zustand offen riet, wieder einmal nach Italien zu fahren; dann würde er sich nämlich eine Prämie von 40 000 Lire verdienen, die dort auf meinen Kopf ausgesetzt war – offenbar in Erinnerung an Erkundungsreisen, die ich noch für die republikanischen Spanier unternommen hatte.»
Pünter hatte zum Beispiel 1937 im Hafen von Genua Umfang und Größe italienischer Hilfssendungen für die Truppen des aufständischen Generals Franco erkundet.

Sandor Rado erwähnt eine Beurteilung Pünters durch den sowjetischen Agentenführer Kolja:
«Sie können sicher sein, daß Pünter ein guter Mitarbeiter ist. Er findet rasch Kontakt zu anderen und gewinnt ihr Vertrauen. Er ist ein intelligenter, gebildeter Mann und spricht mehrere Sprachen fließend. (...) Aber vergessen Sie nicht, daß Pünter ab und zu eine Abkühlung braucht. Er ist ein Mann, der gerne etwas riskiert; ich muß zugeben, häufig mit Erfolg, aber weil er zuviel auf einmal will, verzettelt er sich. Man muß ihm aus der Luft gegriffene, irreale Pläne ausreden.»
Rado selbst hingegen hielt Pünter nicht für eine erstrangige Nachrichtenquelle, was dieser nicht bestreitet:
«Sandor Rado nahm es mit den ihm zugehenden Nachrichten sehr genau. Auf Halbheiten, ungenaue Hinweise, mangelnde Quellenangaben usw. reagierte er sehr sauer und skeptisch. Mit Recht, da jede unzulängliche nach Moskau übermittelte Nachricht automatisch eine Rückfrage nach Präzisierung zur Folge hatte, weil man auch dort skeptisch war und oft Mühe hatte, an die Richtigkeit bestimmter Informationen zu glauben, besonders, wenn sie militärisch und politisch sensationell waren.»
Vom Frühjahr 1942 an entlastete «Pakbo» die bis an die Grenzen ihrer Leistungsfähigkeit beanspruchten Mitarbeiter Rados beim Chiffrieren und Dechiffrieren der nach und von Moskau gefunkten Telegramme. Unter den von Pünter chiffrierten Meldungen befanden sich auch die Nachrichten, die Rudolf Roessler, gestützt auf erstklassige deutsche Quellen, aus Luzern lieferte. Als Kurier zwischen Genf und Bern wurde die hübsche Margrit Bolli eingesetzt.

Postkarten, die «Pakbo» nach Deutschland schmuggelte. Hier wird Göring (links) verhöhnt.

«Von Pol zu Pol» im Wirrwarr der Zeichen

Die Chiffrierarbeit war überaus kompliziert und zeitraubend. Das Schlüsselbuch war Sven Hedins Reisebericht «Von Pol zu Pol». Lassen wir Otto Pünter erzählen, wie es nun weiterging: «Aus dem Text wird ein häufig wechselndes Codewort gesucht, zum Beispiel ‹Dokumentarfilme›. Da zur Erstellung der Chiffre aber nur zehn Buchstaben nötig sind, genügen ‹Dokumentar› und dazu als einzige Interpunktion ein Punkt.

Beispiel 1 D O K U M E N T A R
B C F G H I J L P Q
S V W X Y Z .

Nun erfolgt die Umwandlung dieser Buchstabenkombination in Zahlen. Das geschieht zunächst dadurch, daß die Buchstaben im Schlüsselwort ‹Dokumentar› in der Reihenfolge des Alphabets mit 1 bis 10 (10 = 0) numeriert werden, also: A = 1, D = 2, E = 3, K = 4 usw. Nun haben wir:

Beispiel 2 2 7 4 0 5 3 6 9 1 8
D O K U M E N T A R
B C F G H I J L P Q
S V W X Y Z .

Um die 26 Buchstaben des Alphabets aber in Zahlen ausdrücken zu können, müssen zwei Zahlen eingesetzt werden. Dazu kommt folgende Operation: Links vor die drei Buchstabenreihen wird je eine mit der Nachrichtenzentrale im voraus bestimmte Zahl aus der oberen Zahlenreihe eingesetzt. Angenommen, es sind die dritte, d.h. 4, die siebente, d.h. 6, und die neunte, d.h. 1, gewesen. Dann sieht das so aus:

Beispiel 3
```
        2 7 4 0 5 3 6 9 1 8
       ─────────────────────
     4  D O K U M E N T A R
     6  B C F G H I J L P Q
     1  S V W X Y Z .
```

Jetzt läßt sich jeder Buchstabe durch eine zweistellige Zahl ersetzen, indem man wie folgt vorgeht: Der Buchstabe A liegt senkrecht unter der Zahl 1 und auf der waagrechten Linie mit der Zahl 4, das ergibt A = 14; B liegt senkrecht unter 2 und waagrecht auf 6, das heißt 26; Z liegt senkrecht unter 3 und waagrecht auf Linie 1, somit Z = 31, und so fort. Das in Zahlen umgewandelte Alphabet lautet also:

Beispiel 4
A B C D E F G H I J
14 26 76 24 34 46 06 56 36 66

K L M N O P Q R S T
44 96 54 64 74 16 86 84 21 94

U V W X Y Z
04 71 41 01 51 31 61

Jetzt kann mit der eigentlichen Chiffrierarbeit begonnen werden. Setzen wir voraus, die zu übermittelnde Nachricht lautet: ‹Die Leibstandarte Adolf Hitlers ist in Warschau eingetroffen.› Im Telegrammstil wird man sagen: ‹Hitler Standarte in Warschau›, was vollkommen genügt. Die Buchstaben dieses Satzes werden nun durch die Zahlen in Beispiel 4 ersetzt, also:

Beispiel 5
H I T L E R   S T A N D A R T E
563694963484   219414642414849434

I N   W A R S C H A U
3664 4114842176561404

Eine derartige Zahlenreihe ist schlechthin verwirrend. Selbst ein geübter Radiotelegrafist hat Mühe, diese fehlerlos zu übertragen. Es ist deshalb in der ganzen Welt üblich und zulässig, chiffrierte Telegramme, ob in Buchstaben oder Zahlen, in Fünfergruppen zu ordnen, so daß die obige Zahlenreihe folgendermaßen aussieht:

Beispiel 6

56369 49634 84219 41464 24148

49434 36644 11484 21765 61404

Ein Laie kann mit diesen Zahlengruppen nichts anfangen; für den erfahrenen Dechiffreur sind sie nur ein relatives Geheimnis. Er kennt die Frequenzgesetze, d.h., er weiß, wie oft sich in einem Klartext, der sich hinter diesen Zahlen versteckt, die einzelnen Buchstaben des Alphabets wiederholen. In der deutschen Sprache kommt beispielsweise der Buchstabe E am meisten vor. Dechiffreure besitzen Berge von Tabellen und heute elektronische Geräte, mit denen die Frequenzen sehr rasch ermittelt werden können. Er wird also in relativ kurzer Zeit herausfinden, daß die obigen Zahlengruppen heißen: ‹Hitler Standarte in Warschau.› Infolgedessen muß etwas geschehen, um das Frequenzgesetz aufzuheben und damit die Zahlengruppe selbst für den Fachmann unlesbar oder auf jeden Fall für längere Zeit unentzifferbar zu gestalten. Das geschieht durch eine sogenannte Überschlüsselung, die darauf hinausläuft, zu den Zahlen des nach Beispiel 6 chiffrierten Telegramms eine weitere Zahlenreihe zu addieren und damit das Frequenzgesetz aufzuheben. Für diese Operation sind nur die einfachen Zahlen erforderlich, die dem Beispiel 4 entnommen werden. Das sieht dann so aus:

Beispiel 7

```
A B C D E F G H I J
1 2 7 2 3 4 0 5 3 6

K L M N O P Q R S T
4 9 5 6 7 1 8 8 2 9

U V W X Y Z .
0 7 4 0 5 3 6
```

Wie man sieht, haben jetzt mehrere Buchstaben die gleiche Zahl, so B, D und S die Zahl 2, die Buchstaben O, C und V die Zahl 7 usw. Das spielt deshalb keine Rolle, weil der Empfangszentrale der verwendete ‹Decktext› aus dem Schlüsselbuch gemeldet wird, ihr also bekannt ist.
Der Decktext fährt im Schlüsselbuch dort weiter, wo wir das ursprüngliche Codewort ‹Dokumentar› ausgewählt haben, nämlich: ‹Dokumentarfilme sind belegt, werden aber rasch wieder frei.› Setzen wir die Buchstaben dieses Satzes in einfache Zahlen gemäß Beispiel 7 um und stellen diese in Fünfergruppen zusammen, dann haben wir:

Beispiel 8

```
DOKUM ENTAR FILME SINDB ELEGT
27405 36918 43953 23622 39309

WERDE NABER RASCH WIEDE RFREI
43823 61238 81275 43323 84833
```

Nun folgt die letzte Operation, nämlich die Addition der Zahlengruppen von Beispiel 6, die den Klartext enthält, mit der Zahlengruppe von Beispiel 8, aus dem Decktext entstanden. Dabei wird ohne Rückbehalt der Zehner addiert, d.h. so: 5+8=13, schreibe 3, 4+7=11, schreibe 1, 7+9=16, schreibe 6, und so fort, wie aus nachfolgender Darstellung ersichtlich.

Beispiel 9

```
Botschaft
nach Beispiel 6      56369 49634 84219 41464 24148
Decktext
nach Beispiel 8      27405 36918 43953 23622 39309
                     ─────────────────────────────
Total Telegramm      73764 75542 27162 64086 53447
                     =============================

              Fortsetzung:
Botschaft
nach Beispiel 6      49434 36644 11484 21765 61404
Decktext
nach Beispiel 8      43823 61238 81275 43323 84833
                     ─────────────────────────────
Total Telegramm      82257 97872 92659 64088 45237
                     =============================
```

Ein Vergleich zwischen dem einfach chiffrierten Text gemäß Beispiel 6 mit dem Resultat des übermittelten Funkspruchs (Beispiel 9) zeigt deutlich, daß es sich beim Endprodukt um eine rein willkürliche Zahlenreihe handelt und jegliches Frequenzgesetz aufgehoben ist. Am Schluß des Telegramms wird noch eine Gruppe beigefügt, die dem Empfänger angibt, welches Schlüsselwort im Codebuch gewählt worden ist. ‹Dokumentarfilme› findet sich auf Seite 12, Zeile 08, fünftes Wort, das ergibt 12085. Mehr braucht der Dechiffreur nicht zu wissen, um den Funkspruch entziffern zu können. Er geht dabei wie folgt vor: Nachdem ihm durch die letzte Gruppe (12085) das Schlüsselwort ‹Dokumentarfilme› genannt worden ist, erstellt er das Zahlenalphabet gemäß Beispiel 4 und subtrahiert die sich aus dem Decktext ergebende Zahlenreihe (Beispiel 8) von den ihm übermittelten Zahlen, so daß die Zahlengruppen nach Beispiel 6 verbleiben. Je zwei der aufeinanderfolgenden Zahlen werden gemäß Beispiel 4 in Buchstaben umgesetzt, womit das Telegramm lesbar wird:

Beispiel 10

```
Erhaltener Funkspruch   73764 75542 27162 64086 53447
Abzüglich Beispiel 8    27405 36918 43953 23622 39309
                        ─────────────────────────────
Verbleiben              56369 49634 84219 41464 24148
oder in Buchstaben      H I T L E R S T A N D A
                        =============================
              Fortsetzung:
Erhaltener Funkspruch   82257 97872 92659 64088 45237
Abzüglich Beispiel 8    43823 61238 81275 43323 84833
                        ─────────────────────────────
Verbleiben              49434 36644 11484 21765 61404
oder in Buchstaben      R T E I N W A R S C H A U
                        =============================
```

In Klarschrift ausgefertigt: ‹Hitler Standarte in Warschau›, womit der Funkspruch, nach langwieriger Präzisionsarbeit, seine Aufgabe erfüllt hat!»

Der unglaubliche Rudolf Roessler

Rudolf Roessler, genannt «Lucie», hat nie mit geheimer Tinte geschrieben und weder mit Drogen noch mit Schußwaffen gearbeitet. Er trug keine falschen Bärte, erpreßte keine Generäle und knackte keine Tresore.
Trotzdem war der Mann mit den hinter dicken Brillengläsern verborgenen dunklen Eulenaugen im hohlwangigen Gesicht eine der erfolgreichsten Gestalten nicht nur der schweizerischen, sondern der weltweiten Geheimdienstszene während des Zweiten Weltkriegs.
Die Nachrichten, die durch seine Hände gingen, waren Millionen wert, aber Roessler starb in bitterer Armut; am Ende seines freudlosen Lebens besaß der schweigsame Emigrant nicht einmal eine eigene Wohnung. Mit seiner Frau hauste er in einem kleinen Hotel in Kriens, Freunde unterstützten ihn. Oft lebte Roessler tagelang nur von Kaffee und Zigaretten. Als er am 12. Dezember 1958 an Lungenkrebs starb, mußte die Gemeinde für das Begräbnis aufkommen.
Nur ein paar alte Freunde erschienen. Der Nebel hing tief vom Pilatus herunter, der Pfarrer beeilte sich mit seinen Gebeten. So endete ein Mann, dessen Nachrichten für die Schweizer und für die Russen von unschätzbarem Wert gewesen waren und der das Geheimnis um seine Quellen mit ins Grab genommen hatte!
Das Leben Roesslers ist eine deutsche Tragödie. Geboren wurde er am 22. November 1897 in Kaufbeuren als Sohn eines bayerischen Regierungsdirektors, der im Forstwesen tätig war. Roesslers Erziehung war fest im evangelischen Christentum verwurzelt. Nach dem Abitur, mit 18 Jahren, meldete er sich als Freiwilliger zum Kriegsdienst, aus dem er als Kompaniechef nach Augsburg zurückkehrte. Dort betätigte er sich aktiv am kulturellen Leben der Stadt, indem er die «Augsburger literarische Gesellschaft» gründete und eine eigene Zeitschrift («Form und Sinn») herausgab. Daneben war er Journalist und Redaktor.
Major Hans Hausamann hat einmal erklärt, daß Roessler zeitweise auch freier Mitarbeiter der damals in der ganzen Welt hochangesehenen «Frankfurter Zeitung» war, für welche viele der bedeutendsten Schriftsteller und Publizisten arbeiteten. Hausamann berichtet weiter, Thomas Mann habe Roessler eine Stelle als Hauslehrer angeboten, was Roessler aber, jung verheiratet, aus persönlichen Gründen habe ablehnen müssen.
Bis 1928 bekleidete Roessler eine Stelle als Redaktor bei einer Augsburger Tageszeitung. Dann wurde er als Leiter des Bühnenvolksbundes nach Berlin gerufen. Dieser war eine über ganz Deutschland verbreitete, von den beiden christlichen Konfessionen getragene Organisation der Theaterbesucher, die eigene Theatergruppen und einen eigenen Bühnenverlag besaß.

Roessler wird zum Nazi-Gegner

Zusammen mit Dr. Thias Brünker leitete Rudolf Roessler den Volksbund, der in seinen besten Zeiten ein Großunternehmen mit einem Jahresumsatz von 12 Millionen Mark war. Aber zu Beginn der dreißiger Jahre wurde der Druck durch die Nazis immer stärker. Der von ihrem Rassenideologen Alfred Rosenberg gegründete «Kampfbund für deutsche Kultur» führte eine Kampagne gegen den Bühnenvolksbund, dessen weltanschaulichen Standort Rudolf Roessler längst zu seinem eigenen gemacht hatte: einem christlichen Konservatismus, der stark im nationalen, aber nicht nationalistischen Gedankengut verwurzelt war. Dies ist wichtig zu wissen, denn später hieß es immer wieder, Rudolf Roessler sei ein Kommunist oder Sozialist gewesen. Möglicherweise stand er der Linken nahe, aber wenn überhaupt, dann nur aus Opposition zu Hitler.

Rudolf Roesslers frisches Grab auf dem Friedhof von Kriens war mit auffallend vielen Kränzen ohne Schleifen geschmückt; sie stammten von ausländischen Nachrichtendiensten.

Brünker und Roessler verstanden es vorerst, den energischen Gleichschaltungsversuchen der Nazis zu widerstreben. Zwar wurde der Kampfbund von keinem Geringeren als Hermann Göring zurückgepfiffen, aber einzelne Orts- und Landesverbände des Bühnenvolksbundes wanderten unter dem Eindruck der Attacken zu der nationalsozialistischen Konkurrenzorganisation ab. Im Mai 1933 warf Hans Hinkel, Staatskommissar im Preußischen Ministerium für Wissenschaft, Kunst und Volksbildung, den Geschäftsleitern des unbequemen Bühnenvolksbundes Mißwirtschaft und Korruption vor. Prompt folgte eine Strafanzeige des konkurrierenden Reichsverbandes «Deutsche Bühne». Der Bühnenvolksbund wurde in den Konkurs getrieben, und seine beiden unerschrockenen Geschäftsleiter mußten täglich mit der Verhaftung rechnen.

Der auf deutsch-schweizerische Beziehungen spezialisierte Historiker Klaus Urner, der diese Hintergründe als erster erforscht hat, erblickt in diesen nationalsozialistischen Intrigen die Triebfeder für Roesslers späteres Handeln:

«Die perfide Art und Weise, mit der die Nationalsozialisten ihn aus der Leitung des Bühnenvolksbundes zu verdrängen suchten, wird den unpolitischen Roessler zum erbitterten Gegner der NSDAP und des Dritten Reiches gemacht haben. (...)

Die letzten Monate, die Roessler beim Bühnenvolksbund in Berlin verbrachte, stellen den entscheidenden Wendepunkt in seinem Leben dar. Dieser Zeitabschnitt ist für die Suche nach den Motiven, die Roesslers spätere Spionagetätigkeit erklären, von nicht geringer Bedeutung. Die Erfahrungen mit dem wahren Charakter des Nationalsozialismus haben sich zweifellos mitbestimmend auf seinen unerbittlichen Kampf gegen das Dritte Reich ausgewirkt.»

Auch das Zeugnis von Hans Hausamann in einem unveröffentlichten Brief deutet nicht auf eine linke Haltung des nachmaligen meisterlichen Nachrichtenmaklers hin. Hausamann, der Roessler persönlich gut kannte und seine Nachrichtentätigkeit zugunsten der Russen deckte, weil auch der Schweizer Nachrichtendienst davon profitierte, schreibt: «Um Politik im engern oder gar im parteipolitischen Sinne hatte sich Roessler bis anhin nie gekümmert. Aber im Laufe des Jahres 1931 erkannte er mehr und mehr, daß Vertreter des geistigen Deutschlands der politischen Krisenentwicklung nicht weiterhin untätig zusehen dürften. Er begann in ausgewählten Zirkeln eine rege Vortragstätigkeit zu entfalten, um auf die von ihm erkannten politischen Gefahren aufmerksam zu machen. Roessler hoffte, daß die mehr konservativen Kreise, die ihm von Haus aus nahestanden und in welche er durch seinen Bekannten Edgar Jung Eingang gefunden hatte, sich zu politischen Aktionen aufraffen würden, um wirksame Maßnahmen gegen den Nationalsozialismus einzuleiten. In Verfolgung dieser seiner Ziele kam Roessler auch in engen Kontakt mit Reichswehroffizieren. Die Unfähigkeit des Präsidenten des Herrenclubs, Franz von Papens, dessen Sekretär übrigens Edgar Jung war, vereitelte alle Bemühungen dieser konservativen Kreise, die sich in der Organisation ‹Stahlhelm› ein potentielles, der Reichswehr nahestehendes Machtinstrument geschaffen hatten.»

Emigration und Neubeginn

Es heißt, der unmittelbare Anlaß für Roesslers Emigration sei die Plünderung seiner Redaktionsstube – er arbeitete an Theaterzeitschriften mit – durch die Nationalsozialisten gewesen. Jedenfalls kam Roessler 1934 nach Luzern und gründete mit Hilfe von Freunden den Verlag «Vita Nova» (neues Leben). Obwohl dieses in einem unauffälligen Mietshaus an der Vonmattstraße geführte Unternehmen finanziell nie ein Bein auf die Erde bekam, überstand es die Fährnisse der Zeit bis zur zweiten Verhaftung Roesslers im Jahre 1953. Der Verlag gab humanistisches, christliches und demokratisches Schriftgut heraus, das im neuen Deutschland nicht mehr erscheinen durfte: politische Schriften von Gonzague de Reynold, Stanley Baldwin, später auch von Franklin D. Roosevelt und Tschiang Kai-schek, die Essays des vom Marxismus zum Christentum gelangten russischen Geschichts- und Religionsphilosophen Nikolai Berdjajew, Dichtungen von Paul Claudel in deutscher Sprache und viele andere Publikationen, die geistesgeschichtlich politisch gerade damals von großer Bedeutung waren, geschäftlich aber kaum erfolgreich sein konnten.

Es lag in der Natur von Rudolf Roesslers Tätigkeit – früher in Berlin und nun in Luzern –, daß er mit zahlreichen bedeutenden Persönlichkeiten aus allen erdenklichen Gebieten, namentlich mit Politikern und Schriftstellern, laufend in Kontakt stand. Seine Beziehungen waren weitreichend und ausgezeichnet. Roessler kannte Hunderte von bedeutenden und gutinformierten Menschen, mit denen er korrespondierte. So ist zum Beispiel bekannt, daß er Hunderte von Briefen an bedeutende Christen auf der ganzen Erde schrieb, als das Dritte Reich mit der Judenverfolgung begann. Er rief zu Solidarität und Hilfe auf. Roessler schrieb und schrieb – und er bekam Antworten. In den Antworten standen Überlegungen, Informationen, Prognosen, die im Querver-

Mit diesem Inserat in der «Neuen Zürcher Zeitung» fanden Rudolf Roessler und Dr. Christian Schneider zueinander. Dr. Schneider wurde kurz darauf zum Kurier zwischen Roessler und Sandor Rados «Roten Drei» in Genf.

gleich zu ungewöhnlich interessanten Schlüssen führen mußten, besonders dann, wenn ein derart scharfsinniger und analytisch begabter Geist wie Rudolf Roessler sie auswertete.

Zwei Dinge heben ja alle, die Roessler persönlich gekannt haben, hervor: sein phänomenales Gedächtnis und seine ungewöhnliche, mit großem Fleiß gepaarte Intelligenz.

Durch seinen engen persönlichen Kontakt mit den verschiedensten und unterschiedlichsten Persönlichkeiten des europäischen Geisteslebens und der europäischen, namentlich der deutschen Politik wuchs Roessler langsam in die Rolle des Nachrichtensammlers und -analytikers hinein. Daß seine Beziehungen noch vom Ersten Weltkrieg, von Augsburg und von Berlin her auch in höchste Kreise der Wehrmacht hineinreichten, sei nur am Rande erwähnt.

Roessler wird Agent

Zwei Männer bewirkten, daß Rudolf Roessler für den Nachrichtendienst zu arbeiten begann, vorerst für den sich formierenden schweizerischen, dann auch für den sowjetischen: Dr. Xaver Schnieper und Dr. Christian Schneider.

Schnieper hatte Roessler schon 1933 in Berlin kennengelernt. Jetzt war er Kantonsbibliothekar in Luzern. In Luzern kam Roessler auch in Verbindung mit dem Rechtsanwalt Dr. Bernhard Mayr von Baldegg, der als Hauptmann im Schweizer Nachrichtendienst bekannt wurde. Schnieper, der um Roesslers ausgezeichnete Verbindungen wußte, forderte seinen Freund im Sommer 1939 auf, für den Schweizer Nachrichtendienst zu arbeiten. Roessler war einverstanden, zumal ihn das nationalsozialistische Regime zwei Jahre zuvor ausgebürgert hatte. Seine umfassenden und außerordentlich zuverlässigen Berichte übergab Roessler durch einen «lebenden Briefkasten», d. h. einen Zwischenträger, dem Nachrichtenmajor Hans Hausamann, von dem aus sie an den Schweizer Nachrichtendienst weitergeleitet wurden.

Über die Qualität dieser Meldungen urteilt Otto Pünter («Pakbo»), der später ungezählte Roessler-Berichte für die Weiterleitung nach Moskau chiffrierte: «In jahrelanger Arbeit hatte er sich über das deutsche Heer, die Wehrwirtschaft, das Transportwesen usw. eine sorgfältige Kartothek aufgebaut, die ihresgleichen suchte und Zehntausende von Ausschnitten umfaßte. Er brauchte nur nachzuschlagen, um jede ihm zugehende Information mit zuverlässigen Detailangaben weiterleiten zu können.»

Kleine Zettel – große Geheimnisse

Nach allem, was man heute weiß, kann als sicher gelten, daß Rudolf Roessler nicht vor September 1942 für die Sowjets zu arbeiten begann – wenigstens nicht mit Wissen; denn auch die Art, wie der bienenfleißige und zurückgezogene Luzerner Verleger mit dem von Sandor Rado und Alexander Allan Foote in Genf und Lausanne organisierten Netz («Die Roten Drei») in Kontakt gekommen ist, stellt sich heute im Lichte qualifizierter Zeugnisse weit weniger abenteuerlich dar, als man vermuten könnte.

Im Frühsommer 1939 ließ Rudolf Roessler in der «Neuen Zürcher Zeitung» ein Inserat erscheinen, in dem er einen Mitarbeiter mit guter Allgemeinbildung für seinen angesehenen Verlag suchte. Es meldete sich aus Genf der 1896 geborene Politikwissenschafter Dr. Christian Schneider, ein Deutscher. Schneider hatte nach einer harten Jugend als Vollwaise, dem Notabitur und der Kriegsteilnahme 1921 in Würzburg zum Dr. rer. pol. promoviert und in der Zeit der großen Inflation, die ihn seines Erbes beraubt hatte, abwechselnd bei Banken und bei Zeitungen gearbeitet. 1926 war er aus 230 Bewerbern vom Internationalen Arbeitsamt in Genf als Übersetzer gewählt worden. Kurz vor der Übersiedlung nach Genf hatte er geheiratet. Schon nach acht Jahren hatte das Ehepaar Schneider das Schweizer Bürgerrecht erwerben können.

Dr. Schneider starb 1962, und vier Jahre später gab seine Witwe dem Zürcher Journalisten Ludwig A. Minelli das einzige Interview ihres Lebens, das viele bisher unbekannte Einzelheiten klärte. 1939 mußte der hochqualifizierte und geschätzte Übersetzer Dr. Christian Schneider eine neue Stelle suchen, weil das Internationale Arbeitsamt seine Belegschaft radikal abbaute; angesichts des nationalsozialistischen Vormarsches in Europa hatten die Amerikaner ihre Beitragszahlungen eingestellt. Nach der Erinnerung von Elisabeth Schneider trafen sich ihr Mann und Roessler erstmals am 17. Juni 1939 in Luzern. Beide Männer müssen sofort gemerkt haben, daß sie gut zueinander paßten: Der gläubige Protestant Roessler und der gläubige Katholik Schneider waren beide entschiedene Antinationalsozialisten mit sehr ähnlichem beruflichem, geistigem und politischem Hintergrund und ähnlichen Interessen; außerdem war Schneider nur ein Jahr älter als Roessler. Im Herbst wurde die Anstellung perfekt. Schneider sollte in Genf bleiben und als Lektor, Korrespondent und Propagandist des Verlages «Vita Nova» tätig sein; außerdem übernahm er das Auslieferungslager für die Westschweiz. Wahrscheinlich wollte Roessler damit das Überleben des Verlages sichern, falls die deutsche Schweiz von den Nazis besetzt würde.

Rudolf Roessler und Christian Schneider wurden Freunde. Es heißt, Schneider habe dem ständig mit Geldschwierigkeiten kämpfenden Roessler ein Darlehen von 20 000 Franken gewährt. Jedenfalls wurden die Briefe persönlicher; die Mitteilungen gingen über die Verlagsgeschäfte hinaus. Die beiden Männer tauschten Informationen und Gedanken über die Weltlage aus, die von beiden gleich pessimistisch beurteilt wurde. In dem Interview erinnerte sich Frau Schneider:

«Und dann, eines Tages – ich erinnere mich noch ganz genau, wir waren beim Kaffee, am Morgen – reichte mir mein Mann einen kleinen Zettel, den ihm Roessler mit dem Brief gesandt hatte, auf welchem eine Nachricht über das Kriegsgeschehen stand. Das wiederholte sich dann fast in jedem Brief, und ich fragte damals meinen Mann: ‹Wie kann der Roessler so etwas wissen?› Daraufhin gab mir mein Mann zur Antwort, Roessler habe ihm anvertraut, er habe aus Deutschland sehr gute Informationen. Die Zettel mehrten sich, und bald einmal warteten wir immer mit Ungeduld auf diese Nachrichten Roesslers. Es waren damals noch keine sehr langen Berichte, aber Sie können sich ja denken, daß das für uns hochinteressant war, da in den Zeitungen davon nichts zu lesen war.»

Und wie halt der Zufall so spielt: Eines Tages begegnete das Ehepaar Schneider dem Ehepaar Dübendorfer, das sich aber nur als Ehepaar ausgab. Dr. Schneider und Rahel Dübendorfer kannten sich vom Internationalen Arbeitsamt her, wo sie als Aushilfssekretärin beschäftigt wurde. Die Frau war ursprünglich Polin, hatte einen Schweizer geheiratet und sich von ihm getrennt. In Genf lebte sie mit dem illegal in der Schweiz weilenden sächsischen Kommunisten Paul Boettcher zusammen, der 1923 sächsischer Finanzminister gewesen war. Um ihn zu tarnen, gab Rahel Dübendorfer Boettcher als ihren Mann aus. Rahel Dübendorfer (Deckname «Sissy») war seit Jahren als Komintern-Agentin (Komintern: Kommunistische Internationale 1919–1943) tätig und arbeitete seit 1940 für Rados Netz, ihr Freund desgleichen unter dem Decknamen «Paul».

Man trifft sich also zufällig wieder. Schneiders werden bei Dübendorfers zum Nachtessen eingeladen und revanchieren sich ein paar Tage später. Beim angeregten Tischgespräch, das sich natürlich mit der Weltlage beschäftigt, zeigt Boettcher alias Dübendorfer seinem Gastgeber eine Zeitungsausschnittsammlung.

Schneider seinerseits klaubt eins der Papierchen hervor, die er von Roessler erhalten hat.

«Schauen Sie mal, einer meiner Bekannten schickt mir häufig Betrachtungen über die militärische Lage. Ich bin beeindruckt davon, wahrscheinlich kommen sie direkt aus dem Oberkommando der Wehrmacht. Glauben Sie, daß die etwas wert sind?»

Party-Geplauder? Ein Scherz? Boettcher spitzt die Ohren. Aber er bleibt vorsichtig: «Lassen Sie mich sehen... Ich werde es Ihnen bald sagen können. Wenn Sie noch mehr davon bekommen, geben Sie sie mir. Mal sehen, was das wert ist...»

Boettcher unterbreitet Roesslers Zettelchen seinem Chef Rado. Auch er merkt sofort, daß es sich um Informationen von größtem Wert handelt. Weder Boettcher noch Rahel Dübendorfer wollen vorerst sagen, woher sie sie haben. Die Verbindung zwischen den beiden Paaren geht vorerst in lockerer Form weiter.

Aus Roessler wird «Lucie»

Im September 1942 tobte die Schlacht um Stalingrad. Dr. Schneider hatte längst einen Decknamen in Rados Netz, das sich auch in diesem Detail als konspirativ nicht besonders sorgfältig zeigte: Der Freund und Mitarbeiter Roesslers wurde einfach auf die englische Übersetzung seines Familiennamens getauft: «Taylor». Jetzt, da die Sowjetunion direkt bedroht war, wurde seine geheimnisvolle Quelle voll ausgeschöpft.

Sandor Rado erinnert sich: «Als die Schlacht vor den Mauern Stalingrads begann, erwies sich Taylor überraschend informiert über die deutschen Aktionen. Seine Mitteilungen, die Sissy an mich weiterleitete, waren dermaßen konkret und detailliert, daß wir uns schon überlegten, ob uns nicht jemand falsche Angaben durch Taylor zuschmuggelte. Merkwürdig erschien uns die Sache auch darum, weil dieser Mann, der früher nur schlichter Übersetzer im Internationalen Arbeitsamt gewesen war, keine Möglichkeiten zur Beschaffung von Informationen militärischen Charakters besaß...»

Der «Direktor» in Moskau, Generaloberst Iwan Terentjewitsch Peresypkin von der GRU-Zentrale (4. Abteilung des Generalstabs der Roten Armee), war an Taylors Mitteilungen ungewöhnlich interessiert. Schon einen Monat nach der ersten Begegnung zwischen Schneider und dem großen Unbe-

Verblüffend genau waren Roesslers Angaben über den Verlauf des Rußland-Feldzugs und das wahre Ausmaß der deutschen Verluste. Unser Bild: Stuka-Angriff auf eine Industriesiedlung an der Wolga in Stalingrad.

kannten (Roessler) wurde ein offensichtlicher Testauftrag der Moskauer Zentrale erfüllt. Taylor konnte die Kennziffern fast aller deutschen Verbände nennen, die ab 1. Mai 1942 am südlichen Abschnitt der Ostfront, besonders zwischen Don und Donez sowie auf der Krim-Halbinsel, an den Kämpfen teilnahmen, und die aktuelle Zahl der in sowjetischer Gefangenschaft befindlichen deutschen Soldaten mit 151 000 angeben.

Die ungewöhnliche Präzision der Informationen und die Schnelligkeit, mit der sie beschafft wurden, qualifizierten Taylors geheimnisvolle Quelle als erstklassig informiert und – was für jeden Geheimdienst besonders wichtig ist – als befehlsfähig. Das heißt: Die Quelle lieferte nicht nur von sich aus, sondern konnte Rückfragen weiterleiten und Aufträge zur Erkundung bestimmter Sachgebiete ausführen.

Diesem Vorzug zuliebe rückte der «Direktor» in Moskau, der im allgemeinen als außerordentlich mißtrauisch galt, schließlich sogar von einem elementaren nachrichtendienstlichen Prinzip ab! Er und sein Genfer «Filialleiter» Rado verzichteten darauf, die Identität des Meldekopfs (Roessler) und die Quellen, auf die er sich stützte, herauszufinden zu wollen. Schneider hatte Roessler sein Ehrenwort gegeben, über die Herkunft seiner Meldungen nichts zu verraten.

In der ersten Zeit, als Schneider und Dübendorfer/Boettcher zusammentrafen und Nachrichten austauschten, wußte anscheinend weder Dr. Schneider noch sein Freund und Chef Roessler in Luzern, daß die Informationen auf Roesslers winzigen Zettelchen spornstreichs in den riesigen Nachrichtentrichter der Sowjets liefen; aber als die Moskauer Zentrale so unüblich begierig darauf drängte, die geheimnisvolle Quelle voll auszuschöpfen, mußten Dübendorfer/Boettcher Farbe bekennen.

Dr. Schneider hatte anscheinend nicht viel Mühe, Roessler davon zu überzeugen, daß es in der aktuellen weltpolitischen Situation richtig sei, die russischen Alliierten zu beliefern. Auch er selbst hatte es ja ohne weiteres eingesehen, obwohl er keinerlei Sympathien zum Kommunismus hegte. Roessler war zudem offenbar darüber erbost, daß der britische Geheimdienst, der angeblich schon früher seine Mitarbeit abgelehnt hatte, nun auch die Roessler-Nachrichten, die ihm vom Schweizer Nachrichtendienst zugespielt wurden, unbeachtet ließ. Daß der Schweizer Nachrichtendienst mit den Engländern – so gut wie mit den Amerikanern – verkehrte, war – Neutralität hin oder her – ja logisch: Solange sich Deutschland in den unendlichen russischen Weiten festbiß, gab es weniger direkten militärischen Druck auf die Schweiz!

Dazu Sandor Rado: «Taylor erzählte, daß sein Freund völlig außer sich gewesen sei, als er erfuhr, daß die außerordentlich wertvollen Informationen von der östlichen (sowjetischen) Front, die er (durch den Schweizer Nachrichtendienst) an die Engländer gab, dort nicht verwendet, sondern in den Papierkorb geworfen wurden. Gewiß wirkten auch die Erfolge der Roten Armee vor Stalingrad positiv auf ihn ein, sie spornten ihn zur Zusammenarbeit mit uns an. Taylor teilte Sissy mit, daß er und sein Freund bereit seien, ohne Gegenleistung, also ohne Bezahlung, nur gegen Erstattung der Unkosten, der Sowjetunion zu helfen, weil sie erkannten, daß dieses Land der unerbittlichste Feind Hitlers war und von seinem Kampf der Ausgang des Krieges abhing.»

So wurde Rudolf Roessler ab November 1942 zu einem der besten, sicher aber zum anonymsten Mitarbeiter des sowjetischen Nachrichtendienstes. In Anspielung auf seinen Wohnort gab ihm Rado den Decknamen «Lucie». Rado betont, er habe «Lucies» richtigen Namen erst beim ersten Roessler-Prozeß 1944 erfahren. Die Verbindungen besorgten Dr. Schneider, als Kurier ständig zwischen Genf und Luzern unterwegs, und «Sissy», die eifersüchtig darauf achtete, daß Rado nicht einmal mit Schneider direkt verkehrte.

Information ist keine Einbahnstraße

Roessler arbeitete, genau genommen, für drei Stellen: für Hausamanns «Büro Ha», für die Russen und direkt für den Schweizer Nachrichtendienst NS1 über Hauptmann Mayr von Baldegg. Von allen dreien wurde er für seine Tätigkeit bezahlt, was kein direkter Widerspruch zu Rados vorangegangener Aussage zu sein braucht, denn die Beträge, so ansehnlich sie für die damalige Zeit waren, dienten vor allem zur Deckung der erheblichen Spesen.

Der Schweizer Militärhistoriker Dr. Hans Rudolf Kurz, der infolge eines amtlichen Auftrags als einziger Autor uneingeschränkten Einblick in die noch vorhandenen offiziellen Akten des Nachrichtendienstes hatte, beziffert die Bezüge Roesslers wie folgt:
– von Hausamann über Dr. Wallner (den «lebenden Briefkasten») vorerst 200 bis 1000, später 2000 Franken im Monat;
– von den Russen über Schneider im Jahre 1942 vorerst 700, später 3000 Franken monatlich;
– von der NS1 über Mayr von Baldegg 250 bis 400 Franken.

Die langjährigen und engen Verbindungen mit gleich zwei Hauptpersonen des schweizerischen Nachrichtendienstes haben etwa die Vermutung aufkommen lassen, Roessler habe auch Nachrichten, die er aus schweizerischen Quellen geschöpft habe, den Russen übermittelt, ja er habe uneingeschränkten Zugang zu sämtlichen Geheimnissen gehabt und dies auch weidlich ausgenützt. In Wirklichkeit war es doch wohl eher so, daß Hausamann seinem Informanten Roessler nicht 2000 Franken im Monat bezahlt hätte, wenn er dessen Dienste auch mit Gegendiensten, d. h. anderen Nachrichten, hätte entgelten wollen (oder können). Dazu kommt als erwiesene Tatsache, daß Hausamann und Roessler sich während des ganzen Kriegs nie persönlich gesehen haben. Ganz anders das Verhältnis Roesslers zu Mayr von Baldegg! Die beiden trafen einander fast täglich zum Kaffee; schließlich waren sie alte Freunde aus der Vorkriegszeit.

Mayr von Baldegg wurde 1944 vorübergehend verdächtigt, Roess-

Sowjetische Verteidigungsstellung im Häuserkampf von Stalingrad. Die präzisen Informationen, die aus Berlin über Roessler in Luzern nach Moskau gelangten, halfen den Sowjets diese Entscheidungsschlacht zu gewinnen.

ler schweizerische Nachrichten überlassen zu haben. Wahrscheinlicher, weil lebensnaher, ist die Version, die Hans Rudolf Kurz aus den Akten rekonstruiert hat: «Besonders in der Zeit, in welcher Major Waibel mit der Truppe im Aktivdienst stand und Mayr von Baldegg die NS1 stellvertretungsweise zu leiten hatte – im Winter 1942/43 –, bezog dieser von Roessler spezifisch militärische Nachrichten, nahm ihn als Experten über alle möglichen Dokumente, Meldungen, Berichte usw. in Anspruch und holte bei ihm seine Meinung und seinen Rat ein. Bei diesen Gelegenheiten sind möglicherweise vereinzelte schweizerische Einvernahmen von Deserteuren Roessler übergeben worden, oder er hat zum mindesten davon Kenntnis erhalten. Umgekehrt orientierte Roessler seinen Freund über seine Beurteilung und gab ihm wohl auch Gelegenheit, in seine eigenen Unterlagen Einblick zu nehmen. Es wickelte sich dabei ein gewisser Austausch von Beurteilungen, Meinungsäußerungen und wohl auch einzelnen Dokumenten ab, der im Rahmen des alten nachrichtendienstlichen Prinzips des ‹do ut des› erfolgte, wonach derjenige, der etwas erhalten will, auch selber geben muß – daß aber wer nichts gibt, auch nichts bekommt. Von einem eigentlichen, auf Gegenseitigkeit beruhenden regelmäßigen ‹Nachrichtenaustausch› im technischen Sinn kann dabei jedoch nicht gesprochen werden. Mayr von Baldegg hat von Roessler weit größeren Nutzen gezogen als dieser von ihm.»

Rätsel um Roesslers Quelle gelöst?

«Name ist Schall und Rauch.»
(Goethe: Faust)

An der Landesausstellung 1939, irgendwo in einem verschwiegenen Winkel zwischen Höhenweg und Schifflibach, hat Rudolf Roessler zwei seiner wichtigsten Informanten getroffen und instruiert. Wenige Tage später brach der Zweite Weltkrieg los, und Roessler wurde zum wichtigsten Informanten des Schweizer Nachrichtendienstes.

Daß das Treffen stattgefunden hat, steht fest. Aber wer die Gäste aus Deutschland waren, wird möglicherweise erst bekannt werden, wenn zwei ältere Damen in Deutschland nicht mehr leben.

Roesslers Nachrichtenquellen waren nach dem Krieg 28 Jahre lang ein Geheimnis, vielleicht eins der bestgehüteten des Kriegsgeschehens. Dann packte ein Mann namens Bernd Ruland aus; aber weil Ruland ein Illustriertenautor war, ein professioneller Enthüller, nahmen ihn nur wenige ernst.

Fest steht: Roessler schöpfte aus vielen verschiedenen Quellen. Er konnte sich auf ein weites Netz von Informanten stützen: auf Persönlichkeiten aus Wirtschaft und

Der schwarze Fleck im Honigglas

Die größten und klügsten Menschen scheitern manchmal an den einfältigsten Dingen. Bei Rudolf Roessler war es der winzige schwarze Fleck in einem Honigglas.

Das Päckchen war an Herrn Josef Rudolf, Lienenstraße 106, Düsseldorf, adressiert. Aber die Post sandte es als unzustellbar zurück an den Absender Heinrich Schwarz an der Universitätsstraße in Zürich.

Josef Rudolf war eben verreist, was im Nachkriegsdeutschland von 1953 nichts Besonderes war. Daß es aber den Absender an der Zürcher Universitätsstraße nicht mehr geben sollte, kam dem Zürcher Postbeamten merkwürdig vor. Er öffnete das Paket: Liebesgaben! Nur im Honigglas schwamm, ganz deutlich, ein schwarzer Punkt, der mit Sicherheit nicht von den fleißigen Bienen stammte.

Der Pöstler rief die Polizei an. Die Polizei untersuchte den Punkt. Der Punkt war ein Mikrofilm. Er enthielt Informationen über britische Militärflugplätze in Westdeutschland, Instruktionsoffiziere der amerikanischen Armee mit Korea-Erfahrung, Manöverresultate amerikanischer Truppen, ein Organigramm der US-Luftwaffe in England sowie Anhaltspunkte über militärische Bauten im Rheinland und die Einsatzstärke der französischen Armee.

Nun geben ja die Spezialisten der Spionageabwehr eher Auskunft über die Bettgewohnheiten ihrer Ehefrauen, als daß sie sich Einzelheiten darüber entlocken ließen, wie sie fremde Agenten zur Strecke gebracht haben. Tatsache ist, daß die Bundespolizei der Schweizerischen Eidgenossenschaft schnell auf die richtige Spur kam. Es wurden verhaftet der hinreichend bekannte Verleger Rudolf Roessler und der Journalist Dr. Xaver Schnieper.

In der Untersuchung gestanden die beiden alten Freunde, gegen eine Entschädigung zwischen 33 000 und 48 000 Franken dem tschechischen Militärattaché Sedlacek («Onkel Tom») in der Zeit von 1947 bis 1953 insgesamt zwischen 110 und 160 teilweise bis zu zehn Seiten starke Spionageberichte geliefert zu haben. Gegenstand der Berichte waren nicht so sehr geheime Nachrichten, sondern Analysen der politischen und militärischen Lage in verschiedenen Ländern Europas sowie fundierte Darstellungen von Einzelproblemen — eigentlich genau die Dinge, die Roessler schon während des Zweiten Weltkriegs am besten beherrscht hatte.

Da gab es zum Beispiel Berichte über die Probleme der deutschen Wiedergutmachung, über die für Deutschland entstehenden Vorteile bei der Fremdbesetzung, über amerikanische Tendenzen zur Unterstützung des deutschen Revisionismus, über Maßnahmen und Vorschriften der amerikanischen Besatzungsmacht in Deutschland, über die Nachschuborganisation der NATO, über die Entwicklung der amerikanischen Luftwaffe und über viele andere politische, wirtschaftliche und militärische Themen mehr.

Während Roessler diese Berichte abgefaßt hatte, hatte Dr. Schnieper für die Übermittlung gesorgt: teils über tschechische Stellen in Bern, teils über Verbindungsleute in Wien, teils durch selbst hergestellte Mikrofilme, die in Liebesgabenpaketen an Deckadressen versandt wurden.

Der Prozeß gegen Roessler und Schnieper im Spätherbst 1953 wurden zur Sensation. Vorerst stellte sich heraus, daß Roessler nach der 111tägigen Haft im Anschluß an die Aushebung des Rado-Netzes des politischen Nachrichtendienstes gegen Drittstaaten für schuldig befunden, aber infolge Rechtsirrtums als straffrei erklärt worden war. Damit waren offensichtlich seine unbestrittenen Verdienste um den Schweizer Nachrichtendienst gewürdigt worden, ohne daß man wenigstens auf dem Papier von der Rechtspraxis der neutralen Schweiz abgewichen war. Dieses Mal freilich ging es hart auf hart. Für Spionage zugunsten der Tschechoslowakei hatte die Nachkriegsschweiz keinerlei Verständnis mehr, obwohl Roessler und Schnieper vor Gericht mit aller Entschiedenheit erklärten, sie hätten nur allgemein zugängliche Informationen fachmännisch ausgewertet und dies nur getan, um die drohende Wiederaufrüstung Deutschlands zu verhindern und einen Beitrag zur Sicherung des Friedens zu leisten.

Die «Neue Zürcher Zeitung» schrieb in ihrem Prozeßbericht:

«Rudolf Roessler, jetzt 56jährig, macht den Eindruck eines vergrämten und verbissenen, aber immer noch spannungsgeladenen Fanatikers. Im Laufe seiner Befragung kam es wiederholt zu explosionsartigen Entladungen, wenn eine seiner empfindlichen Stellen berührt wurde. Feind Nr. 1 ist für ihn offenbar heute die Presse, die es sich erlaubt hat, nach seiner Verhaftung seine Handlungen beim richtigen Namen zu nennen. Die Wirkung seiner aufgestapelten Wut bekamen am Schluß des ersten Sitzungstages die Pressefotografen zu spüren, als sich Roessler plötzlich dem Zugriff des begleitenden Polizisten entzog und mit seiner Mappe in blinder Raserei auf die Fotografen und ihre Apparate einschlug.»

Kultur, heimliche Antinazis in hohen Kommandostellen, diskrete «Helfer» an einflußreichen Stellen. Er bezeichnete sie immer nur mit Decknamen: «Werther» (für die Quelle, die wahrscheinlich im Oberkommando der Wehrmacht saß), «Theddy» im Oberkommando des Heeres, «Stefan» und «Ferdinand» bei der Luftwaffe, «Olga» beim Befehlshaber Ersatzheer, «Bill» beim Heereswaffen- und «Anna» im Auswärtigen Amt.

Niemand aber kann ausschließen, daß auch diese Tarnnamen und die von Historikern in langer Geduldsarbeit entwickelten Lokalisierungen nur wieder raffinierte Täuschungsmanöver gewesen sind. Vergessen wir nicht: Jeder, der im Dritten Reich als Geheimnisträger bloß ein Wort verlauten ließ, spielte mit seinem Leben!

Wenn Not beten lehrt, dann lehrt Angst schweigen. Und Roesslers Frauen und Männer müssen klug genug gewesen sein, um Angst zu haben...

Falsche Fährten

Dutzendweise sind nach dem Krieg Bücher und Artikel über Roesslers Quellen geschrieben worden. Die meisten als todsicher

In einem flammenden Schlußwort legte Rudolf Roessler ein politisches Glaubensbekenntnis ab und bestritt, je in seinem Leben ein Spion gewesen zu sein. Es war das letzte Mal, daß er öffentlich das Wort ergriff.

Das Gericht folgte seinen Argumenten nicht und verurteilte ihn zu einem Jahr Gefängnis. Schnieper erhielt neun Monate. Schuldig befunden wurden beide des militärischen Nachrichtendienstes für einen fremden Staat zum Nachteil eines anderen fremden Staates (Art. 301 StGB). Der bedingte Strafvollzug wurde den Angeklagten verweigert, «weil sie keine Einsicht in die Verwerflichkeit ihrer Handlungsweise gezeigt, sondern erklärt haben, daß sie moralisch richtig gehandelt hätten», bemerkte Bundesrichter Corrodi als Präsident des Bundesstrafgerichts.

Entgegen dem Antrag der Bundesanwaltschaft wurde Roessler jedoch nicht des Landes verwiesen; er hatte zwar nach Ansicht des Bundesstrafgerichts das schweizerische Gastrecht mißbraucht, doch wurde berücksichtigt, «daß er schon seit bald zwanzig Jahren in der Schweiz niedergelassen ist und ihr während des Aktivdienstes wesentliche Dienste erwiesen hat. Zudem würde er durch die Landesverweisung, da er staatenlos ist, unverhältnismäßig schwer getroffen.»

Rudolf Roessler (links) und Dr. Xaver Schnieper (rechts) beim Verlassen des Luzerner Rathauses, in dem der Prozeß stattfand.

angepriesenen Versionen und Namen haben sich als das erwiesen, was sie sind: Schall und Rauch.

– Die französischen Autoren Accoce und Quet identifizierten «Werther», «Olga», «Theddy», «Stefan» usw. mit Vornamen und Initialen. Deutsche Historiker, die noch heute die gegen die Hitler-Armeen gerichtete Nachrichtentätigkeit als Verrat zu qualifizieren bereit sind, gruben in den Archiven der Heereseinheiten nach und nannten ganz andere Namen. Da mußten die Franzosen zugeben, daß sie ihre Angaben frei erfunden hatten.

– Als «Werther» wurde ein andermal der 1954 verstorbene Rittmeister Dr. Wilhelm Scheidt genannt, weil er eine Doktorarbeit über «Die Weisheit Goethes für die Geschichte» geschrieben hatte und von daher auf seinen Decknamen gekommen sein konnte. Der Historiker Scheidt war ab Mai 1942 Beauftragter des Führers für die militärische Geschichtsschreibung. – Fehlanzeige! Der Historiker Percy E. Schramm, der von 1943 bis 1945 das Kriegstagebuch des OKW (Oberkommandos der Wehrmacht) führte, sagte aus direkter eigener Erfahrung: «Wenn Scheidt die Sachen auf den Tisch bekam, waren sie längst Geschichte. Dann hätte er sie getrost den Russen in Leder gebunden schenken können.»

– War Roesslers Quelle Harro Schulze-Boysen, Oberleutnant im Reichsluftfahrtministerium und führender Mann in der deutschen Gruppe des berühmten sowjetischen Spionagerings «Rote Kapelle»? Er kann es nicht gewesen sein, denn er wurde am 30. August 1942 verhaftet, als Roesslers Nachrichtentätigkeit für die Russen erst richtig anzulaufen begann!

– Die Verschwörer vom 20. Juli 1944 gegen Hitler? Kaum denkbar, denn bei ihrem eigenen Anschlag haben sie doch bewiesen, daß sie mit nachrichtentechnischen und nachrichtendienstlichen Dingen recht dilettantisch umgingen.

– Kein Geringerer als General Reinhard Gehlen, in der Wehrmacht Chef der «Abteilung Fremde Heere Ost» und bis März 1968 Präsident des deutschen Bundesnachrichtendienstes, setzte die abenteuerlichste Version in die Welt: In seinen Memoiren nannte er Martin Bormann, den Leiter der Parteikanzlei und Sekretär Hitlers. Bormann sei nach dem Krieg zu den Sowjets übergelaufen und in Moskau gestorben. Beweise vermochte der sonst gut informierte Geheimdienstgeneral nicht zu liefern.

Alexander Foote («Jim»), Funker des Spionagerings von Sandor Rado, bemerkte in seinen Lebenserinnerungen:

«Die Nachrichten mußten Lucie auf dem Funkwege erreicht haben; seine Quellen, wer immer sie auch gewesen sein mögen, müssen fast stehenden Fußes von ihren Dienstfernschreibern zu den Funkgeräten gelaufen sein, um ihre Nachrichten an Lucie abzusetzen.»

Obwohl Foote es am allerwenigsten wissen konnte, hat er ein wichtiges Stichwort genannt: Fernschreiber! Das mit den Funkgeräten freilich ist mit Sicherheit falsch: Alle noch lebenden Bekannten Roesslers sagen übereinstimmend aus, der rätselhafte Mann in Luzern habe nie ein solches Gerät besessen und hätte auch kaum eins bedienen können, weil er manuell ausgesprochen ungeschickt war. Außerdem: Wie wohl hätte ein Geheimsender in Berlin jahrelang von der tüchtigen deutschen Funkabwehr unentdeckt arbeiten sollen?

Zwei «Blitzmädel» gegen Hitler

Fernschreiber heißt das Lösungswort – zumindest für das Rätsel um eine der Hauptquellen Roesslers. Im Safe einer Schweizer Bank liegt, wie Bernd Ruland berichtet, ein Papier mit den unterschriebenen, notariell beglaubigten eidesstattlichen Aussagen von zwei Frauen, die Roessler mit den geheimsten Nachrichten aus den höchsten Führungsstellen der Wehrmacht belieferten. Die beiden Frauen waren damals «Blitzmädel», d.h. junge Nachrichtenhelferinnen in der Fernschreibzentrale des Oberkommandos der Wehrmacht an der Bendlerstraße in Berlin!

Die beiden Telexistinnen kopierten einfach ein- und ausgehende Meldungen der höchsten Geheimhaltungsstufe und trugen sie aus der unglaublich schlecht bewachten «Höhle des Löwen» direkt zu einem Verbindungsmann, der für die Weiterleitung nach Luzern besorgt war.

Bernd Ruland, der 1976 gestorben ist, steht mit seiner Darstellung nicht allein. Der Militärhistoriker Hans Rudolf Kurz urteilt: «Die Geschichte klingt zwar recht abenteuerlich, und man ist versucht, sie als eines jener Märchen abzutun, die in der Spionageliteratur immer wieder ihr Unwesen treiben. Insbesondere steigen Zweifel an den praktischen Möglichkeiten subalterner Helferinnen

Beim Verlassen des Gerichtssaals verbarg Roessler sein Gesicht mit dem Hut vor den Fotografen (oben). Der Journalist Bernd Ruland (unten) hat wahrscheinlich das Rätsel um eine von Roesslers Hauptquellen gelöst: Er sagt, es seien zwei deutsche «Blitzmädel» gewesen.

auf, während mehrerer Jahre unerkannt geheimste und wichtigste Daten und Angaben aus der deutschen Führungsspitze ins Ausland – das heißt an Roessler nach Luzern – zu liefern. Aber die Erklärung Rulands hält auch einer kritischen Überprüfung stand und darf deshalb als gesichert gelten.»

Ruland war während des Zweiten Weltkriegs Fernschreiboffizier in der Nachrichtenzentrale des Oberkommandos der Wehrmacht in Berlin, also ein direkter Vorgesetzter der beiden jungen Agentinnen. Er erzählt:

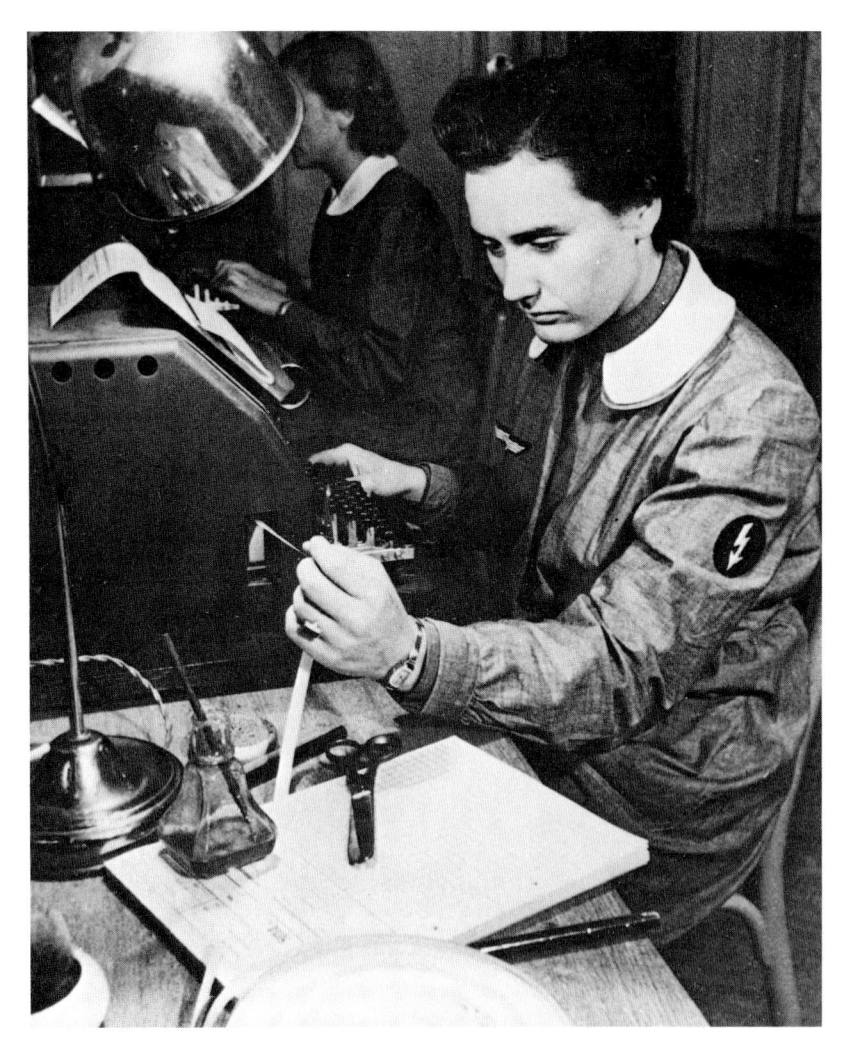

Dies war nach Rulands Darstellung der Ort, an dem Roessler die geheimsten Nachrichten aus den deutschen Führungsspitzen abzapfte: Zwei Fernschreiberinnen in der Nachrichtenzentrale des Oberkommandos der Wehrmacht lernten Telegramme auswendig und nahmen Kopien mit.

«Ich bin durch einen Zufall hinter das Geheimnis gekommen, ohne damals jenen Schritt zu unternehmen, zu dem ich verpflichtet gewesen wäre. Ich habe geschwiegen, habe keine Meldung gemacht, keine Konsequenzen gezogen und dabei auf jenes Glück vertraut, das der Soldat nicht nur an der Front braucht, um zu überleben.»

14. Juni 1941, eine Nacht wie jede andere. Ruland begrüßt die zehn Nachrichtenhelferinnen.

Die Mädchen sitzen an Fernschreibern, die die übermittelten Botschaften laufend automatisch verschlüsseln. Die Leitungen führen direkt an alle Punkte der Welt, wo deutsche Truppen im Dienst stehen: nach Paris und Bukarest, nach Belgrad und Amsterdam. Bei der hübschen Angelika von Parchim (Deckname) bleibt Ruland stehen; ihm fällt auf, daß das Mädchen ungewöhnlich nervös ist. In seinem Buch «Die Augen Moskaus» beschreibt er den Augenblick der Entdeckung:

«‹Sind Sie krank?›
‹Nein, nein, aber...›

Sie stockt und blickt mich ängstlich an. Ich kann mir keinen Vers darauf machen. Erst jetzt entdecke ich das schmale, weiße Fernschreibband, das als ein lockeres Knäuel auf Angelikas Schoß liegt. Ich überfliege mehr zufällig als gewollt einige Worte auf diesem Papierstreifen. Es ist mir sofort klar, daß es sich um eine Abschrift des Fernschreibens an Generaloberst Fromm handelt.

Das Telegramm kommt aus dem Führerhauptquartier. Es enthält eine Liste dringend benötigter Divisionen und einiger Spezialformationen für das ‹Unternehmen Barbarossa›. ‹Unternehmen Barbarossa› ist der Deckname für den Feldzug gegen Sowjetrußland!»

Das also war der Stoff, aus dem Roesslers Nachrichten waren. Die vom Fernschreiboffizier entzifferte Meldung wäre auch ein Beweis dafür, daß Roessler frühzeitig von den Angriffsabsichten Hitlers gegen Rußland wußte.

Die ertappte Nachrichtenhelferin bat ihren Chef um eine Aussprache außerhalb der Dienstzeit. Bei einer Tasse Kaffee gestand sie Bernd Ruland, daß sie gegen Deutschland arbeitete; sie spionierte, weil ihr Vater, ein von Hitler kaltgestellter altpreußischer Offizier, einem Widerstandskreis angehörte. Ruland, dem nie Sympathien für das Dritte Reich nachgewiesen wurden, beschloß – immer nach seiner eigenen Darstellung –, so zu tun, als ob er nichts wüßte.

Erst nach dem Krieg erfuhr der Fernschreiboffizier, daß noch eine zweite seiner Untergebenen das gleiche tat: Maria Kalussy (Deckname), die in anderen Schichten arbeitete. Auch sie machte es um ihres Vaters willen; er war als Kommunist 1933 in ein Konzentrationslager gekommen, in die Sowjetunion geflohen und als Offizier der Internationalen Brigaden im Spanischen Bürgerkrieg gefallen.

Fünf Nachrichtenwege nach Luzern

Was die beiden Mädchen als überzählige Kopien oder heimliche Abschriften in Handtaschen oder am Körper aus dem Bunkerbau an der Bendlerstraße schmuggelten oder in fliegender Hast auf den Toiletten auswendig lernten, übergaben sie sofort einem Beamten im Heeresamt, der die brisanten Nachrichten auf fünf verschiedenen Wegen spedierte:

– Etwa 60 Prozent des Materials wurde telefonisch nach Mailand durchgegeben, dort aufgeschrieben und von Vertrauensleuten, darunter einem SBB-Kondukteur, nach Luzern gebracht.

– 15 Prozent liefen über ständige Kuriere, mit Diplomatenpost von Wehrmacht und Auswärtigem Amt, über die der Verbindungsmann im Heeresamt verfügen konnte. Die Umschläge wurden in Berlin mit Schweizer Briefmarken frankiert und mit Deckadressen versehen. Die Kuriere brauchten sie nur noch auf Schweizer Boden einzuwerfen, denn eine Briefzensur im Inland gab es auch während der Aktivdienstzeit nicht.

– Einige, gemessen am gesamten Roesslerschen Nachrichtenverkehr wenige, Meldungen wurden von den offiziellen, nicht überwachten Funkstellen des OKW zur deutschen Gesandtschaft nach Bern gefunkt, wo sie von einem Vertrauten Roesslers aufgefangen und an ihn weitergeleitet wurden: dringende per Telefon, weniger dringende mit der normalen Post. Auf diesem Wege war es auch möglich, Rückfragen nach Berlin zu übermitteln. Diese Version würde das Tempo und die jahrelange, von Peilkommandos ungestörte Kommunikation erklären.

– Weitere Meldungen gelangten durch Gelegenheitskuriere in die Schweiz: Schlafwagenschaffner, reisende Journalisten, Grenzbeamte, Geschäftsleute usw.

– Ein kleiner Teil des immensen Nachrichtenmaterials wurde durch einen Beamten der Deutschen Reichsbahn in die Schweiz gebracht.

Insgesamt wurden etwa 6100 geheime Kommandosachen geliefert, dazu rund 120 Fernschreiben mit dem höchsten Geheimhaltungsgrad («Chefsache – nur durch Offizier») und weitere 830 Fernschreiben der gleichen Klassifikationsstufe, die aus dem Gedächtnis rekonstruiert wurden und unvermeidlicherweise Fehler enthielten. Dies wiederum würde

---

Das Netz Rado

– **Sandor (Alexander) Rado**, geboren 1899, Ungar, Decknamen: «Dora» und «Albert», Geograph und Kartograph, reiste 1936 in die Schweiz ein und gründete die in Presse- und Wirtschaftskreisen angesehene Agentur «Geopreß» für geographische Karten zum aktuellen Weltgeschehen. Ab 1938 betrieb er zusammen mit seiner deutschen Frau Helene ein Agentennetz in Genf.

– **Alexander Allan Foote («Jim»)**, geboren 1905, Engländer, Spanienkämpfer, wurde 1940 als technischer Chef und Zahlmeister in das Netz Rados beordert, führte äußerlich das Leben eines wohlhabenden englischen Privatiers.

– **Edmond-Charles und Olga Hamel («Eduard» und «Maud»)**, geboren 1910 bzw. 1907, Inhaber eines kleinen Radiofachgeschäftes in Genf, Funker und Apparatebauer Rados, überzeugte Kommunisten. «Maud» versah außerdem den Kurierdienst zwischen Rado und Foote.

– **Margrit Bolli («Rosa»)**, geboren 1919, aus Basel; manchmal als «Serviertochter», manchmal als «Studentin» bezeichnet, im Funk- und Chiffrierdienst tätig, galt als Freundin von Sandor Rado.

– **Rahel Dübendorfer («Sissy») und Paul Boettcher («Paul»)**: Aushilfssekretärin beim Internationalen Arbeitsamt / ehemaliger sächsischer Finanzminister (KP), unterhielten vor und nach Rado ein eigenes Nachrichtennetz, das zeitweilig mit demjenigen Rados zusammengeschlossen war; direkte Kontaktpersonen zu Dr. Christian Schneider («Taylor»), der seinerseits als Kurier zu Rudolf Roessler («Lucie») tätig war.

Die Mitglieder des Netzes Rado kannten einander teilweise nur unter Decknamen.

---

erklären, weshalb der «Direktor» in Moskau zeitweilig Rado ersuchte, die Gruppe «Lucie» um genauere Arbeit zu bitten. Moskau rügte, daß Standorte von Truppenkörpern angegeben würden, die gar nicht existierten. Kunststück: Die Mädchen konnten in der knappen Zeit und ständig in der Angst, entdeckt zu werden, nicht gut ganze Zahlenreihen fehlerfrei auswendig lernen!

1947 soll Roessler Angelika von Parchim und Maria Kalussy, die für ihre Dienste nie entschädigt wurden, in die Schweiz eingeladen und sich mit ihnen in Zürich getroffen haben.

Noch einem anderen Menschen hat Roessler das Geheimnis um seine Nachrichtenquellen anvertraut: dem damals 18jährigen Sohn seines Freundes Dr. Xaver Schnieper. Roessler erlaubte ihm, das Geheimnis zu veröffentlichen, «wenn du ein Mann bist und alle Beteiligten gestorben sind».

Aber anderthalb Jahre nach diesem Gespräch starb der junge Mann bei einem Autounfall.

Bupo verstopft die beste Schweizer Nachrichtenquelle

In der Nacht vom 12. zum 13. Oktober 1943 hob die Bundespolizei das Agenturnetz des ungarischen Geographen Sandor Rado aus. Der Chef konnte entkommen, aber die Tätigkeit der illegalen Sowjet-Residentur in der Schweiz kam zum Erliegen.

Der Schlag war für die Russen deshalb besonders schwer, weil Rado und seine Mitarbeiter seit dem verhängnisvollen 30. August 1942, als die deutsche Abwehr die in Berlin agierenden Mitarbeiter der «Roten Kapelle» verhaftet hatte, an deren Stelle den Funkverkehr aufrechterhielten.

Es spricht für Roesslers ausgezeichnete Tarnungskünste, daß er erst ein halbes Jahr nach dem Auffliegen seiner Abnehmer in Genf verhaftet wurde. In der Zwischenzeit hielt er seine Verbindung mit Rahel Dübendorfer («Sissy») in vollem Umfang aufrecht. Auch sie wurde erst im Mai 1944 entlarvt.

Der militärische Nachrichtendienst der Schweiz war entsetzt über die Verhaftung Roesslers, konnte aber nichts tun. Die Bundespolizei hatte mit Hilfe einer Armee-Einheit – und nicht, wie später behauptet wurde, auf einen deutschen Wink hin – die Sender der Gruppe Rado gepeilt. Abgesehen von der Rivalität zwischen zivilen und militärischen Stellen zeigte sich hier die Schwierigkeit, die Erfordernisse der Neutralität gegen die wohlverstandenen Interessen der Schweiz abzuwägen. Für diesen Fall gab es eben keine Reglemente; jeder Beamte und jeder Offizier mußte nach seinem eigenen Gewissen handeln, und dabei waren zusätzliche Differenzen völlig unvermeidlich.

So fliegt das Rado-Netz auf

Charles Knecht, Inspektor der schweizerischen Bundespolizei, trug ein Schemelchen unterm Arm und Kopfhörer. Leise stieg er das schwach erleuchtete Treppenhaus des großen Wohnblocks hinauf. Bei jedem Treppenabsatz hielt er inne, stellte das Schemelchen auf den Boden, stieg darauf und drehte kurz die Sicherungen der einzelnen Wohnungen heraus. Erst im siebten Stock, wo die aus Basel stammende Margrit Bolli wohnte, verstummte das nervöse Zirpen im Kopfhörer genau so lange, wie Knecht den Sicherungskontakt unterbrach: Der zweite Geheimsender war gefunden!

Zwei Wochen lang hatte der Abhördienst des Radiodetachements 7 zuerst auf dem 50-Meter-Kurzwellenband, dann auch auf anderen Kurzwellenlängen verschlüsselte Signale aufgefangen und fast jede Nacht angepeilt. Angeblich war ein gelangweilter Funker auf dem Flughafen Cointrin beim Absuchen der Skala zufällig auf die verdächtigen Signale gestoßen, die er seinem Chef gemeldet hatte.

Einer der Senderstandorte war bald gefunden worden: eine verträumte Zwölfzimmervilla an der Route de Florissant 192. Hier wohnte ganz allein das Ehepaar Olga und Edmond Hamel, Inhaber eines Radio-Fachgeschäfts in Genf und Mitglieder der Kommunistischen Partei der Schweiz.

Die Polizei packt zu

In der Nacht vom 12. zum 13. Oktober packt die Genfer Polizei zu. Siebzig Polizisten mit Hunden und Scheinwerfern umzingeln die etwas einsam gelegene Villa an der französischen Grenze. Polizeikommandant Vibert und Bupo-Inspektor Knecht wollen jedes Fluchtrisiko ausschließen. Angestrengt lauschen die Spezialisten

Links: Im 7. Stock des Mietshauses an der Rue Henri Mussard 8 in Genf wurde einer der drei Rado-Sender geortet. Rechts: Ein ungewöhnliches Dokument; Edmond Hamel fotografierte seine Frau Olga beim Funken!

Oben: Mit diesen Geräten peilte eine Schweizer Radiokompanie die Geheimsender der «Roten Drei» an. Einer der drei Sender befand sich in einer Villa an der Route de Florissant in Genf (unten). Er wurde ausgehoben.

in den getarnten Peilwagen. Man will die Spione auf frischer Tat, also beim Funken, ertappen.

Pünktlich um Mitternacht steht Edmond Hamel auf. Im Nachthemd mit rotbesticktem Kragen beginnt er dringende Botschaften zu senden. Am anderen Ende lauscht die Zentrale des russischen Geheimdienstes GRU. Die letzte Meldung aus Genf betrifft deutsche Rückzugsbewegungen an der russischen Front.

Dann unterbricht Moskau, um Rückfragen zu übermitteln. Olga Hamel, im Morgenrock, notiert die in Gruppen zu je fünf Zahlen verschlüsselten Nachrichten. Ihr Mann legt sich wieder schlafen.

Es ist halb zwei Uhr in der Frühe. Ein Schlosser, den die Polizei ins Vertrauen gezogen hat, öffnet lautlos das Schloß der Villa. Die Beamten stürmen in den ersten Stock. Sie überraschen Olga Hamel in voller Aktion. Blitzschnell läßt sie die auf winzigen Papierfetzen geschriebenen Meldungen im Ärmel ihres Morgenrocks verschwinden. Das bringt die Polizisten in Verlegenheit. Solange keine Beamtin da ist, dürfen sie die Frau nicht durchsuchen.

Schließlich nehmen sie sie halt im Morgenrock mit. Dort werden später nicht weniger als 23 Papierschnitzel mit chiffrierten Telegrammen gefunden. Drei weitere hat Olga Hamel trotz der scharfen Bewachung während des Transports aufgegessen.

In der gleichen Nacht nimmt die Polizei auch Margrit Bolli in der Wohnung ihres Freundes, eines deutschen Coiffeurs, fest.

Rado taucht unter

Der Coiffeur wurde bald wieder auf freien Fuß gesetzt. Er sei ein Agent der Nazis gewesen, der sich ins sowjetische Netz eingeschlichen habe. Überhaupt habe die Schweiz den Hinweis auf den Sender wahrscheinlich von den Deutschen erhalten. Dies behauptete viel später der Mann, der der Chef dieses weitverzweigten Spionagenetzes war – eines Netzes, das zwar nur in loser Verbindung mit der legendären «Roten Kapelle» stand, scherzhaft aber oft die «Rot-weiße Kapelle» genannt wurde; denn seine Nachrichten waren ebenfalls von äußerster Wichtigkeit für den sowjetischen Generalstab während des deutschen Angriffs auf Rußland.

Der Chef hieß Sandor Rado und erfuhr von der Verhaftung seiner Funker durch eine Zeitungsnotiz. Darauf tauchte er mit seiner Frau unter. Ein linksgerichteter Genfer Arzt hielt die beiden elf Monate lang versteckt, ehe sie mit Hilfe des Agenten Otto Pünter («Pakbo») schwarz über die Grenze nach Savoyen entkommen konnten.

Die Behauptung in bezug auf den deutschen Hinweis ist bis heute umstritten: Alle noch lebenden Schweizer Teilnehmer an der Aktion versichern energisch, die Schweizer Radiopeilung sei ganz von allein auf das Geheimnis gekommen.

Sandor Rado war ein Jahr vor der Stillegung seines Netzes mit dem angesehenen Lenin-Orden ausgezeichnet und zum Obersten der Roten Armee befördert worden, was die Wichtigkeit seiner Stellung unterstrich. Sein Netz umfaßte 50 bis 60 Vertrauensleute, vorwiegend in der Schweiz. Der bedeutendste von ihnen war «Lucie» alias Rudolf Roessler in Luzern, dessen aus bester deutscher Quelle stammende Nachrichten in Genf chiffriert und nach Moskau gefunkt wurden.

Meisterspion Rado – er verbrachte seine alten Tage als Geographieprofessor in Budapest – hat in seinen Lebenserinnerungen behauptet, nie eine geheimdienstliche Ausbildung erhalten zu haben. Daran darf gezweifelt werden.

Vom Presseagenten zum Geheimagenten

Der studierte Geograph und Altkommunist eröffnete in Paris eine Presseagentur, der es finanziell aber schlechtging, bis sich als zahlungskräftiger Kunde der sowjetische Nachrichtendienst des Generalobersten J. T. Peresypkin, besser bekannt unter dem Decknamen «Direktor», einstellte! Rado zog 1936 nach Genf, eröffnete die auf geographische Karten spezialisierte Agentur «Geopress» und wurde zum beziehungsreichen Meldekopf eines Netzes, das zunächst Nachrichten über den Spanischen Bürgerkrieg beschaffte. 1938 wurde Rado zum Chef der Schweizer Gruppe des sowjetischen Nachrichtendienstes berufen.

Seine Mitarbeiter rekrutierten sich aus zwei Gruppen: aus überzeugten Kommunisten wie zum Beispiel der 1973 in Ostberlin verstorbenen Rahel Dübendorfer («Sissy»), über die Roesslers

Die Hauptpersonen im sowjetischen Spionagenetz der «Roten Drei». Obere Reihe: Alexander Rado und seine Frau Helene; mittlere Reihe: Der Genfer Radiohändler Edmond Hamel und seine Gattin Olga; untere Reihe: Der in Lausanne stationierte Brite Alexander Foote, der ebenfalls einen Geheimsender betrieb, und die Baslerin Margrit Bolli, zeitweilige Freundin Rados.

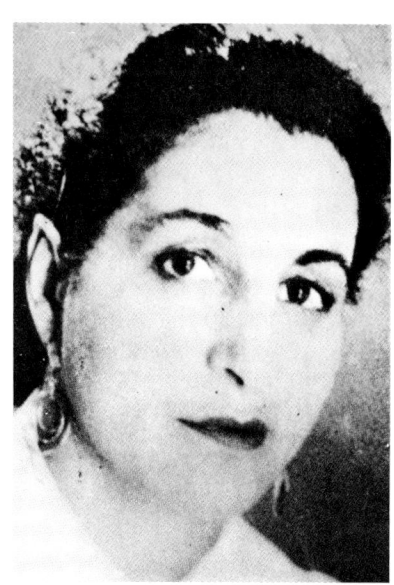

Nachrichten zu Rado gelangten; die andere Gruppe waren deutsche und schweizerische Antifaschisten, insbesondere aus dem sozialdemokratisch-gewerkschaftlichen Lager. Angesichts der deutschen Bedrohung waren sie bereit, über die weltanschaulichen Grenzen hinweg im Interesse der Sache mit den Sowjets zusammenzuarbeiten. Der bekannteste unter ihnen war der Berner Journalist Otto Pünter alias «Pakbo».

In der Nacht zum 20. November hob die Polizei auch den dritten und letzten Sender des Rado-Netzes aus: in der Wohnung des Engländers Alexander Foote in Lausanne, der auf Weisung der Moskauer Zentrale den Funkbetrieb wegen der hochwichtigen Roessler-Meldungen trotz des großen Risikos aufrechtzuerhalten hatte.

Foote widersprach nach seinem Prozeß der von Rado immer betonten Version, wonach sich die Tätigkeit der «Rot-weißen Kapelle» nie gegen die Schweiz gerichtet habe. Nach Footes Angaben fand die Polizei unter den bei den Hamels aufbewahrten Unterlagen auch Telegramme mit geheimen Einzelheiten über ein neues Oerlikon-Flabgeschütz; Sandor Rado hatte einen großen Fehler begangen: Statt einem Banksafe hatte er diese und viele andere Dokumente den Hamels zur Aufbewahrung anvertraut, wo sie prompt der Polizei in die Hände fielen.

Und ein Zweites hatte die Wut des «Direktors» in Moskau erregt: Nach der Aushebung der ersten beiden Geheimsender hatte Rado vorgeschlagen, sich vor der Schweizer Polizei in die britische Botschaft in Bern zu retten und von dort aus weiterzuarbeiten: alle Botschaften der kriegführenden Mächte besaßen in Bern ja ihre eigenen Sender, die sie entgegen den Vorschriften der PTT, aber unter dem Schutz ihrer diplomatischen Immunität betrieben. Nur eben: Die Russen hatten damals noch keine diplomatischen Beziehungen mit der Schweiz und waren darum auf die geheimen Funkanlagen angewiesen. «Direktor» Peresypkin tobte. Eher sollte das ganze Schweizer Netz auffliegen, als daß die Sowjets unter der Aufsicht des britischen Intelligence Service arbeiten würden!

1945 wurde Sandor Rado nach Moskau zurückgerufen und gleich nach seiner Ankunft auf dem Flughafen verhaftet. Ein Militärgericht verurteilte ihn wegen Hochverrats, Zusammenarbeit mit dem britischen und dem amerikanischen Geheimdienst sowie wegen angeblicher finanzieller Unregelmäßigkeiten zum Tode. Nach der deutschen Kapitulation wurde Rado zu zehn Jahren Zuchthaus begnadigt, die er bis auf den letzten Tag absitzen mußte.

Die Schweiz unterstützt den antifaschistischen Widerstand

«Ich ging wie im Traum: in einem Traum, in dem riesige, vollfette Emmentaler durch reingekehrte Gassen rollten. (...) Alles dort war für mich eine Offenbarung. Die Tür zum Paradies, angefüllt mit Schokolade, Zigaretten und der «Neuen Zürcher Zeitung», war für mich aufgesperrt worden. Eine heile Welt nahm mich auf, in der selbst Fepolinski und Waschlapski mit Schübling, Rösti und Kaffee ernährt wurden. Ich war zwanzig Jahre alt und betrat nach fünf Jahren Krieg, sechs Jahren NS-Herrschaft und elf Jahren Diktatur zum erstenmal in meinem denkenden Leben ein freies Land.»

Fritz Molden

Es war, als wollte der Kunde in einer guten Druckerei nur mal eben Visitenkarten bestellen. Der Chef des Hauses brachte einen dicken Katalog und fragte zuvorkommend: «Wie hätten Sie's denn gern?»

Der Katalog enthielt Originalformulare für deutsche Wehrmachtpässe und Soldbücher, Dutzende von Stempelabdrucken, italienische Personalausweise, französische Lebensmittelkarten – einfach alles, was die Fälscherwerkstatt des Schweizer Nachrichtendienstes zu bieten hatte.

«Die hatten einfach alles, und zwar in bester Qualität», erinnert sich ein Stammkunde von damals, der Wiener Großverleger Fritz Molden, geboren 1924. «Der Schweizer Nachrichtendienst konnte sich sogar Originalformulare mit den blauen Wasserzeichen für Sonderausweise des Reichssicherheitshauptamtes samt den genau richtigen Stempeln beschaffen.»

Ein Mitarbeiter des schweizerischen Nachrichtendienstes, der seinen Namen nicht nennen will, sagt: «Ja, ja. Wir hatten damals eine richtige Fälscherwerkstatt mit allen Repro- und Druckmaschinen. Ich glaube, sie war in einem Reduit-Stollen bei Göschenen. Geleitet wurde sie von einem Hauptmann, der im Zivilberuf Chef einer bedeutenden Cliché-Fabrik war. Ich selber bezog von dort immer gefälschte Rationierungskarten für die Agenten, die wir nach Deutschland einschleusten.»

Fritz Molden war gerade 20 Jahre alt und aus der Wehrmacht desertiert, als er zum erstenmal in die Schweiz kam. Er hatte sich der österreichischen Widerstandsbewegung angeschlossen und arbeitete mit italienischen Partisanengruppen zusammen. Das Problem war, die sich langsam formierenden Maquisards in Österreich mit Waffen, Lebensmitteln und Medikamenten auszustatten. Außerdem suchten die Widerständler Kontakt zu den vorrückenden alliierten Truppen. Der blutjunge Molden war als Kurier eingesetzt. Zwei italienische Partisanen hatten ihn auf einem Schmuggelpfad bei Porto Ceresio über die Grenze in die Schweiz gebracht. Molden hatte den Auftrag, in Bern einen

Verleger Fritz Molden in Wien war in jungen Jahren Kurier und Verbindungsmann der österreichischen Widerstandsbewegung zur Schweiz.

als Diplomaten getarnten Verbindungsmann des britischen Geheimdienstes zu kontaktieren.

Was die Gestapo, die Wehrmachtsstreifen und die italienische Polizei nicht geschafft hatten, gelang einem pfiffigen Tessiner Detektiv. Auf dem Bahnhof von Mendrisio, wo er auf den Zug nach Lugano wartete, muß Fritz Molden ausgesehen haben wie ein Kind unterm Weihnachtsbaum: Begierig kaufte er Schokolade, Zigaretten und haufenweise Zeitungen – Dinge, die er früher kaum gesehen hatte. In seinem Erinnerungsbuch «Fepolinski und Waschlapski auf dem berstenden Stern» beschreibt der erfolgreiche Verleger, was ihm dann zustieß.

‹‹Mi scusi, Signore›, tönte eine freundliche Stimme, ‹lei ha un fiammifero?› (‹Haben Sie ein Streichholz?›)

‹Naturalmente, Signore, per favore›, sagte ich, griff nach meinen Streichhölzern und gab dem Herrn Feuer.

‹Grazie, grazie mille volte›, bedankte der sich und fuhr höflich fort: ‹Prego, ma mi lasci vedere i fiammiferi.› (‹Lassen Sie mich doch die Zündhölzer ansehen.›) Ich war etwas erstaunt, und dann wußte ich, diesmal hatte es nicht geklappt. Die Streichhölzer waren nämlich italienische Streichhölzer.»

Mit einem der ältesten Tricks hatte der Detektiv den illegalen Einwanderer überführt.

Molden wurde verhaftet und kam ins Untersuchungsgefängnis nach Bellinzona. Der Kurier hatte keine Wahl: Wenn er nicht auspackte, würden ihn die Schweizer nach Italien abschieben – aber nicht auf dem Trampelpfad, sondern bei Ponte Chiasso, wo die Gestapo solche Rückwanderer mit offenen Armen aufzunehmen pflegte. Der Tessiner Polizist brachte den Gefangenen per Schub nach Luzern ins Hotel Schweizerhof, in die Zentrale des Schweizer Nachrichtendienstes. Was Fritz Molden in den folgenden Wochen erlebte, hat noch kein anderer vor ihm erzählt. Es ist die Geschichte von der diskreten, aber wirksamen Unterstützung nazifeindlicher Widerstandsbewegungen durch den Schweizer Nachrichtendienst, natürlich – wie vieles, was diese Herren taten – etwas außerhalb der Neutralität; aber Agenten pflegen eben mit Realitäten zu rechnen, nicht mit papierenen Begriffen.

Noch am gleichen Abend wurde der Ankömmling fünf Stunden lang ausgefragt. Einer der beiden höflichen, aber betont zurückhaltenden Herren war der damalige Major Dr. Max Waibel, Chef der Dienststelle NS 1.

Waibel ließ den seltsamen Gast aufs Zimmer führen. Der Schlüssel wurde von außen abgezogen. Aber eine Wache gab es auf den Gängen nicht. Nur ein hübsches Zimmermädchen, mit dem der stattliche Bursche aus Wien sogleich zu flirten begann.

Die Verhöre dauerten mehrere Tage. Zwischenhinein durfte Molden mit seinem Bewacher ins Kino. Schon in Bellinzona hatte ihm der Beamte gesagt: «Wenn Sie nicht die Wahrheit sagen, stellen wir Sie an die Grenze!» Das konnte Molden nicht riskieren. Er packte aus, nannte seinen Namen, erzählte alles über seine Familie, über Bekannte, über seinen Auftrag.

Später hat Fritz Molden erfahren, daß jede seiner Angaben nachgeprüft wurde: teils über das schweizerische Generalkonsulat in Wien, teils anhand der Original-Fahndungsblätter von Gestapo und Wehrmachtskontrolle. «Die hatten die Schweizer natürlich auch. Ich denke, von Leuten wie Gisevius in der deutschen Botschaft in Bern, die mit der Schweiz kooperierten.»

Während die Schweizer Nachrichtenleute seine Angaben überprüften, kam Molden ins Ausflugshotel Dietschiberg ob Luzern, das 1977 niedergebrannt ist.

«Dort befand sich eine Art Zwischeninternierungslager. Ich blieb eine Woche dort, arbeitete in einem großen Gemüsegarten, jätete Unkraut, was ich noch aus meiner deutschen Gefängniszeit sehr gut beherrschte. Es war eine gute Zeit. Ich bekam viel und gut zu essen, blickte auf die Berge der Urkantone, auf den Vierwaldstättersee – und wartete.»

Als sich herausgestellt hatte, daß der Gefangene die Wahrheit sagte, ging alles sehr schnell: Der Basler Rechtsanwalt Dr. Fritz Dickmann, Mitarbeiter der Außenstelle «Pfalz» (Basel) von NS 1

Soldbücher, Wehrmachtspässe, militärische Identitätskarten: Sie lauteten auf verschiedene deutsche und italienische Namen, aber die Fotografie war immer dieselbe. Hinter Hans Steindler, Pietro Delago, Hans Steinhauser und Luigi Brentini verbarg sich immer der Kurier und Verbindungsmann des österreichischen Widerstands zur Schweiz, Fritz Molden. Alle diese Ausweise wurden vom schweizerischen Nachrichtendienst gefälscht.

und Leiter der Abteilung Österreich, holte Molden auf dem Dietschiberg ab.

Tagelang verhandelten Dickmann, Waibel und ein paar andere Schweizer Nachrichtenleute mit dem Abgesandten des österreichischen Widerstands. Molden gewann den Eindruck, daß die Schweiz damals, im Frühsommer 1944, zweierlei fürchtete: daß die in die Enge getriebenen Deutschen den direktesten Versorgungsweg nach Italien besetzen würden, nämlich den Gotthard, und daß es eine amerikanische Invasion bei Genua geben könnte, die den deutschen Truppen in Italien den Fluchtweg nach Frankreich abschneiden würde.

Nach mehrtägigen Verhandlungen kam es zu einem schriftlich niedergelegten Abkommen: Die Schweiz wollte die Kuriere der österreichischen Widerstandsbewegung mit Ausweisen, Waffen, Lebensmitteln und Geld unterstützen und ihnen sogar erlauben, in schweizerischen Internierungslagern festgehaltene Landsleute mitzunehmen. Außerdem durften die Österreicher in Zürich eine Verbindungsstelle zu den Alliierten errichten.

Die Österreicher verpflichteten sich, alle Nachrichten über deutsche Truppenbewegungen und andere militärische, politische und wirtschaftliche Tatsachen sofort an den Schweizer Nachrichtendienst weiterzuleiten und gegen die Schweiz gerichtete Handlungen möglichst zu verhindern.

Die Zusammenarbeit dauerte mehr als ein Jahr und ließ sich gut an. Molden: «Wir haben uns immer redlich bemüht, die Schweiz nicht in Verlegenheit zu bringen, und die Schweizer haben sich bemüht, nicht zu bemerken, wenn wir unsere Grenzen überschritten…»

Mindestens zwei Dutzend österreichische Kuriere erhielten gefälschte Soldbücher und Wehrmachtspässe, Molden allein deren fünf oder sechs, je nach Bedarf italienische oder deutsche. Er dachte sich die Lebensgeschichte selber aus, gab Truppenteile an, die er kannte – und die Schweizer Spezialisten setzten die richtigen Stempel ein! Tagelang wurden, meist in Anwaltsbüros, ärztlichen

Sprechzimmern und Hotels, Verhöre geübt.

«Sie gaben den Kurieren für die eigene Bewaffnung auch deutsche und belgische Pistolen sowie Maschinenpistolen.»

Größere Waffensendungen der Alliierten wurden durchgelassen. Die Transporte gingen meistens über Schmuggelpfade im Tessin und über die Brenner-Linie nach Österreich, gelegentlich auch über die bedeutend besser bewachte liechtensteinisch-vorarlbergische Grenze.

Auf dem gleichen Weg wurden in den letzten Kriegsmonaten Hunderte von aufgeflogenen und fliehenden Widerstandskämpfern in die Schweiz in Sicherheit gebracht. Im Gegensatz zur sonst so strengen Asylpraxis wurde von diesen speziellen Flüchtlingen keiner zurückgewiesen.

Der Mann übrigens, der, damals noch Student, in Zürich von Alliierten, Schweizern und andern das Geld für die österreichische Widerstandsbewegung sammelte, war Hans Thalberg. Er wurde viel später Botschafter Österreichs in Bern!

Allan W. Dulles: Spionagezentrum in der Berner Altstadt

Ein Herr mit randloser Brille an der Schwelle seiner fünfzig Jahre flog am 2. November 1942 von New York nach Lissabon. Das war damals der normale Weg, wenn man in die Schweiz wollte.

Allan Welsh Dulles war darauf vorbereitet, möglicherweise nie nach Bern zu gelangen, sondern zum Beispiel einer Wehrmachtsstreife in die Hände zu fallen. Am 8. November war der Reisende in Barcelona. Als er an der französisch-spanischen Grenzstation von Port-Bou zu Mittag aß, hörte er am Nebentisch: «Die Amerikaner und die Engländer landen in Nordafrika, die Deutschen sind in Vichy-Frankreich einmarschiert.»

Der Amerikaner hatte es eilig und setzte seine Reise fort. In Annemasse, der letzten Station auf französischem Boden, hatten alle Reisenden den Zug zu verlassen: Paßkontrolle! Bei den Grenzbeamten stand ein Mann in Zivil, der verdächtig nach Gestapo aussah. Er notierte sämtliche Angaben in Dulles' Ausweis und hieß ihn warten. Dulles berichtete:

«Wenige Minuten später erklärte mir ein französischer Gendarm, daß ein Befehl von der Pétain-Regierung aus Vichy eingetroffen sei, demzufolge alle Amerikaner und Engländer an der Grenze festzuhalten seien. Marschall Pétain müsse direkt über solche Fälle informiert werden. Ich nahm den französischen Gendarmen zur Seite und hielt wohl die eindrucksvollste und wortreichste Rede, die ich je in französischer Sprache zustande gebracht habe. Ich erinnerte ihn an Lafayette und Pershing und machte ihm klar, daß ich unbedingt in die Schweiz hinüber müsse. Meine Reisedokumente seien in Ordnung, und es bestünde kein Grund, mich festzuhalten. Ich versuchte ihn davon zu überzeugen, daß Marschall Pétain ausgerechnet an diesem Tage gewiß andere Sorgen hätte, als sich um meine Person zu kümmern. Ich ließ ihn einen kurzen Blick in meine mit Banknoten gefüllte Brieftasche werfen. Aber weder patriotische Worte noch ein kleines Vermögen, das ich in Aussicht stellte, schienen ihn ins Wanken zu bringen. Er verschwand, um zu telefonieren, und ließ mich allein auf dem Bahnsteig zurück. Ich sondierte das Gelände und überlegte, welche Möglichkeiten für eine Flucht bestünden. Sie wäre nicht einfach gewesen.

Gegen Mittag endlich, kurz bevor der Zug nach Genf weiterfahren sollte, tauchte der Gendarm wieder auf und erklärte mir, ich solle schnell in den Zug steigen. Er flüsterte: ‹Allez, passez! Vous voyez que notre collaboration n'est que symbolique!› (‹Gehen Sie! Sie sehen, daß unsere Zusammenarbeit mit den deutschen Besatzern nur symbolisch ist!›)»

Auf diese Weise kam Präsident Roosevelts geheimer Sonderbeauftragter, der einflußreiche Diplomat und nunmehrige Leiter des amerikanischen Geheimdienstes OSS (Office of Strategic Studies) in die Schweiz, wo er die Aktivitäten dieser Vorgängerorganisation der CIA in ganz Zentraleuropa leiten sollte.

Sprößling einer illustren Familie

Allan Welsh Dulles, geboren 1893, gehörte einer alten Politiker- und Diplomatenfamilie der Ostküste an. Sein Großvater war 1892 unter Präsident Harrison Außenminister gewesen, der Schwiegersohn dieses Mannes war Robert Lansing, der später Außenminister unter Woodrow Wilson werden sollte. 1914, als der Erste Weltkrieg ausbrach, schloß der junge Dulles soeben die College-Ausbildung ab. Sein Bruder John Foster, der nachmalige Außenminister im Kabinett Eisenhowers, war fünf Jahre älter.

Wie viele Söhne reicher amerikanischer Familien machte der Student eine Weltreise, auf der er Indien und China besuchte. 1916 trat er in den diplomatischen Dienst ein, erlebte in Wien das Ende der habsburgischen Monarchie mit und kam zum erstenmal nach Bern. «In Wahrheit war ich dort viel mehr Nachrichtenagent als Diplomat», vertraute er später seinen Memoiren an.

1919 gehörte Allan W. Dulles der amerikanischen Delegation bei der Pariser Friedenskonferenz an und war dabei, als der Vertrag von Versailles ausgehandelt wurde. 1920 kam Dulles nach Berlin, später nach Istanbul und dann noch für vier Jahre nach Washington in die Zentrale, ehe er als Partner in eine New-Yorker Anwaltsfirma eintrat, deren Seniorchef sein älterer Bruder war. In der Folge wurde Allan W. Dulles häufig als Rechtsberater der Regierung beigezogen, insbesondere zu den Völkerbundskonferenzen über die Rüstungsbeschränkung.

Gespräche am Kaminfeuer

Der Mann, der im November 1942 so abenteuerlich in die Schweiz einreiste, war also ein denkbar erfahrener Experte auf dem internationalen Parkett.

In Bern mietete Dulles eine Wohnung an der Herrengasse, von der Bekannte erzählten, sie sei von oben bis unten mit Büchern vollgestopft gewesen, und hinter diesen Büchern hätten sich mit an Sicherheit grenzender Wahrscheinlichkeit Abhörmikrofone befunden.

Der Wohnraum wurde dominiert von einem mächtigen Cheminée. Diese Zierde gehobener Häuslichkeit war für Dulles geradezu unentbehrlich. Er erklärte einmal: «In meinem Leben habe ich immer versucht, wichtige Gespräche an einem Kaminfeuer zu führen. Das Holzfeuer strahlt eine Atmosphäre aus, die Menschen freier und ungezwungener werden läßt. Sollte man etwas gefragt werden, worauf man nicht sofort eine Antwort weiß, kann man nachdenklich in die züngelnden Flammen blicken. Reicht diese Pause nicht aus, dann stopfe ich mir langsam eine Pfeife und zünde sie umständlich an.»

Allan W. Dulles, der schließlich nicht nur zu gemütlichen Abenden am Kamin und zum Pfeifenrauchen nach Bern gekommen war, wußte natürlich, daß jeder seiner Schritte beobachtet wurde: «Ich war mir durchaus darüber im klaren, daß die Schweizer Behörden meine Telefongespräche mit Washington kontrollierten. Deshalb pflegte ich öfter in derartige Gespräche besondere Äußerungen einzuflechten – nämlich dann, wenn mir daran gelegen war, daß sie den Schweizer Behörden zu Ohren kamen.»

Aus der harmlosen Junggesellenwohnung an der Berner Herrengasse wurden viele bedeutende Geheimdienstoperationen gesteuert.

– In einer dunklen Januarnacht des Jahres 1944 wurden – von wem wohl? – Waffen für zwanzig Männer und hundert Handgranaten vom Schweizer Ufer des Luganersees her über den See nach Campione geschmuggelt, wo eine Streitmacht von sechs Carabinieri die Herrschaft Mussolinis vertrat. Die Beamten ergaben sich verdutzt, die Enklave Campione feierte die Vereinigung mit dem bereits befreiten Süditalien und sagte sich vom Duce los. Das hatte zwei Vorteile für die Alliierten: erstens einen mächtigen Publizitätserfolg in der ganzen Welt – soweit sie noch eine einigermaßen freie Presse besaß – und zweitens die Schaffung eines idealen Partisanenstützpunktes für Oberitalien. Was die Schweizer Behörden auf Schweizer Boden weder gestatten konnten noch wollten, war in Campione nun leicht zu machen: Es wurden ein Sender für die Verbindung mit den Partisanenkommandos und ein Ausbildungslager errichtet. Als die Mini-Republik in finanzielle Schwierigkeiten kam, riet ihr Dulles, der Regisseur des ganzen Coups, zur

Herausgabe von Sonderbriefmarken, worauf die Staatskasse saniert war.
– Dulles hielt die Verbindungen zu deutschen Widerstandsgruppen aufrecht. Er und seine Berner Mitarbeiter besorgten Waffen, Geld, Verpflegung und Medikamente für die verschiedenen Kommandos der französischen Widerstandsbewegung, deren Vertreter nächtlicherweile – meist im Jura – die Grenze passierten und mit den Amerikanern verhandelten. Ähnlich verfuhren die italienischen Partisanen, die mit der Zeit besonderer Aufmunterung bedurften, weil der zurückweichende deutsche Widerstand bedeutend zäher war, als ursprünglich angenommen worden war.
– Natürlich war Dulles' Büro auch ein Meldekopf für zahlreiche amerikanische Agenten in Hitler-Deutschland, zum Beispiel für «Wood», einen hochgestellten Diplomaten im Auswärtigen Amt, der aus Haß auf Hitler wichtige geheime Nachrichten über die deutsch-japanische Zusammenarbeit im diplomatischen Kuriergepäck nach Bern zu transportieren pflegte.
– Aus der gleichen Quelle drang auch ein Telegramm zu den Amerikanern, das zu den bedeutendsten des Krieges gehörte: Es handelte sich um eine Nachricht der deutschen Botschaft in der Türkei, die ihrer Zentrale in Berlin voller Stolz taufrische Neuigkeiten aus der dortigen britischen Botschaft meldete. Dulles wurde hellhörig und gab den englischen Verbündeten einen Tip. So konnte schließlich «Cicero» enttarnt werden, einer der erfolgreichsten und listigsten Agenten des Zweiten Weltkriegs; er war der Butler Seiner Exzellenz, des Botschafters Ihrer Majestät in Ankara... – Die bedeutendste Leistung Dulles' aber war das Arrangement von geheimen deutsch-alliierten Kapitulationsverhandlungen in Zürich und Ascona, die zur Unterzeich-

Von der Berner Altstadt aus dirigierte der nachmalige CIA-Chef Allan W. Dulles die Operationen des amerikanischen Geheimdienstes OSS in Zentraleuropa. Die Schweizer wußten es.

nung einer separaten bedingungslosen Kapitulation an der Südfront zehn Tage vor dem allgemeinen Waffenstillstand führte. Die in wochenlangen überaus delikaten und zähen Verhandlungen erreichte Einigung hat mit Sicherheit Tausenden von Wehrmännern auf beiden Seiten der Front das Leben gerettet. Maßgeblich am Zustandekommen dieser historischen Leistung war auch der damalige Major Max Waibel, Leiter der Außenstelle NS1 des Schweizer Nachrichtendienstes in Luzern, beteiligt, den Allan W. Dulles zu seinen Freunden zählte. Dulles hatte viele Freunde in der Schweiz. Mit professioneller Diplomatie und dennoch ausreichender Deutlichkeit schildert er das Verhalten der Schweiz ihm gegenüber, wobei er natürlich «vergißt», daß Amerika zu jener Zeit, gegen Ende des Völkerringens, immer massiveren Druck auf die Schweiz auszuüben verstand:
«Mir gegenüber beachteten die Schweizer strikt die Regeln der Neutralität. Es war jedoch eine wohlwollende Neutralität. Ich mußte sie natürlich von meiner Verschwiegenheit und meinem guten Willen überzeugen. Auch mußten sie wissen, daß ich ihre Haltung verstanden hatte. So wollten die Schweizer jede Aktion von alliierter Seite verhindern, durch deren Bekanntwerden Deutschland die Schweiz beschuldigen könnte, eine der beiden kriegführenden Mächtegruppen bevorzugt zu haben. Man fürchtete, jeder offenkundige Bruch der Neutralität könnte von den Deutschen als Vorwand für Repressalien benutzt werden. Ich fügte mich den Wünschen der Schweizer, soweit ich konnte, und ließ sie von Anfang an wissen, daß ich an einer Erkundung der Schweizer Verteidigungsmaßnahmen nicht interessiert sei.
Wir bemerkten selbstverständlich, daß der Schweizer Geheimdienst bei seiner Routinearbeit sowohl Kontakte zu den Alliierten als auch zu den deutschen Geheimdienst-Organisationen pflegte. Da die Schweiz neutral war, konnte sie solche Verbindungen zu beiden Kriegführenden aufrechterhalten. Im Interesse ihrer eigenen Verteidigung waren die Schweizer dazu durchaus berechtigt. Mißverständnisse wurden dadurch auf ein Mindestmaß beschränkt, daß ein Teil des Schweizer Geheimdienstes vorwiegend mit den Deutschen in Verbindung stand, der andere mit den Alliierten. Roger Masson, Oberst im schweizerischen Generalstab, pflegte seine Verbindungen zu Walter Schellenberg, dem Leiter von Himmlers politischem Nachrichtendienst, dem sogenannten SD, Max Waibel und seine engsten Mitarbeiter die Verbindung zu uns. Was zwischen Masson und Waibel geschah, die beide ihre Berichte an General Guisan richteten, weiß ich nicht. Jedenfalls vertraute ich Waibel, und ich habe es nie bereut.»

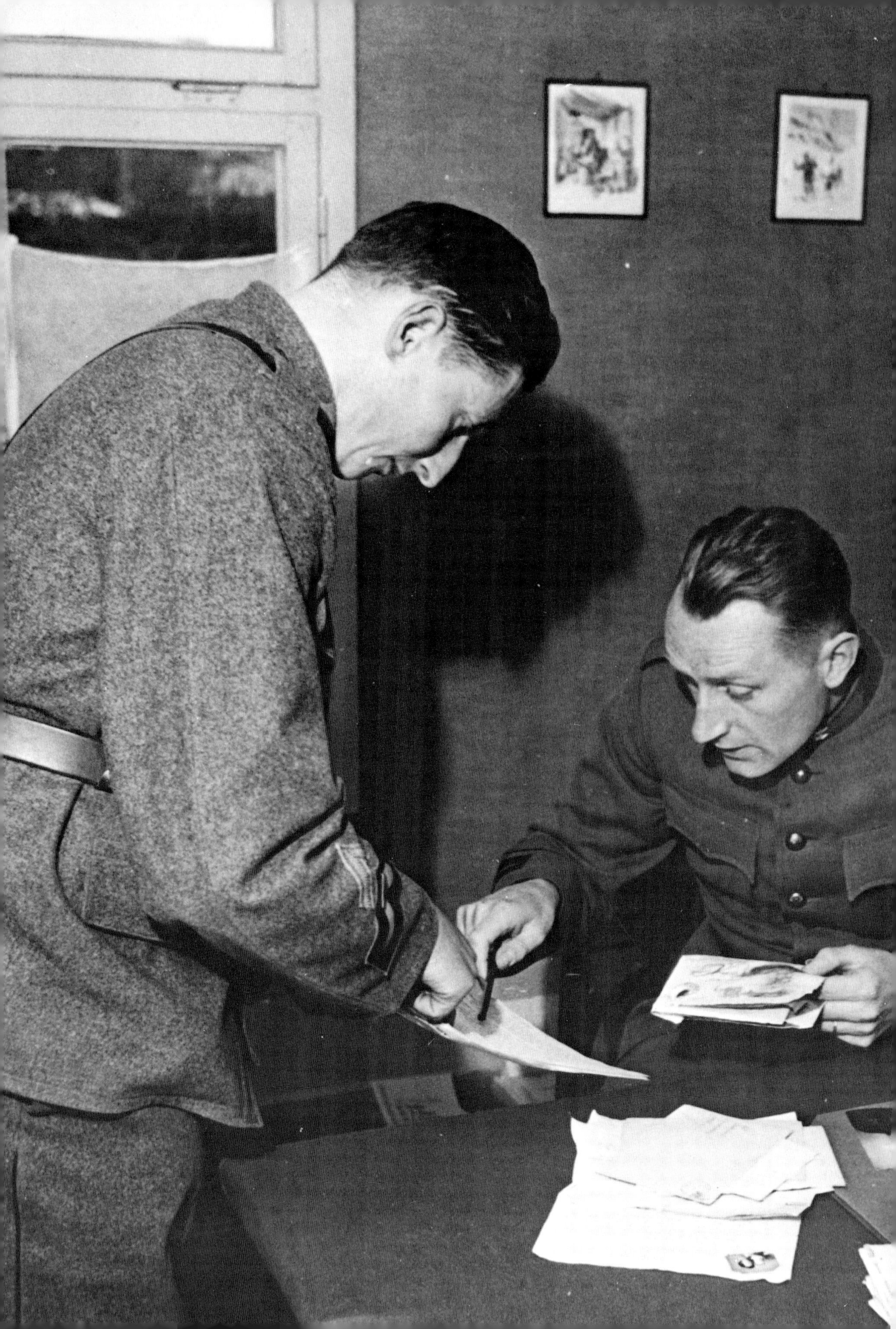

Unser Nachrichtendienst – Legende und Wirklichkeit

Der Nachrichtendienst hat in den kritischen Zeiten der Jahre 1939–1945 seine Aufgaben gut gelöst, was ich hier ausnahmsweise hervorhebe, da der Nachrichtendienst ungerechtfertigten Kritiken ausgesetzt war. Die Lösung konnte nicht nach einem starren Schema erfolgen. Art und Weise der Nachrichtenbeschaffung muß den mit dieser Arbeit betrauten Offizieren überlassen bleiben; nur die Grenzen ihrer Tätigkeit kann man vorschreiben. Die Aufgabenstellung verlangt eine sorgfältige Auswahl der mit nachrichtendienstlichen Aufgaben betrauten Personen; sie bedingt auch eine Ausbildung, die oft zeitraubend sein kann. Die hierfür aufgewendete Mühe wird sich aber immer lohnen, und auch die Kosten stehen in keinem Verhältnis zu den Aufwendungen, welche Krisenreaktionen erfordern, die durch ein Versagen des Nachrichtendienstes notwendig werden könnten.

Generalstabschef Jakob Huber

Abenteuer und Kampf – das ist die Legende des Nachrichtendienstes. Die Wirklichkeit sieht anders aus und besteht in sorgfältiger, geduldiger Arbeit am Schreibtisch.

Eins der großen Wunder, die der Schweiz im Zweiten Weltkrieg widerfahren sind, ist ihr Nachrichtendienst: Aus der verschlafenen, durch Mangel an Spezialisten und Geld fast handlungsunfähigen «Stallwache» wurde eine Nachrichtenorganisation, die von den Experten zu den besten der Welt gezählt wurde und in den Hauptquartieren aller ausländischen Armeen hohes Ansehen genoß.

Der Mann, der dies zustande brachte, war der Infanterie-Instruktor Roger Masson, der eigentlich nur aus Routine- und Karrieregründen zu seinem Posten gekommen war und zeitweise über sich hinauswuchs.

Dabei half ihm die wehrpolitische Maxime, um die viele Länder mit stehenden Berufsheeren die Schweiz beneiden: Das Milizsystem bewährte sich im Nachrichtendienst ganz besonders; dank ihm gelang es, Experten aus allen erdenklichen Bereichen des zivilen Lebens und deren weitreichende Auslandsbeziehungen in den Dienst der Nachrichtenbeschaffung zu stellen. Die Rolle der Schweiz als Drehscheibe der internationalen Beziehungen, aber auch ihre traditionell nach außen gerichteten Aktivitäten in Handel, Technik, Wissenschaft, Ausbildung, Kultur und Kunst konnten nachrichtendienstlich genutzt werden. Und die dies taten, waren keine professionellen Befehlsempfänger, sondern entschlossene, informierte Staatsbürger.

Eine der eindrücklichsten Leistungen dieser bürgerlichen Entschlossenheit half dem Lande genau in dem Zeitpunkt am meisten, als der Nachrichtendienst im Aufbau steckte: Hans Hausamanns privater Nachrichtendienst, dessen große Verdienste unbestreitbar sind, auch wenn zahlreiche Fragen und Fragwürdigkeiten um diese Person und ihr Werk noch offen sein mögen. General Guisan hat es in seinem Bericht über den Aktivdienst klar gesagt: Der Nachrichtendienst steht und fällt mit den Persönlichkeiten, die ihn betreiben. Fragen des Alters, der Herkunft, des Ranges und der Laufbahn haben zurückzutreten. Auch wenn es an persönlichen Intrigen und bürokratischen Hindernissen nicht fehlte, hat der Schweizer Nachrichtendienst im Zweiten Weltkrieg doch eine große Zahl von Offizierspersönlichkeiten besessen, die dank ihrer Bildung, ihrem Scharfsinn und ihrer Zivilcourage den Respekt breitester Volksschichten genossen. Als Beispiele mögen Max Waibel und Alfred Ernst gelten, die indes bei weitem nicht die einzigen sind.

> ## «Lassen Sie Hausamann machen!»
>
> Am 21. Januar 1942 schrieb Oberstleutnant Masson dem Obersten Stadler in Uster, Mitglied des Verwaltungsrates von Hausamanns Firma, folgenden Brief:
> «Herr Oberst,
> gestatten Sie, daß ich mich an Sie in Ihrer Eigenschaft als hoher Offizier wende, wenn es sich auch um eine Angelegenheit handelt, die das Geschäftsunternehmen betrifft, dem Sie als Mitglied des Verwaltungsrates angehören.
> Seit mehreren Monaten hat mich Hauptmann Hausamann über seine delikate Lage auf dem laufenden gehalten, in der er sich zufolge seiner langen Dienste im Nachrichtendienst der Armee seinem Verwaltungsrat gegenüber befindet. Wenn ich mich nicht schon früher an Sie gewandt habe, dann deshalb, weil ich mit um einen Interessenausgleich zwischen meiner Dienststelle und Ihrem Unternehmen bemühen und mit Rücksicht auf die gegenwärtige internationale Lage prüfen wollte, in welchem Maß Hauptmann Hausamann seine zivile Tätigkeit wiederaufnehmen könnte.
> Nach Prüfung dieses Problems unter seinen verschiedenen Gesichtspunkten, sehe ich mich gezwungen, Sie dringend zu bitten, Hauptmann Hausamann die Fortführung seines speziellen Auftrages im Interesse unserer Landesverteidigung zu ermöglichen. Dieser Offizier hat schon seit den Vorkriegsjahren eine Organisation aufgebaut, die der General, der Generalstabschef und ich selbst als sehr wichtig betrachten; seit dem Beginn der Feindseligkeiten hat sich diese Organisation noch weiter entwickelt. Hauptmann Hausamann ist deren verantwortlicher Chef. Das einwandfreie Funktionieren dieser Dienststelle, das auf den alleinigen und intelligenten Initiativen dieses Offiziers beruht, macht seine Präsenz absolut unerläßlich. Auch eine nur zeitweilige Abwesenheit von Hauptmann Hausamann würde einen der nützlichsten Zweige unserer Dienststelle lahmlegen. Ich benütze auch die Gelegenheit, zu versichern, daß die bemerkenswerte Tätigkeit dieses Offiziers stets die Aufmerksamkeit des Oberkommandierenden gefunden hat und daß ich mich zu der wertvollen Mitarbeit Hausamanns nur beglückwünschen kann.
> Gestützt auf diese Tatsachen und als direkter Vorgesetzter von Hauptmann Hausamann erlaube ich mir, Sie dringend zu bitten, dafür sorgen zu wollen, daß er seinen Militärdienst so lange fortsetzen kann, als es die internationalen Ereignisse rechtfertigen.
> Genehmigen Sie, Herr Oberst, zusammen mit meinem Dank im voraus die Versicherung meiner vorzüglichen Hochachtung!
> Armeekommando
> Nachrichten- und Sicherheitsdienst
> Der Chef: Masson, Oberstlt.»

Trotz alledem wäre nichts falscher als der Eindruck, der Schweizer Nachrichtendienst sei ein perfekt funktionierender Apparat in einer Zeit des kollektiven Versagens gewesen, sozusagen ein eidgenössisches Supergehirn, das auf Knopfdruck unfehlbar die richtige Lagebeurteilung und die zutreffende Prognose geliefert habe; auch in diesem Nachrichtendienst gab es Bürokraten und Versager, gab es Fehlleistungen, Intrigen und Machtkämpfe. Mehr als einmal hatte der Schweizer Nachrichtendienst schlicht und einfach unwahrscheinliches Glück. Es ist verständlich, daß die von den direkt Beteiligten inspirierte (oder

Die Männer an der Spitze

Am Anfang und am Ende der Geschichte des Schweizer Nachrichtendienstes im Zweiten Weltkrieg steht der Name eines Offiziers, der zeitweise einer der mächtigsten Männer in der Schweiz war, der aber schließlich seine Tage in der tragischen Einsamkeit des Schweigens und des Undanks beenden mußte: Roger Masson.
Er haßte sein Büro im Bundeshaus, er zog das Bahnhofbuffet 2. Klasse in Lausanne vor. Bern wimmelte von Agenten. Dort waren zu viele Augen und Ohren, die das Kommen und Gehen zwischen Bahnhof und Bundeshaus registrierten. Roger Masson, klein gewachsen und eher unscheinbar, saß lieber zuhinterst am runden Tisch des großen Restaurants bei seinem «petit blanc». Manchmal, wenn ein besonders wichtiger Agent oder Verbindungsmann auftauchte, bestellte er Fondue, und während die Männer mit ihren Gabeln im heißen Käsebrei rührten, wurden die heißesten Aktionen des Schweizer Geheimdienstes zu Faden geschlagen.
Roger Masson war kein Geheimdienstchef, wie er im Büchlein steht, sondern ein Mann, der dem Ehrenwort des andern vertraute und der auch menschliche Verpflichtungen gewissenhaft einhielt. Viele seiner Mitarbeiter hielten ihn für zu anständig. Als er am 19. Oktober 1967 in Lausanne gestorben war, schrieb ein offensichtlich wohlinformierter Nekrologist in der «Tat»:
«Typisch für Roger Masson war sein unbedingtes Vertrauen in das Offiziersehrenwort und folglich auch in die Unterschrift seiner Mitarbeiter. In ganz wenigen Fällen wurde dieses Vertrauen mißbraucht. Aber im ganzen gesehen hat sich dieses Vertrauen nicht nur menschlich, sondern auch nachrichtendienstlich gerechtfertigt. Es gehört zu den ‹Berufsrisiken› eines Nachrichtenmannes,

Oberstbrigadier Roger Masson machte aus dem verschlafenen schweizerischen Nachrichtendienst innert kurzer Zeit ein vielbewundertes, hochsensibles Instrument. Aber nach dem Krieg wurden ihm schwere Fehler im Zusammenhang mit seinen Kontakten zu Schellenberg vorgeworfen. Masson zog sich verbittert in den vorzeitigen Ruhestand zurück.

gar kontrollierte) Literatur nicht gerne davon spricht. Wir wollen es nachher anhand von Beispielen tun.
Die militärische und die politische Führung des Landes, die im Aktivdienst in so reichem Maße von den Erfolgen des Nachrichtendienstes profitierte, war von solchen Fehlleistungen auch nicht frei. Die schlimmste bestand darin, daß sie den eingespielten Apparat des Nachrichtendienstes nach Kriegsende nicht einmal in reduziertem Umfang aufrechterhielt, sondern eigentlich demontierte und damit gerade bei den tüchtigsten Mitarbeitern ein Gefühl der Bitterkeit zurückließ.
Ein letzter Teil der Geschichte des Schweizer Nachrichtendienstes im Zweiten Weltkrieg wird wohl für immer ungeschrieben bleiben. Mindestens acht Schweizer Spione sind in Hitler-Deutschland hingerichtet worden. Der Bundesrat hält es für richtig, die Geschichten dieser im Dienste der Schweiz gefallenen Soldaten geheimzuhalten.

daß er von seinem Auftraggeber kaltblütig fallengelassen wird, wenn er ‹auffliegt›, und damit uninteressant wird. Nicht so bei Oberstbrigadier Masson: Als der heutige Bundeshausjournalist und Fernsehmitarbeiter (später Pressechef des EMD, K.L.) Ernst Mörgeli von den Nazis in Berlin (nach anderen Angaben: Leipzig, K.L.) durch ein Versagen eines Gesandtschaftsmitgliedes verhaftet (...) wurde, setzte Masson alles daran, um so schnell wie möglich einen deutschen Agenten in der Schweiz stellen und verhaften zu können. (...) Nachrichtenchefs, die ihre Mitarbeiter nicht im Stiche lassen, sind sehr, sehr selten.»
Roger Masson wurde am 1. Juli 1894 in Zürich geboren und absolvierte das Gymnasium in Lausanne. An der Universität Neuenburg studierte er Geschichte; er trat aber schon 1917 als Instruktionsoffizier der Infanterie in den Bundesdienst ein. Von 1928 bis 1930 bildete er sich an der berühmten «Ecole supérieure de guerre» in Paris weiter, einer seiner Lehrer war General Giraud. Zahlreiche Schweizer Offiziere, namentlich Westschweizer, gingen damals an diese weltberühmte Kriegsakademie. In seinen späten Jahren liebte es Masson, die Anekdote eines bekannten Schweizer Truppenführers zu erzählen, der seinen zweijährigen Kurs mit der besten Note abgeschlossen hatte. Der Klassenlehrer gratulierte ihm: «Mit diesen Qualifikationen könnten Sie in Frankreich sämtliche Generalssterne bekommen!» Darauf der Schweizer: «In meinem Land werde ich Mühe haben, so gute Noten ausreichend zu entschuldigen...»
1936 wurde Roger Masson zum Stabschef der 1. Division ernannt und noch im gleichen Jahr als Sektionschef in die Generalstabsabteilung berufen, wo er den Nachrichtendienst leiten sollte. Am 1. März 1942 wurde er zum Oberstbrigadier befördert. Bis dahin war er Oberstleutnant gewesen.
In bezug auf die Karriere wurde der Nachrichtendienst für Masson zur Sackgasse. Mehrere seiner Untergebenen, darunter vor allem Hans Hausamann, hatten versucht, dies zu vermeiden, und sich beim General dafür verwendet, Masson nach dessen Verstrickun-

---

«Muß man denn erst tot sein, um recht zu haben?»

Am Ende seines Lebens war Roger Masson ein verbitterter Mann. Beinahe blind, gezeichnet von Krankheiten und von vermeintlicher Schmach infolge seiner vorzeitigen Versetzung in den Ruhestand, hielt er nur noch mit wenigen Freunden die Verbindung aufrecht. Massons Groll richtete sich besonders gegen Hausamann, den er im Verdacht hatte, daß er alle Verdienste des Schweizer Nachrichtendienstes für sich allein beanspruchen wollte und dies auch durch die Beeinflussung von Buchautoren und Publizisten noch hervorhob.
Die Presse, die ihm wegen seiner überzeugten Befürwortung einer strengen Zensur in Kriegszeiten ohnehin nicht gewogen war, hatte Masson durch die Diskussion über seine umstrittenen Begegnungen mit SS-Brigadegeneral Walter Schellenberg stärker verletzt, als man ahnen konnte. Zehn Monate vor seinem Tod zog er in einem Brief an einen Freund, ebenfalls hoher Offizier im Aktivdienst, eine erschütternde Lebensbilanz:
«Zentraleuropa ist — wie Rußland, Finnland, Norwegen, Nordafrika usw. — mit einer zerstörten Wirtschaft, mit Millionen von Toten und mit völlig zerstörten Städten aus dem Krieg hervorgegangen. Inmitten dieses Zerstörungswerks ist allein die Schweiz heil geblieben, mit einer intakten Industrie und mit Banktresoren voller Gold, und sie hat nicht einmal dafür kämpfen müssen. Und jetzt, zwanzig Jahre später, werden in hinterhältigen Diskussionen wieder Probleme an die Öffentlichkeit gebracht, die niemand anders betreffen als die Leute, die damals die Verantwortung trugen.
Ich kenne Ihre Meinung über den Wert von Hausamanns Informationen und möchte darauf nicht zurückkommen. Ich habe seine Tätigkeit gedeckt und damit meine Pflicht als Chef erfüllt. Aber ich muß doch auch anmerken, daß sein Verhalten — namentlich in der Roessler-Affäre — befremdend war. Seine Überspanntheit, sein Mangel an Maß und Gleichgewicht bereiteten mir Mühe. Aber ich denke, daß wir uns nicht öffentlich in der Presse dazu äußern können, ohne unserer Selbstachtung Abbruch zu tun. Es wäre ja ein unwahrscheinliches Schauspiel, wenn sich Schweizer Nachrichtenoffiziere öffentlich bekriegen würden, wo wir doch unsere Pflicht gemäß unserem besten Wissen und Gewissen getan haben.
Aristide Briand hat einmal vor den Mitgliedern des Völkerbundes gefragt: ‹Muß man denn erst tot sein, um recht zu haben?› Ich habe das Pech, daß ich noch am Leben bin. Es ist paradox, aber sehr menschlich, daß man General Guisan auf ein Reiterstandbild erhebt, während jene, die seine Befehle ausgeführt haben, in den Dreck gezogen werden. Ich hätte nie gedacht, daß ich eines Tages eine derartige Abscheu vor der Demokratie empfinden würde.»
Sieben Monate vor seinem Tod, am 22. März 1967, schrieb Masson in einem weiteren Brief:
«Um die Wahrheit zu sagen: Ich lese die Artikel nicht mehr, die mir die Schuld zuschreiben. Mein Nervensystem, das durch die Ungerechtigkeit der Presse zerstört worden ist, erträgt das nicht mehr.
Nach dem letzten Krieg hatte ich mit meinen 51 Jahren noch eine schöne berufliche Zukunft vor mir. Aber nach den Feindschaftsbezeigungen einiger Zeitungen, nachdem mich Kobelt hatte fallenlassen und in Anbetracht der Gleichgültigkeit Guisans (für den ich mich aufgeopfert hätte, um das Vertrauen des Dritten Reichs in unsere Armee nach der Affäre von La Charité wiederherzustellen), entschloß ich mich, die Armee ‹aus Gesundheitsgründen› zu verlassen. Mit drei studierenden Kindern mußte ich wieder bei Null anfangen...»

gen mit Schellenberg ein Divisionskommando zu übertragen. War dieser ungewöhnliche Vorstoß Hausamanns beim General (durch Brief vom 10. April 1944) eine Intrige gegen den Chef? Masson scheint es nach seinem Ausscheiden aus dem Amt geglaubt zu haben. Seit diesem Schreiben war – zumindest nach Massons Lesart – das Vertrauen zwischen den beiden Männern gestört. Nichtsdestoweniger mag offenbleiben, ob Hausamann nicht doch auch aufrichtig das berufliche Fortkommen seines Chefs im Auge hatte, den er «mit Fürsorge förmlich einzuhüllen pflegte», wie Masson noch 1947 bestätigte. Unbestritten bleibt, was General Guisan in seinem Bericht über den Aktivdienst geschrieben hat: «Unser Nachrichtendienst war zu lange das Beispiel für eine enge Auffassung, eine Spartendenz, die heute unerklärlich erscheint. In den Jahren 1930–1935 umfaßte dieser Dienst in Tat und Wahrheit im wesentlichen einen Offizier, den Chef des Nachrichtendienstes, wenig oder keine Mitarbeiter und einen Kanzleichef! Der Chef wurde von den laufenden Verpflichtungen repräsentativer oder anderer Art und durch die tägliche Büroarbeit absorbiert; überdies wurde er Generalstabskursen zugeteilt und war damit während mehrerer Monate im Jahr von seiner Aufgabe abgehalten. Erst 1936 erhielt der neue Chef des Nachrichtendienstes, nicht ohne Mühe und dank der Unterstützung durch den ebenfalls neuernannten Chef der Generalstabsabteilung, einen Teil des Personals und der Kredite, die er benötigte, um einen dieses Namens würdigen Nachrichtendienst aufzubauen – 1936, das heißt in einem Augenblick, wo die bereits bedrohliche europäische Lage schon seit Jahren ständige Wachsamkeit, einen systematischen Plan für die Beschaffung von Nachrichten, die Errichtung eines

Zwei führende Köpfe im schweizerischen Nachrichtendienst. Oben: Max Waibel, der nachmalige Waffenchef der Infanterie und heimliche Friedensstifter in Oberitalien; unten: Alfred Ernst, später Oberstkorpskommandant, der das Büro Deutschland leitete.

Spionageabwehrdienstes usw. erfordert hätte. Es war das Verdienst von Oberstleutnant Masson, damals innert kürzester Zeit den Organismus zu schaffen, der es uns oft ermöglichte, innert nützlicher Frist wertvolle Nachrichten zu sammeln.»

Dazu kam, was Massons Untergebene bei allen Meinungsverschiedenheiten mit dem Chef einmütig bezeugten: Er war ein Mann, der seinen Mitarbeitern volles Vertrauen entgegenbrachte, der ihnen größtmöglichen Handlungsspielraum ließ und sie, ohne Rücksicht auf die eigene Stellung, nach oben deckte, wo es ging. Gegenrecht durfte Masson nicht von allen erfahren, insbesondere damals nicht, als er sich in die Begegnungen mit SS-Brigadegeneral Schellenberg einließ.

Armeereformer – während des Aktivdienstes Nachrichtenchefs

Zwei Männer, deren Namen untrennbar mit der Truppenordnung 1961 und der erfolgreichen Hinwendung des schweizerischen Heeres zu Gefechtstechniken und Organisationsformen im Rahmen der Realitäten und Möglichkeiten unseres Kleinstaates verbunden sind, haben im Aktivdienst an vorderster Front als Führungsoffiziere im Schweizer Nachrichtendienst gewirkt: Max Waibel und Alfred Ernst.

In der mühsamen Geduldsarbeit des Nachrichtendienstes, der nicht mit großen Konzeptionen und Strategien, sondern mit Einzelheiten zu rechnen gewohnt ist, mag sich der nüchterne, undogmatische Wirklichkeitssinn dieser Männer geformt haben, der sie zu Beginn der Hochkonjunktur gegen helvetische Atommacht-Träumereien auftreten ließ, was ihnen die unverbrüchliche Hochachtung Zehntausender von einfachen Wehrmännern eintrug.

Alfred Ernst, zu Beginn des Weltkrieges Hauptmann im Generalstab, leitete das Büro D (Deutschland) in Massons Nachrichtendienst. Außerdem gab es ein Büro F (Frankreich) und ein Büro I (Italien). Mitte November 1939 wurde aus Sicherheitsgründen ein Teil des Nachrichtendienstes aus

Das Hotel Schweizerhof in Luzern war Sitz der NS 1. Die Dezentralisierung der Nachrichtenzentrale wurde aus Sicherheitsgründen angeordnet. Oft wurden hier auch ausländische Emissäre empfangen.

der unmittelbaren Umgebung des Generals ausgelagert und ins Hotel Schweizerhof nach Luzern disloziert, wo die Dienststelle mit dem geheimnisvoll-nichtssagenden Namen NS1 (Nachrichtensammelstelle 1) eingerichtet wurde. Diese Stelle stand unter dem Kommando des damaligen Hptm i Gst Waibel, dem es gelang, innert kurzer Zeit ein Netz von zuverlässigen, hochgestellten und bestinformierten Gewährsleuten in Deutschland, darunter die legendäre Wiking-Linie, aufzubauen.

Waibel, geboren 1901 und doppelter Doktor der Rechtswissenschaften und der Volkswirtschaft, war der damals seltene Typus des betont intellektuellen, zurückhaltenden Berufsoffiziers. Er hatte seine Ausbildungszeit an der Berliner Kriegsakademie nicht dazu genutzt, sich den preußischen Kommandoton anzueignen, sondern hatte in dieser Zeit seine besten und dauerhaftesten Nachrichtenverbindungen geschaffen, die auf persönlicher Freundschaft beruhten.

Waibels NS1 («Rigi») besaß Außenstellen in Basel («Pfalz»), St. Gallen («Speer»), Zürich («Uto»), Schaffhausen («Salm») und Lugano («Nell»). Dort wurden vor allem die im kleinen Grenzverkehr erhältlichen Detailinformationen hereingeholt und die Grenzgänger sowie vom Ausland in die Schweiz zurückkehrende Reisende einvernommen.

Max Waibels größte Leistung bestand aber darin, daß er italienische Freunde, die die Friedensfühler ausstreckten, zu Beginn des Jahres 1945 mit seinem Vertrauten Allan W. Dulles, dem Residenten des amerikanischen Geheimdienstes in Bern, zusammenbrachte. Auf eigene Verantwortung und von keinem Vor-

Max Waibels Landgut Dorenbach bei Luzern diente vielen Ausländern, die mit dem Nachrichtendienst zu tun hatten und nicht gesehen werden wollten, als Unterkunft.

gesetzten gedeckt, organisierte Waibel die geheimen Friedensgespräche in Ascona, die schließlich zu einem vorzeitigen Waffenstillstand an der Italienfront führten. Mit Sicherheit hat Max Waibel mitgeholfen, Zehntausende von Soldaten und Zivilpersonen vor einem sinnlosen Tod in letzten, aussichtslosen Gefechten zu retten. Der damalige Oberkommandierende der Alliierten im Mittelmeerraum, Feldmarschall Sir Harold Alexander, vertrat sogar die Meinung, durch diese gewagte Friedensoperation mit geheimdienstlichen Mitteln sei der Krieg in Europa um sechs bis acht Monate abgekürzt worden. Fest steht, daß Waibel auch Wesentliches dazu beitrug, die hochentwickelten Industrie- und Hafenanlagen in Oberitalien sowie Kunstschätze und Baudenkmäler von unschätzbarem Wert vor der Vernichtung zu bewahren.

Ebensowenig wie seinem Chef Masson blieben Waibel Enttäuschungen und späte Tragik erspart. Bundesrat und Armeeführung schenkten ihm kein Gehör, als er nach dem Waffenstillstand dringend die Aufrechterhaltung des Schweizer Nachrichtendienstes in Friedenszeiten vorschlug. Waibel wurde als schweizerischer Militärattaché nach Washington kommandiert und erst 1954 zum Waffenchef der Infanterie befördert.

Als Waibel auf seinem schönen Landsitz Dorenbach am Luzerner Dietschiberg im Ruhestand lebte, bahnte sich das Verhängnis an, das sein Lebensende überschattete: Der passionierte Pferdefreund, dem es eine Freude war, gelegentlich Kindern Reitunterricht zu geben, lernte in Reiterkreisen den Luzerner Kaufmann Ernst Brunner kennen. Der routinierte Nachrichtenoffizier, der gewohnt war, Situationen realistisch einzuschät-

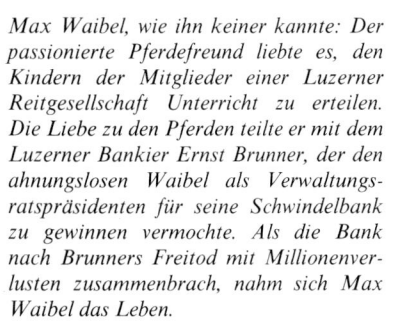

Max Waibel, wie ihn keiner kannte: Der passionierte Pferdefreund liebte es, den Kindern der Mitglieder einer Luzerner Reitgesellschaft Unterricht zu erteilen. Die Liebe zu den Pferden teilte er mit dem Luzerner Bankier Ernst Brunner, der den ahnungslosen Waibel als Verwaltungsratspräsidenten für seine Schwindelbank zu gewinnen vermochte. Als die Bank nach Brunners Freitod mit Millionenverlusten zusammenbrach, nahm sich Max Waibel das Leben.

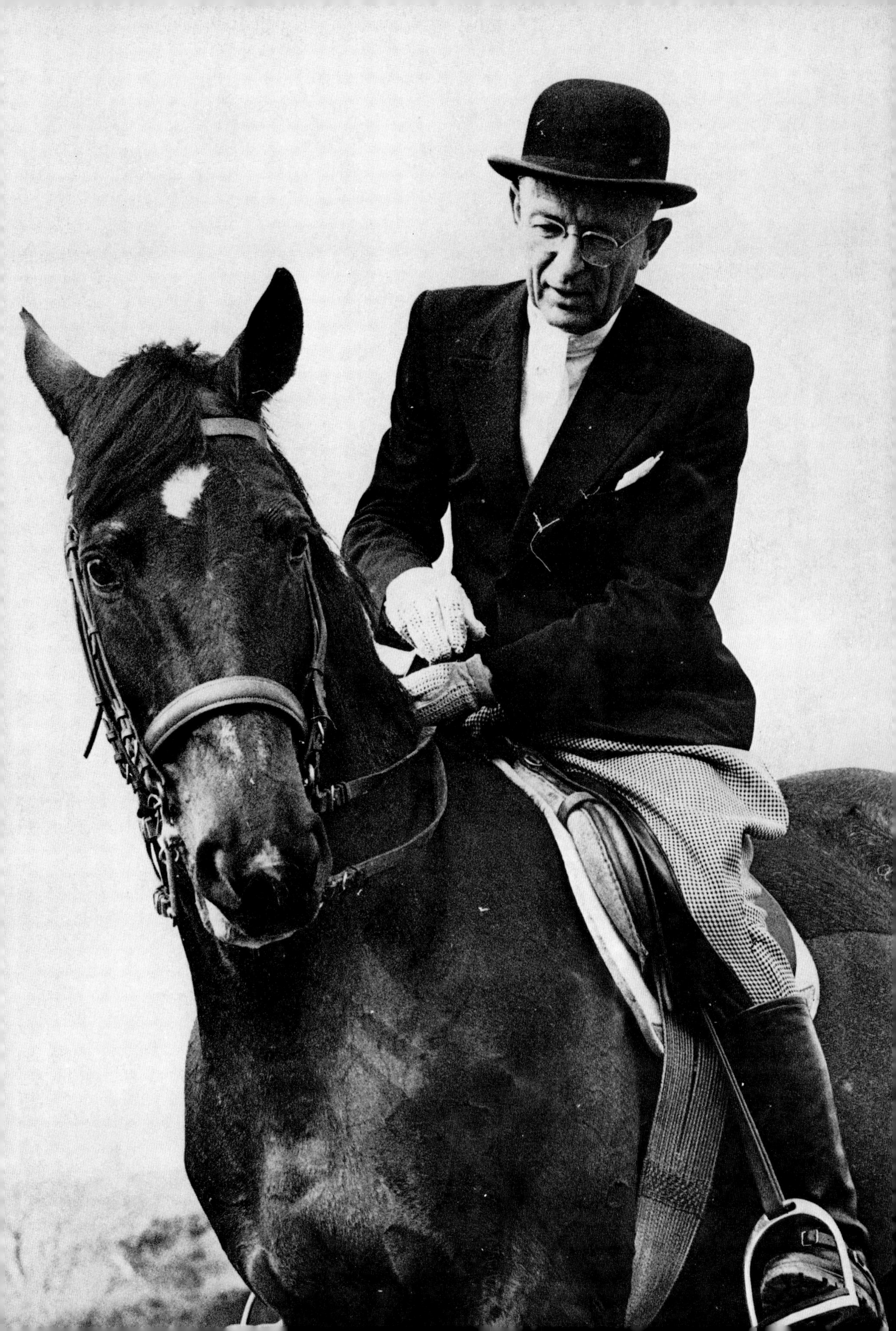

zen und schillernden Figuren mit Vorsicht zu begegnen, erwies sich als zu vertrauensselig: Er ließ sich zum Verwaltungsratspräsidenten der Brunnerschen Privatbank machen, ohne zu ahnen, daß er als ehrenwertes Aushängeschild einer Schwindelfirma mißbraucht wurde; sowenig wie viele andere namhafte Freunde Brunners durchschaute Waibel den falschen Glanz, den der Gesellschaftslöwe, Kunstmäzen, Pferdefreund und Bonvivant Brunner um sich zu verbreiten verstand. Als der Bankier, der nach dem Krieg als Vertreter für Veloversicherungen und als Medikamentenschieber begonnen hatte, gegen dreißig Millionen Franken fremdes Geld verspekuliert und verjubelt hatte, schluckte er Zyankali. Die schöne Fassade brach zusammen, die Bank geriet in Konkurs. Obwohl feststand, daß Max Waibel keinerlei unlautere Handlungen begangen hatte, ertrug der altgediente Offizier die Schande nicht. Nach einem letzten Ausritt erschoß er sich in der Nacht zum 21. Januar 1971.

Der eigenwillige Patriot

Zu den eigenwilligsten und umstrittensten Gestalten der Schweizer Nachrichtenszene vor dem und im Aktivdienst zählt der 1897 geborene St.-Galler Kaufmann Hans Hausamann, der vor allem mit Fotoartikeln handelte und eine Ladenkette in mehreren Schweizer Städten gründete. Hausamann war einer der jüngsten Offiziere, die es in der Schweizer Armee je gegeben hat! Schon als 19jähriger absolvierte er die Offiziersschule, nachdem er sich bei Kriegsausbruch vorzeitig zur Armee gemeldet hatte.
Hausamann, der 1925 in St. Gallen und 1930 an der Bahnhofstraße in Zürich eigene Geschäfte eröffnet hatte, kam durch seine Branche zwangsläufig mit einflußreichen deutschen Industriellen und Kaufleuten in Kon-

Hans Hausamann wurde vom begeisterten Milizoffizier und Propagandisten einer starken Armee zum Kopf eines legendären privaten Nachrichtendienstes.

takt. Allmählich baute er diese Beziehungen in nachrichtendienstlicher Richtung aus, ohne vorerst irgendeinen offiziellen Auftrag zu besitzen. Hausamann war ein begeisterter Offizier, der in den dreißiger Jahren unermüdlich für eine starke Armee warb. Früh machte er sich professionelle Techniken der Massenbeeinflussung zunutze! Er gründete einen populären und vielbeachteten Pressedienst, wurde Pressechef der Schweizerischen Offiziersgesellschaft und begann Armeefilme zu drehen, die weit im Lande herum große Beachtung fanden – insbesondere in Verbindung mit seinen ungezählten Vorträgen. Aus dieser privaten Filmtätigkeit ging später der Armeefilmdienst hervor. Die Annahme der Wehrvorlage von 1935 ging zu einem guten Teil auf das Konto Hausamanns, der sich in der Folge mit der ausdrücklichen Zustimmung Mingers als wehrpolitischer Berater der nach peinvollen internen Krisen auf die Befürwortung der Landesverteidigung eingeschwenkten Schweizer Sozialdemokratie betätigte.

Offensichtlich hat auch Hans Hausamann die gleiche politische Entwicklung durchgemacht, die für weite Kreise des einflußreichen Schweizer Bürgertums in den dreißiger Jahren nicht unüblich war. Als Hitler an die Macht kam, war man von seinem kämpferischen Antikommunismus, seinen krisenwirtschaftlichen Sanierungsversprechen und seiner autoritären «Politik der starken Hand» beeindruckt. Am 8. April 1933, zwei Wochen nach Erlaß des Ermächtigungsgesetzes, schrieb Hausamann dem Generalkonsul Crull nach Berlin:

«Als ebenfalls national orientierter Ausländer habe ich größtes Interesse an der Festigung des heutigen Regimes in Deutschland. Interesse deshalb, weil meiner – unmaßgeblichen – Meinung nach die Umwälzung in Deutschland meinem eigenen Land schwere innenpolitische Auseinandersetzungen erspart hat – und noch ersparen wird. Ich sage wohl nicht zuviel, wenn ich erkläre, daß die bürgerliche Schweiz ein eminentes Interesse hat, in Deutschland auch weiterhin eine national orientierte Regierung am Ruder zu wissen.»

Dieses Telegramm Hausamanns an Masson beweist: Das «Büro Ha» meldete dem Armeekommando den Ausbruch des Zweiten Weltkrieges zwei Tage vor dem deutschen Angriff auf Polen.

Im gleichen Brief machte Hausamann zahlreiche Vorschläge für eine geschicktere und wirksamere deutsche Propagandatätigkeit im Ausland und bot abschließend seine Dienste an:

«Ich bin jedoch zu jeder Besprechung bereit, wenn Sie eine solche wünschen. Ich bin ferner gerne zu Ihrer Verfügung, wenn ich Ihnen in der Organisation Ihrer Auslandspropaganda nützen kann.»

Hausamann hat später diesen Brief ausdrücklich als authentisch anerkannt und ihn damit erklärt, daß er mit den neuen Machthabern habe ins Gespräch kommen wollen und die Töne habe anschlagen müssen, die bei diesen Leuten gut ankamen. Aber auch wenn es sich um einen aufrichtig gemeinten Sympathiebeweis gehandelt hätte und nicht bloß um die Finte eines Nachrichtenmannes – der Brief und die vielen Belege für die Tätigkeit Hausamanns in den folgenden Jahren wären nicht mehr und nicht weniger als ein Dokument für die politische Haltung und den Sinneswandel eines breiten Teils des Schweizer Bürgertums in den dreißiger Jahren!

Das «Büro Ha» entsteht

Schon 1936, als Masson seinen Posten als Chef des Nachrichtendienstes antritt, wird Hausamann zu seinem Mitarbeiter. In seiner Eigenschaft als Pressechef der Offiziersgesellschaft reist er in zahlreiche Städte Europas und knüpft Nachrichtenverbindungen an. Der Aufbau des «Büros Ha» beginnt; Masson ist orientiert und einverstanden. Er, der mit einem Jahresbudget von 30000 Franken auskommen muß, ist für jede Hilfe dankbar, zumal der Bundesrat aus neutralitätspolitischen Gründen noch nicht bereit ist, den Nachrichtendienst zügiger auszubauen.

Parallel mit der sich anbahnenden Spionagetätigkeit – Hausamann installiert in seinem Teufener Haus eine Funkstation – geht die öffentliche Kampagne des Privatmannes für eine stärkere Armee einher. Er findet dabei durchaus nicht immer den Beifall der Behörden und der militärischen Spitzen. In einer 1937 veröffentlichten Broschüre prangert Hausamann in aller Offenheit schwerwiegende Mängel der schweizerischen Landesverteidigung an:

«1. Bei uns weiß der Füsilier nicht einmal, wie er ein Maschinengewehr bedienen muß.

2. Unsere Füsiliere wissen nicht, wie man mit einem Minenwerfer oder einer Infanteriekanone zu schießen hat.

3. Unsere Truppen wissen erst zum kleinsten Teil, wie eine Gasmaske aufzusetzen ist.

4. In jedem Manöver ist zu sehen, wie wenig Truppe und unterste Führung vom taktisch richtigen Einsatz moderner Waffen wissen.

5. Unsere Truppen wissen zum kleinsten Teil, wie Gelände richtig ausgenützt und dem militärischen Zweck dienstbar gemacht wird.

6. Es haben nicht einmal alle Offiziere Handgranaten geworfen, von den Soldaten gar nicht zu reden.»

Zu Beginn des Aktivdienstes wird Hauptmann Hausamann samt seinem privaten Nachrichtendienst mobilisiert. Die um eine pensionierte Telegrafistin als Funkerin

---

```
GST.ABT.    FUER HERRN OBERSTLEUTNANT MASSON PERSOENLICH------ WICHTIGE MELDUNG ---
--- NACH SOEBEN EINGEGANGENEM BERICHT VON ABSOLUT ZUVERLAESSIGER SEITE IST
HOECHSTWAHRSCHEINLICH FUER HEUTE NACHT ODER MORGEN DER DEUTSCHE ANGRIFFSBEFEHL AUF POLEN ZU
ERWARTEN. HAUSAMANN TEUFEN ------    GST.ABT.------    VEVEVE ---- 1333 ----- ARAR
```

```
JHRE-ANFRAGE:      AUF-HARTNÄCKI
SITUATION:-JM      GEN-RUSSISCHE
OSTEN:AM-25.1      N-WIDERSTAND.
1.:STARKER-DE       DIE-DEUTSCHE
UTSCHER-DRUCK      N-HABEN-BIS-J
-GEGEN-MOSKAU      ETZT-NOCH-NIC
-GEFÜHRT-VON-      HT-DIE-DIREKT
RICHTUNGEN-TU      EN-BEFESTIGUN
LA-MALOYAROSL      GEN-MOSKAUS-E
AVEC-MOZAJSK-      RREICHT.DIE-E
VOLOKOLAMSK-U      RNSTE-LAGE-IS
-KLIN-STÖSST-      T-BEI-WOLOKOL
```

und um eine Büroordonnanz verstärkte Zentrale bleibt in Teufen und konzentriert sich auf die kriegspolitischen und militärischen Vorgänge in Deutschland sowie auf die Abfassung von Lageberichten. Erst später siedelt das «Büro Ha» nach Kastanienbaum bei Luzern um, wo es sich unter dem Decknamen «Pilatus» in der «Villa Stutz» einrichtet, während die NS1 im Hotel Schweizerhof Quartier bezogen hat. Auch die räumliche Trennung dokumentiert die von Hausamann während des ganzen Aktivdienstes erfolgreich durchgesetzte Selbständigkeit seiner halbamtlichen Organisation, die trotz befehlsmäßiger Unterstellung unter Masson direkten Zugang zum General und zum späteren Chef des EMD, Bundesrat Karl Kobelt, beibehält.

Hausamann gehörte dem von Alfred Ernst im Juli 1940 gegründeten Offiziersbund an. Insgesamt 37, vorwiegend im Generalstab eingeteilte Offiziere verschwören sich, im Notfall auch gegen den Willen von Bundesrat und General Widerstand zu leisten. Die Verschwörung der Patrioten wird schnell aufgedeckt; General Guisan, mehr erfreut als erbost, verknurrt die Rädelsführer zu symbolischen Arreststrafen und spricht ihnen unverblümt sein Wohlwollen aus.

Im September 1940 tritt Hausamann wieder in Erscheinung, diesmal als Mitbegründer der «Aktion Nationaler Widerstand», die der wachsenden Resignation und Mutlosigkeit namentlich der zivilen Behörden angesichts der deutschen Blitzsiege bedingungslosen Abwehrwillen entgegen-

Oben: Die Meldungen des «Büro Ha» wurden verschlüsselt. Von Hand mußten sie in mühsamer Arbeit entschlüsselt werden, wie dieser Lagebericht von der Ostfront (November 1941). Nicht weniger angewiesen war der Nachrichtendienst auf unbekannte Helfer, zum Beispiel für das Abhören fremder Sender (unten).

setzt. Zu den Mitgliedern dieser Aktion gehören nun auch prominente Sozialdemokraten wie Hans Oprecht und Walther Bringolf nebst bürgerlichen Persönlichkeiten wie Walter Allgöwer, dem Journalisten Ernst von Schenck, den Theologen Karl Barth und Richard Gutzwiller, Nationalrat Theodor Gut und dem nachmaligen Botschafter August Lindt.

Nach dem Krieg wird Hausamanns Tätigkeit von zahlreichen Seiten als eigenmächtig und in ihrem Wert stark überschätzt bezeichnet. Im Zusammenhang mit der Untersuchung gegen Masson über dessen Kontakte zu Schellenberg wird in der Presse behauptet, Hausamann habe gegen seinen Chef intrigiert. In mehreren Ehrverletzungsprozessen, die Hausamann anstrengt, können die Vorwürfe nie bewiesen werden. Die Verfahren enden mit Vergleichen, die zugunsten Hausamanns lauten.

Wertvolle Dienste ohne Bezahlung

Hausamann, der sich nach eigenen Angaben für seine Tätigkeit verschuldet hatte und zeitweise sein Geschäft vernachlässigte, bezog, wie der Bundesrat in der Antwort auf eine Einfache Anfrage 1973 feststellte, lediglich Ersatz für belegte Barauslagen. Gleichzeitig hielt der Bundesrat fest: «Darüber hinaus hat er dem Land aus eigener Initiative und ohne Bezahlung wertvolle Dienste geleistet. Die vorhandenen Dokumente stammen im wesentlichen aus dieser Tätigkeit.»

Hans Hausamann starb am 17. Dezember 1974 während eines Erholungsaufenthalts in Locarno.

Am 25. Juli 1940 versammelte General Guisan alle Kommandanten vom Bataillon an aufwärts zum historisch gewordenen Rütlirapport. An der Wiege unserer Demokratie erläuterte er den Befehl zur Bildung des Reduits. Der Rütlirapport stärkte die Widerstandsbereitschaft von Armee und Bevölkerung entscheidend.

So arbeitet unser Nachrichtendienst

Nichts ist gefährlicher für eine Armee als überrascht zu werden. Es ist deshalb das Ziel jedes militärischen Nachrichtendienstes, die Absichten möglicher Feinde zu erkunden, um Überraschungen auszuschließen. Daß Länder mit stehenden Heeren mit starken, ständig in Grenznähe stationierten Truppen dieser Gefahr weniger ausgesetzt sind als ein neutrales Land mit einer Milizarmee, liegt auf der Hand. So lastete denn auf dem schweizerischen Nachrichtendienst im Zweiten Weltkrieg die ganze Last der Auslandserkundung, denn abgesehen von den Grenzpatrouillen der mobilisierten Heereseinheiten konnte und durfte die Truppe im Grenzland nicht selber beim Nachbarn erkunden.

Sodann ist zu berücksichtigen, daß die Nachrichtenbeschaffung zwar die entscheidende, aber nicht die einzige Tätigkeit des Nachrichtendienstes sein kann. In einem nach Kriegsende veröffentlichten Bericht beleuchtete Oberstbrigadier Roger Masson die Problematik, mit der er sich täglich hatte herumschlagen müssen.

«Seitdem die Propaganda und die Verbreitung falscher Nachrichten zu wahren Wissenschaften geworden sind, macht die Auswertung (als zweite nachrichtendienstliche Haupttätigkeit, K. L.) der außerordentlich umfangreichen Forschungsarbeit die Überprüfung von Hunderten, sich häufig widersprechenden Meldungen notwendig. Diese Arbeit verlangt von den Beteiligten kaltes Blut, Sinn für das Maß und die Möglichkeiten eines allfälligen Angreifers sowie erhebliche Vorstellungskraft.»

Dazu kam schließlich, daß sich die Kriegstechnik seit dem letzten Ernstfall, der Grenzbesetzung 1914–1918, wesentlich verändert hatte: Damals hatte sich der Nachrichtendienst noch auf frontnahe Räume beschränken können. Für die Schweiz hatte das geheißen, ihre Agenten in jene grenznahen Gegenden zu entsenden, die als Besammlungsorte und Aufmarschgebiete allfälliger Angreifer in Frage gekommen waren. Ganz anders im Zweiten Weltkrieg! Die Motorisierung und die ungleich größere Bedeutung der Flugwaffen erweiterte die Operationsgebiete weit über die grenznahen Räume hinaus. Die schnellen und getarnten Bewegungen von Kampftruppen und Nachschubtransporten konnten sich über Hunderte, ja Tausende von Kilometern hinziehen. Der Nachrichtendienst wurde zur weiträumigen Fernaufklärung gezwungen. Brigadier Masson gab als Beispiel zu bedenken, «daß es unserem Nachrichtendienst nicht gleichgültig sein konnte, ob die Gebirgsdivisionen der deutschen Wehrmacht, deren genaue Zahl und Gliederung uns bekannt waren, noch in Finnland oder im Kaukasus standen oder ob sie von diesen Fronten abgezogen und zu anderer Verwendung in die Nähe der Schweiz verschoben worden waren».

Nachrichtendienst war längst nicht mehr die Sache kühner Einzelgänger, sondern eine Kombination aus wissenschaftlicher Systematik, Intuition, Erfahrungen, Beziehungen und Mutmaßungen – mithin eine Arbeit, die nur noch von einem großen und straff geführten Apparat, bestehend aus disziplinierten und tüchtigen Experten, zu leisten war. Diese sprunghaft gewachsene Bedeutung des Nachrichtendienstes schlug sich, einmal erkannt, auch in den Personalbeständen des schweizerischen Nachrichtendienstes nieder, der noch im August 1939 lediglich zehn Personen umfaßt hatte: Im Aktivdienst standen schließlich bis 120 Mann vollamtlich zur Verfügung; daß das jährliche Budget 750 000 Franken nie überstieg, mutet auch angesichts des Milizsystems heute noch wie ein Wunder an.

Die Aufgaben

Jeder militärische Nachrichtendienst soll frühzeitig alles erfahren, was die politischen, wirtschaftlichen und militärischen Kampfmethoden des potentiellen Gegners betrifft, seine Truppenstandorte und Aufmarschpläne, seine Waffen und seine Nachschuborganisation, die Qualität seiner Kader, die Lage und Stärke seiner Befestigungen, die Moral seiner Truppen, die Projekte für technische Neuerungen, die wehrwirtschaftlichen Ressourcen, die strategischen und operativen Möglichkeiten und Absichten, ob kurz-, mittel- oder langfristig, die Stärken und Schwächen, die Verluste und die Gewinne, das Verhältnis zur Zivilbevölkerung und, und, und…

Der Zweite Weltkrieg, der den totalen Krieg darstellt, wurde auch zur Geburtsstunde der totalen Spionage, die schlechthin an allem interessiert ist, was sich bei der gegnerischen Truppe und im gegnerischen Hinterland tut. Die deutsche Spionage in der Schweiz bewies laufend, daß selbst scheinbar belangloseste und bekannteste Dinge plötzlich dramatische Wichtigkeit erlangten, wenn es galt, ein fehlendes Mosaiksteinchen zu finden oder eine noch zweifelhafte Information zu bestätigen. So wurden sogar Telefonbücher und Stadtpläne, die Adressen von Zeitungsredaktoren und Synagogen, die Speisezettel der Feldküchen und die technischen Daten der Pferdegasmasken zu nachrichtendienstlichen Objekten.

Daß sich die Neugier des schweizerischen Nachrichtendienstes vor allem auf die Achsenmächte, insbesondere auf Deutschland, konzentrierte, war angesichts der Bedrohungslage klar. Daß der Nach-

Maschinengewehrschütze im Kampfflugzeug C-35. Die Schweizer Flugwaffe wurde während der Frankreichoffensive an der Juragrenze im Ernstfall geprüft. Kurz darauf war sie das Ziel der fehlgeschlagenen Sabotageaktion «Wartegau».

richtendienst indirekt zur Kampftruppe wurde, als er zum Beispiel den Nachrichtenfluß von Roessler zu den Sowjets nach Genf deckte oder vor den Aktivitäten des Netzes «Pakbo» wohlwollend die Augen verschloß, war logisch, wenn auch neutralitätspolitisch gefährlich; denn je länger und stärker Deutschland als praktisch alleinige mögliche Feindmacht seine Truppen an der Ostfront binden mußte, desto geringer wurde die Gefahr für die Schweiz. So wird auch einer der Hauptgründe für das systemwidrige Gewähren- und Bestehenlassen einer privaten Nachrichtenorganisation wie derjenigen von Hauptmann Hausamann verständlich: Sie konnte sich weiter vorwagen als der offizielle Nachrichtendienst; im Fall einer Panne hätten die politischen Behörden und die Armeeführung noch immer die Möglichkeit gehabt, sich zumindest nach außen von solchen privaten Aktivitäten zu distanzieren und das neutrale Gesicht zu wahren.

Die Organisation

Die Besonderheit des militärischen Nachrichtendienstes im Zweiten Weltkrieg bestand darin, daß seinem Chef, dem Oberstleutnant und späteren Brigadier Roger Masson, vom März 1941 an neben dem eigentlichen Nachrichtendienst (Nachrichtenbeschaffung und -auswertung) auch die Spionageabwehr unterstand.

Der Nachrichtendienst war vorerst eine Sektion innerhalb der Untergruppe I a (Front) des Armeestabs und wurde am 21. Februar 1941 zu einer selbständigen Abteilung innerhalb der Untergruppe I b (Nachrichten- und Sicherheitsdienst). 1944 wurde diese Untergruppe um den Territorialdienst erweitert. Räumlich und personell waren innerhalb des Nachrichtendienstes die Beschaffung (NS 1 in Luzern) und die Auswertung (Büros D, F und I beim Armeestab) getrennt.

Die Abwehr unterstand organisatorisch der Abteilung für Sicherheitsdienst, wurde aber aus sachlichen Gründen dem Nachrichtendienst angegliedert. Im März 1941 wurde zusätzlich der Sicherheitsdienst der Armee geschaffen, eine Spitzenorganisation zur Koordinierung von Spionageabwehr, Heerespolizei und Polizeisektion des Territorialdienstes.

Die Quellen

Man wird sich damit abfinden müssen: Kein guter Nachrichtenmann spricht über seine Quellen. Neben den Linien Roesslers bestand als zweite besonders wertvolle Nachrichtenverbindung die von Waibel aufgebaute Wiking-Linie, die über die Außenstelle Pfalz (Basel) des NS1 Informationen in die Schweiz lieferte. Masson sagt über die Wiking-Linie: «Eine unserer wichtigsten Quellen, aus der besonders wertvolle Informationen über operative Verschiebungen deutscher Truppen flossen, befand sich im ‹Führerhauptquartier› selbst. Wir erfuhren oft von Verschiebungen großer Verbände, lange bevor die Transportbewegungen einsetzten. Beispielsweise, daß das deutsche ‹Führerhauptquartier› nach Ziegenberg im westlichen Deutschland verlegt wurde, wußten wir, bevor Hitler selbst sich dort niedergelassen hatte. Die auf diese Weise erhaltenen Informationen wurden dann durch zahlreiche Einzelaktionen von Agenten sowie mit allen anderen zur Verfügung stehenden Mitteln überprüft, so daß aus den vielen Mosaiksteinchen ein klares Bild der Lage geformt werden konnte.»
Gute Nachrichten über die letzten Kriegsphasen vor der Süd- und der Ostgrenze gingen außerdem aus den von Waibel geführten Waffenstillstandsverhandlungen zwischen Februar und April 1945 hervor.

Halt, Schweizer Gebiet! Diese Warnungen entlang der Grenze waren trotz der Drohung mit Schußwaffen häufig nur Papier; nicht allein Flüchtlinge, auch Spione mißachteten sie.

Das tägliche Brot der schweizerischen Nachrichtenleute bestand aber wie in allen Geheimdiensten der Welt aus der systematischen Auswertung offener und halboffener Quellen, die in Quervergleich und Kombination oft zu überraschenden neuen Erkenntnissen führte. Solche Quellen waren die laufenden Berichte des diplomatischen Dienstes, insbesondere der schweizerischen Militärattachés, die zu Beginn des Aktivdienstes in Berlin, Paris und Rom akkreditiert waren. Erst im Frühjahr 1941 wurde ein entsprechender Posten in London geschaffen, derjenige in Washington sogar erst im Juli 1943, anderthalb Jahre nach dem Eintritt der USA in den Krieg. Im Verlauf des Aktivdienstes wurden auch Militärattachés nach Ankara, Helsinki, Stockholm und Budapest entsandt. Weitere Nachrichtenquellen wurden erschlossen durch die Zusammenarbeit mit verschiedenen Amtsstellen des Bundes und der Kantone (Bundesanwaltschaft, Politisches Departement, Grenzsanitätsdienst), mit den Zoll- und Grenzorganen, durch die Auswertung der in- und ausländischen Presse und die Meldungen der Nachrichtenagenturen sowie durch die Überwachung von Auslandspost, Telefon und Telegraph; viele bürgerliche Grundfreiheiten waren ja durch Notrecht außer Kraft!
Besondere Bedeutung kam dem von der Verbindungssektion der Gruppe Ia (Front) betriebenen Abhorch- und Peildienst zu. Im 24-Stunden-Betrieb wurden der kommerzielle Telegrafenverkehr, der Marine- und der ausländische Militärfunkverkehr, ausländische Polizeifunkstationen, der Presse-Hellschreiberdienst sowie die Nachrichtensendungen von Telefonrundspruchstationen abgezapft, wobei die besondere Aufmerksamkeit natürlich den Sendungen der Kriegführenden galt. Weitere Informationen kamen aus dem in erster Linie für den Bundesrat bestimmten Dienst zum Abhören fremder Radiostationen und aus dem Flugfunkverkehr. Auch diese Dienste waren übrigens bei Kriegsbeginn in keiner Weise organisiert; es fehlten die Apparate und die fachlich ausgebildeten Kräfte. Die ersten Monate wurden mit freiwillig gestellten privaten Kurzwellenempfängern von Sendeamateuren überbrückt.
Schließlich wurden Tausende nachrichtendienstlicher Einvernahmen von Flüchtlingen, Deserteuren, Internierten, Grenzgängern, Auslandsschweizern und Rückreisenden durchgeführt. Was für eine gewaltige Geduldsarbeit hier geleistet wurde, geht beispielsweise aus dem Schlußbericht des Büros Zürich («Uto») der NS1, datiert von Ende Juni 1945, hervor:
«Wie wir an Hand unserer Kartothek feststellen konnten, sind ins-

gesamt über 4900 Einvernahmen gemacht worden, bei 3400 Einvernommenen. Da die Kartothek nicht bei Beginn unserer Tätigkeit begonnen wurde und nach dem Ausscheiden von Hptm H. im Sommer 1940 von diesem zahlreiche Berichte direkt an die NS 1 geleitet wurden, ist mit einer erheblich größeren Berichtszahl zu rechnen.»

Der Militärhistoriker Dr. Hans Rudolf Kurz, der für Professor Bonjour die nachrichtendienst-

In der Spionageabwehr erfüllte die Heerespolizei wichtige Aufgaben. Oft kamen in ihren Straßenkontrollen, bei denen die Identität der Reisenden und ihr Gepäck überprüft wurden, außer Rationierungssünden auch Spionagefälle zum Vorschein.

lichen Aspekte der Geschichte der schweizerischen Neutralität im Zweiten Weltkrieg und die im Bundesarchiv noch erhaltenen Dokumente bearbeitet hat – soweit sie nicht nach Kriegsende im Freiburger Gaswerk verbrannt wurden –, faßt zusammen:

«Das während des Zweiten Weltkriegs vom schweizerischen Nachrichtendienst aufgebaute Nachrichtennetz reichte mit seinen letzten Verästelungen bis in die geheimsten Führungszentren des möglichen Gegners – das Reichskriegsministerium und das Führerhauptquartier – hinein. Aus der ziemlich großen Zahl guter und sehr guter Nachrichtenlinien, die uns zur Verfügung standen, darf allerdings nicht geschlossen werden, daß wir alles erfahren haben, was sich in den höchsten Führungsgremien tat. Wir haben sehr viele sehr wertvolle Informationen rechtzeitig erhalten, wobei uns zweifellos verschiedentlich auch ausgesprochene Glücksfälle zu Hilfe kamen. So traf es sogar zu, daß der schweizerische Nachrichtendienst Meldungen früher erhielt als die deutschen Befehlsempfänger, dies aber nur in Einzelfällen. Der Grund liegt darin, daß uns ein deutscher Offizier, der Kurierdienst leistete, gelegentlich Wichtiges aus seinen Akten übermittelte, so daß wir tatsächlich noch vor den deutschen Kommandostellen, für welche die Meldung bestimmt war, bedient wurden.»

Erstaunliche Leistungen, große Erfolge

General Henri Guisan schreibt in seinem Bericht an die Bundesversammlung über den Aktivdienst: «Am Morgen des 10. Mai 1940, als wir die Auslösung der großen deutschen Offensive gegen Belgien, Holland und Frankreich (eigentlich Luxemburg, K. L.) erfuhren, gab es bei uns keine Überraschung, da wir diese Ereignisse erwartet hatten. Der Bundesrat und ich waren uns einig, daß eine sofortige zweite Generalmobilmachung unumgänglich sei. In Langnau, beim Armeestab, wohin ich mich an jenem Morgen begab, wurde unter der ruhigen Leitung von Oberstdivisionär Huber systematisch gearbeitet. Die Mobilmachung vollzog sich ohne Störung.»
Helle Aufregung erfaßte große Teile des Schweizervolks: Aus den Städten flohen verängstigte Menschen in die Innerschweizer Berge und in die Westschweiz. Gerüchte schwirrten durch die Luft. Truppenaufmärsche in Süddeutschland! Wann würden sie kommen? Überall witterten mißtrauische Schweizer Signale und Zeichen der Fünften Kolonne. Die Aufregung erreichte in der Nacht vom 14. auf den 15. Mai, wie General Guisan anmerkt, panische Züge.
Woher aber diese Ruhe in der Umgebung des Generals? Und wie kam es, daß Masson nach dem Krieg erklären konnte: «Das ‹Büro Deutschland› der Nachrichtensektion war denn auch, als die Ereignisse im Mai 1940 Westeuropa erschütterten, ein Hort der Ruhe und Gelassenheit.»
Der schweizerische Nachrichtendienst war eben dabei, seine erste große Bewährungsprobe zu bestehen. Die Wiking-Linie, die der damalige Hptm Max Waibel vermutlich mit Hilfe von Studienfreunden aufgebaut hatte, die in höchste Positionen in der Wehrmacht aufgerückt waren, funktionierte. Schon um Mitte März 1940, rund drei Wochen vor den Angriffen auf Dänemark und Norwegen, war einer der Vertrauensleute Waibels, der Verbindungen zum Oberkommando der Wehrmacht aufrechterhielt, nach Basel gekommen und hatte ziemlich genaue Angaben über die bevorstehenden Operationen in Nordeuropa gemacht. Als der gleiche Gewährsmann im April wieder kam und den Beginn des Westfeldzugs «ab 8. Mai täglich» voraussagte, durfte man ihm, gestützt auf die guten Erfahrungen, vertrauen. Er betonte auch, daß wohl die Neutralität Belgiens und Hollands verletzt würde, daß aber die Schweiz nichts zu befürchten habe. Die Truppenverschiebungen in Süddeutschland seien nur Täuschungsmanöver, um französische Kräfte am Oberrhein zu binden und so den Durchbruch im Nordwesten zu erleichtern. Natürlich setzte Masson seinen ganzen Nachrichtenapparat in Süddeutschland in Bewegung, um diese Angaben zu überprüfen. In der Tat wurde nichts festgestellt, was zur Beunruhigung hätte Anlaß geben können.
Die richtige Einschätzung dieser kritischen Lage wurde – zusammen mit der Bewältigung der bedrohlichen Situation vom Februar 1943 – später als die bedeutendste Leistung des schweizerischen Nachrichtendienstes gewürdigt, der im übrigen unwahrscheinlich gut über die Absichten Hitlers gegenüber dritten Ländern im Bilde war: Aus verschiedenen Quellen – Roessler, Hausamann, Meyer – wurde der deutsche Angriff auf Rußland früh vorausgesagt. Schon am 29. März 1941 gab Hausamann dem Armeekommando eine Funkmeldung weiter, wonach sämtliche Stellen der Wehrmacht, des Heeresgeneralstabs, des Wehrwirtschaftsamtes, des Ministeriums Todt, des Reichsluftfahrtministeriums usw. vom Oberkommando der Wehrmacht eine Reihe von Anweisungen erhalten hatten, die auf einen deutschen Angriff auf Rußland in absehbarer Zeit schließen ließen. Einen Monat später präzisierte das «Büro Ha»: «Mit militärischen Operationen der deutschen Wehrmacht gegen Rußland ist ab Ende Mai zu rechnen.» Am Sonntagmorgen, dem 22. Juni 1941, verkündete Hitler den Angriff, der die Wendung seines Kriegs-

---

Überall willige Helfer

«Bei Einvernahmen und Instruktionen der ins Ausland reisenden Schweizer hat sich erwiesen, daß in allen Gesellschaftskreisen beinahe durchgehend die gleiche Bereitschaft bestand, uns zu helfen, wo man nur konnte, und zwar bestand diese Bereitschaft in allen sozialen Schichten. Es ist mir bei ganz einfachen Leuten vorgekommen, daß sie anläßlich von Einvernahmen sich freiwillig anerboten, als Agent ins Ausland zu gehen, wobei sie betonten, daß sie dafür keine Entschädigung wollten. Es hat sich hier bei unserer Bevölkerung eine sehr gute Seite aufgezeigt, die wichtige Schlüsse zuließe auf den Widerstandswillen des Schweizervolkes im Falle eines Angriffs. Auf jeden Fall sind wir noch lange nicht das ‹Volk der Hotelportiers›, als welches wir im Buche des Grafen Kaiserling verschrien werden!
Bei den Einvernahmen habe ich immer und immer wieder gesehen, daß in unserem Volke viel tief empfundenes Heimatgefühl steckt (das sehr zu unterscheiden ist vom Patriotismus des 1. August) und, was vor allem wichtig ist, gepaart mit der notwendigen Einsatzbereitschaft und dem Willen, alle Opfer zu bringen, wenn erforderlich. Die Fälle, wo Leute zu Einvernahmen nicht erschienen und die Einvernahme verweigerten oder nur Nebensächliches aussagten und die Hauptsache nicht, waren relativ selten. Trotz des Gestapo-Terrors war es sehr interessant festzustellen, daß Schweizer, selbst solche, die im Ausland wohnten, im allgemeinen sehr freiherzig und ohne Ängstlichkeit aussagten; das betrifft selbst die Frauen.»
Bericht der Außenstelle Zürich («Uto») der NS 1, Hptm Haene

Minenwerfer im Iglu auf Trübsee ob Engelberg. Auch solche Stellungen waren Ziele der deutschen Spionage.

glücks einleitete. – Auch auf den Überfall auf Polen hatte Hausamann zweieinhalb Monate vor dem Ereignis hingewiesen!

Der Agent «Sx.» alias Dr. Johann C. Meyer, ehemaliger Berliner Wirtschaftskorrespondent und nachmaliger freier Journalist in Zürich, hatte – wenn auch mehr strategisch-analytisch als gestützt auf konkrete Nachrichten – die Möglichkeit eines deutschen Rußlandfeldzuges schon am 7. Dezember 1940 erwähnt, noch ehe Hitler seine Weisungen zur Vorbereitung des «Unternehmens Barbarossa» erlassen hatte. Als die deutsche Kriegsmaschinerie durch die russischen Weiten rollte und sich die Durchbruchs-, Verfolgungs- und Kesselschlachten jagten, wartete Dr. Meyer bereits mit detaillierten Zahlen über deutsche Versorgungsschwierigkeiten, Menschen- und Materialverluste auf, die – obwohl noch die ganze Welt beeindruckt vor der deutschen Siegesserie stand – kaum mehr Hoffnung für die Angreifer übrigließen. Meyer war es auch, der als erster auf Hitlers Atombombenpläne aufmerksam machte, erstmals am 12. Januar 1945. Das Unternehmen blieb im Forschungsstadium stecken.

Der größte Teil der schweizerischen Nachrichtenleistungen wird für immer im dunkeln bleiben, das der unerläßliche Schutz jedes Geheimdienstes ist.

Ein Eingeweihter zieht Bilanz

Einer der Hauptbeteiligten, der bis zum Sommer 1943 als Auswerter und Chef des Büros D (Deutschland) im Nachrichtendienst tätig gewesene nachmalige Oberstkorpskommandant Alfred Ernst, hat ein Jahr vor seinem Tod eine wenig beachtete Bilanz gezogen, die in ihrer Differenziertheit, ihrer Wahrhaftigkeit und ihrem selbstkritischen Ansatz vertrauenerweckend klingt. Es ist bezeichnend für die eiserne Zurückhaltung der meisten Schweizer Nachrichtenoffiziere, daß diese bemerkenswerte Äußerung eines der maßgebenden Nachrichtenexperten ganz beiläufig in Form einer Buchbesprechung in der «Allgemeinen Schweizerischen Militärzeitschrift» (Dezember 1972) erschienen ist. Alfred Ernst ziert sich nicht, das günstige Urteil von General und Generalstabschef über die Arbeit zu akzeptieren, die ein gutes Stück weit seine eigene war. Er gibt aber zu bedenken:

«Trotz intensiver Bemühungen ist es uns nicht gelungen, die Ordre de bataille der deutschen Wehrmacht vollständig zu ermitteln. Wir kannten die Gliederung der schon im Frieden bestehenden aktiven Verbände. Aber die nach Kriegsbeginn neu aufgestellten Formationen vermochten wir nur zum Teil zu erfassen. Das raffinierte System der Numerierung hat uns schwer zu schaffen gemacht, und unsere Bemühungen, aus zahllosen Einzelmeldungen ein Mosaik zusammenzusetzen, zeitigten nur einen beschränkten Erfolg. Die für uns besonders wichtigen Divisionen (Panzerdivisionen des Heeres und der Waffen-SS, Gebirgsdivisionen und Fallschirmjägerdivisionen), die im Falle eines Angriffs auf die Schweiz die maßgebende Rolle gespielt hätten, waren uns bekannt. Aber es sind uns einige Irrtümer unterlaufen: Da wir bei der Schätzung der Bestände an Panzern und Flugzeugen von den im Frieden gültigen Tabellen ausgingen, während die effektive Zuteilung an die einzelnen Verbände teilweise stark davon abwich, gelangten wir zu übertriebenen Zahlen. Dies gilt vor allem hinsichtlich der Luftwaffe. Wir wußten nicht, daß die Mehrzahl der Geschwader nicht drei, sondern nur zwei, manchmal sogar nur eine Gruppe umfaßte. Erst im Frühjahr 1943 gelangten wir durch einen Glücksfall in den Besitz der Kriegsgliederung der deutschen Luftstreitkräfte. Der Fieseler-Storch eines Jagdgeschwaders verirrte sich auf dem Flug nach Sizilien und mußte in Samedan landen. Der Pilot führte – gegen das ausdrückliche Verbot des Oberkommandos der Luftwaffe – sämtliche Dienstakten des Stabes mit sich; darunter die vollständige Kriegsgliederung der Luftwaffe. Der Fund war so erstaunlich, daß wir anfänglich an eine Kriegslist dachten; wie sich nachträglich herausstellte, zu Unrecht.

– Die Lokalisierung der deutschen Kräfte in der für uns kritischen Zone bereitete uns ebenfalls große Mühe. Besonders schwierig war die Unterscheidung der einsatzbereiten Verbände der Feldarmee von den in Ausbildung begriffenen Formationen des Ersatzheeres. Dies führte dazu, daß wir im allgemeinen die Belegung der uns interessierenden Räume überschätzten. So im Frühjahr 1940, aber auch im Zeitpunkt der alliierten Invasion in der Normandie. Aufgrund des heute vorliegenden Materials wissen wir, daß beide Male weit schwächere Kräfte in der Nähe unserer Grenze standen, als wir glaubten.

– Über die technische Ausrüstung der deutschen Wehrmacht waren wir im allgemeinen gut im Bilde, ebenso über die Einsatzdoktrin. An Hand der schon im Frieden publizierten Literatur konnten wir uns eine zutreffende Vorstellung der von den Deutschen vorgesehenen Kampfmethoden machen. Die operativen und taktischen Führungsprinzipien ließen sich nicht geheimhalten. So wußten wir schon bei Kriegsbeginn, daß mit großangelegten Angriffen von Panzerkräften in die Tiefe des Raumes und mit Luftlandungen gerechnet werden mußte.

– Entscheidend wären ‹Angaben über strategische und operative Absichten… im Blick auf die Schweiz› gewesen. Von ihrer Kenntnis hingen die Entscheidungen über den Umfang unseres Aufgebotes ab. Doch sind, wenn nicht Verrat im Spiele ist, die ‹Absichten› eines potentiellen Gegners kaum festzustellen. Es ist ein bewährtes Prinzip jedes Nachrichtendienstes, nicht danach zu fragen, was der Feind tun *will*, sondern was er tun *kann*. Immerhin gab es Glücksfälle: So erfuhren wir schon früh, daß die Deutschen einen Angriff auf Norwegen und Dänemark planten. Diese Aktion erschien uns jedoch angesichts der britischen Überlegenheit zur See zu riskant und daher wenig wahrscheinlich. Aber Meldungen über deutsche Absichten bildeten die seltene Ausnahme. Von den Operationsplänen gegen die Schweiz (insbesondere den unter dem Decknamen ‹Tannenbaum› bekannten Studien des Oberkommandos des Heeres, der Heeresgruppe C und der 1. und 12. Armee) erfuhren wir erst nach dem Kriege. Um so wichtiger waren die von uns in Form von Planungsarbeiten und Kriegsspielen durchgeführten Analysen der deutschen *Möglichkeiten* im Falle einer Offensive gegen die Schweiz.

Wir gelangten zu ähnlichen Schlüssen wie die deutschen Planer. Da wir unsere Schwäche besser kannten, vermochten wir konsequenter, als sie es taten, an den für uns kritischen Stellen Schwergewichte zu bilden. Infolgedessen berechneten wir den Kräftebedarf für einen Angriff etwas niedriger als die Deutschen. Das Konzept (Hauptstoß von Südwesten her zwischen dem Jura und dem Genfersee) war jedoch identisch.»

Zusammenfassend stellt Alfred Ernst fest, daß unser Nachrichtendienst trotz seiner begrenzten Möglichkeiten sehr viel erfahren hat. Dagegen läßt sich nach seiner Darstellung nicht mit Sicherheit sagen, ob er einen bevorstehenden Angriff auf die Schweiz rechtzeitig erkannt hätte. «Es wäre für uns schwierig gewesen, eine raffinierte Täuschungsaktion zu durchschauen, wie sie zum Beispiel in einem der ‹Tannenbaum›-Pläne vorgesehen wurde. Wir konnten daher keine Garantie dafür übernehmen, daß es uns gelingen würde, das Armeekommando genügend früh zu warnen, um ihm die Durchführung einer Remobilmachung zu erlauben.»

Zank und Pannen – auch das gibt's!

Der Schweizer Nachrichtendienst, der nach außen (und bis heute in der Geschichtsschreibung) als militärische Einheit in Erscheinung getreten ist, war in Wirklichkeit ein zerbrechliches und heikles Gebilde aus Individualisten verschiedenster Herkunft, politischer und weltanschaulicher Färbung sowie von unterschiedlichsten Temperamenten.

Der schnelle, ja überstürzte Aufbau des in Friedenszeiten vernachlässigten Dienstes ließ eine klare und einheitliche Arbeitsmethode, soweit sie in einem Nachrichtendienst überhaupt möglich ist, nicht aufkommen. Vom Chef bis zum letzten Unteroffizier auf den Außenstellen waren alle mehr oder weniger Autodidakten. Pannen waren unvermeidlich, und das Gebot der Stunde hieß Improvisation. Nach Kriegsausbruch waren wenigstens die Personal- und Finanzprobleme etwas in den Hintergrund gerückt. Alfred Ernst erinnert sich:

«Angesichts der Notwendigkeit, Nachrichten zu erhalten, spielten (wenigstens in den ersten Monaten) finanzielle Rücksichten keine Rolle mehr. Auch Personal konnte nach Belieben herangezogen werden. Der General ermächtigte uns, unbekümmert um die Proteste der Kommandanten diejenigen Leute zum Nachrichtendienst aufzubieten, die wir brauchten. So fanden sich nach und nach hochqualifizierte Persönlichkeiten zusammen. Gesetzliche Schranken, die unter normalen Umständen unsere Tätigkeit behindert hätten, fielen dahin. Wenn wir nur Nachrichten lieferten, kümmerte sich niemand um unser Tun und Lassen. Nur der Erfolg zählte.»

Auch der Nachrichtenmann war oft ein einsamer Soldat. Sein Dienst und der des Gebirgsfüsiliers bedingten einander.

Der schnelle Aufbau brachte nicht nur den Zwang zur ständigen Improvisation mit sich, sondern auch unklare und schwammige Abgrenzungen von Aufgaben, Kompetenzen und Verantwortlichkeiten. Namentlich im Abwehrbereich kamen während des ganzen Aktivdienstes laufend Reibereien und Streitigkeiten zwischen militärischen und zivilen Stellen vor, die so weit gingen, daß die Bundespolizei mit Rudolf Roessler ungerührt einen der besten Informanten des Nachrichtendienstes 111 Tage lang in Untersuchungshaft schmoren und dessen höchst persönliche Nachrichtenverbindungen einfrieren ließ. In anderen Fällen wurden wichtige ausländische Gewährs- und Verbindungsleute nicht ins Land eingelassen oder gar an die Grenze gestellt.

Der überstürzte Aufbau und der Improvisationszwang hatten auch zur Folge, daß in den kritischen Räumen unmittelbar jenseits der Grenze kein zuverlässig funktionierendes Überwachungs- und Alarmsystem aufgezogen werden konnte. Dazu wieder Alfred Ernst:

«Wir versuchten, mit behelfsmäßigen Mitteln ein Netz von Alarmposten zu errichten, die uns im Falle eines Aufmarsches deutscher Kräfte gegen die Schweiz warnen sollten. Aber unsere Möglichkeiten waren eng begrenzt. Wir konnten weder kurzfristige Aufträge erteilen noch Rückfragen stellen und Ergänzungen der eingehenden Meldungen verlangen. Wir blieben daher weitgehend auf zufällige Beobachtungen angewiesen. Die am 10. Mai 1940 von den Deutschen überraschend verhängte totale Grenzsperre führte zu einer vorübergehenden Lähmung unseres Alarmsystems. Diese trug dazu bei, daß wir damals auf die raffinierten deutschen Täuschungsmanöver hereingefallen sind. Es fehlten uns Mittel, die erlaubt hätten, den ‹contour apparent› der an unserer Grenze demonstrativ aufmarschierenden deutschen Truppen zu durchbrechen.»

Anderseits hatte die Improvisation auch ihre Vorteile: Sie hielt die Organisation beweglich und dynamisch, verführte zu verblüffend erfolgreichen unkonventionellen Lösungen (zum Beispiel der Zusammenarbeit mit Zivilpersonen) und schuf für die Mitarbeiter des Nachrichtendienstes eine für militärische Verhältnisse völlig ungewohnte Freiheit des Entscheidens und Handelns.

Gespaltener Nachrichtendienst

So wenig wie jede andere Arbeitsgemeinschaft, die aus Menschen – aus intelligenten, eigenwilligen, hart arbeitenden zudem – besteht, blieb der Nachrichtendienst vor Intrigen und Machtkämpfen, Mißverständnissen und Zwistigkeiten bewahrt. Diese entzündeten sich gegen Kriegsende vor allem an der Diskussion um die Richtigkeit der Begegnungen Massons mit dem SS-Brigadegeneral Schellenberg sowie um die Nachrichtenhauptleute Meyer-

Schwertenach und Holzach, die auf viele ihrer Kameraden den Eindruck machten, sie wüßten nicht zwischen ihren dienstlichen Obliegenheiten und geschäftlichen Interessen zu unterscheiden; im Vordergrund standen Handelsgeschäfte, die die beiden über eine gemeinsame Aktiengesellschaft mit Schellenbergs Adjutanten Eggen tätigten.

Aber schon zu Beginn des Aktivdienstes wurden auch tiefgreifende politische Differenzen sichtbar. In seinem der Arbeit des «Büros Ha» gewidmeten Buch «Zwischen allen Fronten» berichtet Alphons Matt, gestützt auf Angaben von Hans Hausamann, über ein besonders krasses Beispiel:

«Eines Tages wird festgestellt..., daß Informationen, die in deutschfreundlichen Ohren wenig schmeichelhaft klingen, in der obersten Führungsspitze nicht bekannt werden, obwohl man sie auf dem üblichen Weg weiterleitete. Es setzen Rückfragen ein, die folgendes aufdecken: Ein Funktionär der Zentrale ließ seit längerer Zeit Berichte und Meldungen, vorab des ‹Büros Ha›, die den Glauben an einen deutschen Endsieg erschüttern konnten, auf dem Weg zum Büro D verschwinden. Selbstverständlich wird der Betreffende sofort seines Postens enthoben, aber seine Gesinnungsfreunde innerhalb des Offizierskorps bleiben. So entwickeln sich allmählich, aber immer deutlicher Gesinnungsfronten, zwei Lager: Das eine rechnet felsenfest mit dem deutschen Endsieg und setzt große Hoffnungen für die Schweiz in eine solche Entwicklung; das andere aber ist überzeugt, daß die Schweiz von einem Sieg Hitlers nichts Gutes zu erwarten hat, und setzt, in Kenntnis der kriegspolitischen Zusammenhänge, die deutsche Niederlage in Rechnung.»

Noch unverblümter äußerte sich Major Paul Schaufelberger, der große Waffenexperte im Nachrichtendienst, zu diesem Punkt, als er in einem von Hausamann gegen zwei Redaktoren angestrengten und durch Vergleich beigelegten Ehrverletzungsprozeß am 18. April 1947 vor der 3. Abteilung des Bezirksgerichts Zürich als Zeuge aussagte:

«Das kameradschaftliche Verhältnis unter den Offizieren des Nachrichtendienstes war insofern ein schlechtes, als sich nach der Bildung der Offiziersbewegung vom Jahr 1940 zwei Gruppen gebildet hatten, die einander geradezu feindlich gegenüberstanden. Oberstbrigadier Masson versuchte zwischen den beiden Gruppen ausgleichend zu wirken. (...) Nachdem die Offiziersbewegung aus dem Jahre 40, welche im Bericht des Generals auf Seite 215/16 erwähnt ist, ihr Ende gefunden hatte, bildete sich eine Gruppe von Nachrichtenoffizieren, die an dieser Bewegung teilgenommen hatten. Zu dieser Gruppe gehörte auch der Ankläger (Hausamann). Die Bildung dieser Gruppe verstärkte die Reibereien zwischen den Offizieren des Nachrichtendienstes sehr stark. Anfänglich bestanden die Reibereien speziell darin, daß jeder Nachrichtenoffizier eifersüchtig über seine Nachrichtenlinie wachte. Ganz allmählich konnte man feststellen, daß die Gruppe, zu welcher Hausamann gehörte, versuchte, auf die Politik einzuwirken; und dabei war diesen Offizieren die Stärkung des Widerstandswillens das Leitmotiv. Andere Offiziere fanden, die dem Nachrichtendienst zugeteilten Offiziere sollten sich politisch etwas mehr zurückhalten, weshalb es zu Reibereien kam.»

Im gleichen Verfahren gab die Mehrheit der Zeugen, soweit es sich um aktive Mitglieder des Nachrichtendienstes handelte, ihre Überzeugung zu Protokoll, daß Roger Masson eigentlich zu anständig und in einem gewissen Sinne zu offenherzig für seinen delikaten Posten gewesen sei.

Der letzte große Fehler

So schnell auch der Nachrichtendienst am Vorabend des großen Völkerringens aufgebaut worden war, so hurtig wurde er nach dem Waffenstillstand demontiert; die alte Abneigung der Militärs und Politiker gegen das vermeintlich schmutzige Geschäft mit den Nachrichten setzte sich, als der Druck von außen gewichen war, wieder durch.

Namentlich für Oberstlt Max Waibel, der konkrete Vorstellungen über die Arbeit des Nachrichtendienstes während Friedenszeiten entwickelt hatte, damit aber nicht durchgedrungen war, bedeutete diese Demontage eine bittere Enttäuschung, die ganz deutlich aus seinem Abschiedsbrief vom 7. Januar 1946 an die Detachementskommandanten seiner NS 1 spricht:

«Kameraden,

Ich setze Sie davon in Kenntnis, daß mein Gesuch um Entlassung aus dem N.D. und Rückkehr ins Instruktionskorps der Infanterie heute bewilligt worden ist.

Seit unserem Schlußrapport vom 19. 8. 45 hat sich im N.D. gar vieles geändert, und ich sehe keine Möglichkeit mehr, auch nur die ‹reduzierte› Tätigkeit, an welche wir damals dachten, wieder aufzubauen.

Sie werden unter diesen Umständen meinen Entschluß verstehen und mir glauben, daß es mir nicht leichtfiel, mich von einer siebenjährigen Arbeit, der ich auch Ihre Kameradschaft verdanke, zu trennen. Wenn ich nun als Letzter von Ihnen auch den Weg zum Beruf zurück einschlage, dann hoffe ich, daß ich gerade auf diesem Wege oft meinen Kameraden aus dem Aktivdienst wieder beggenen werde.

Ich danke Ihnen allen nochmals für Ihre Bereitschaft und die treue Kameradschaft, die uns auch weiterhin verbinden soll.

Oberstlt i Gst Waibel»

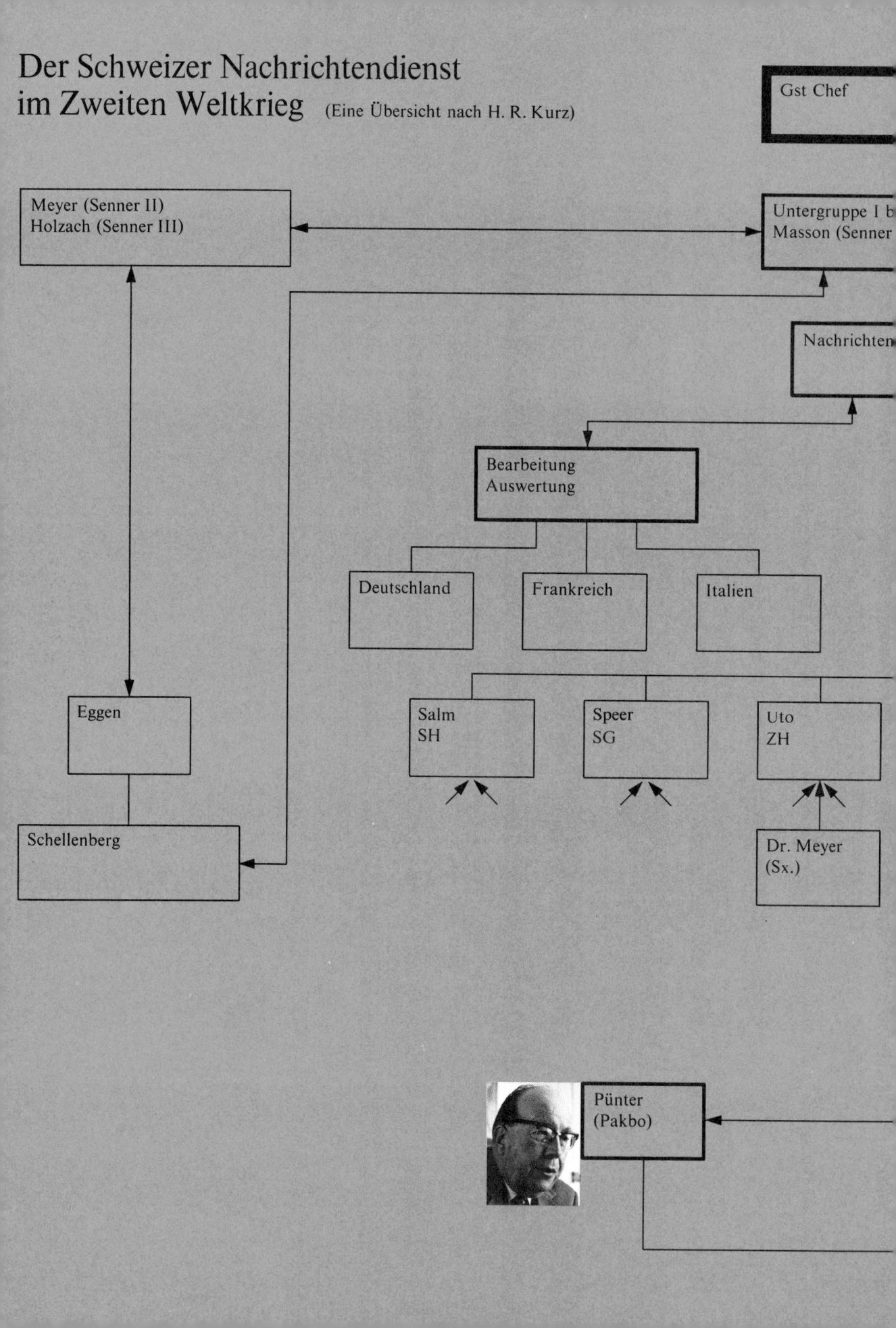

Der Schweizer Nachrichtendienst im Zweiten Weltkrieg (Eine Übersicht nach H. R. Kurz)

- Gst Chef
- Meyer (Senner II) / Holzach (Senner III)
- Untergruppe I b / Masson (Senner
- Nachrichten
- Bearbeitung Auswertung
  - Deutschland
  - Frankreich
  - Italien
- Salm SH
- Speer SG
- Uto ZH
- Dr. Meyer (Sx.)
- Eggen
- Schellenberg
- Pünter (Pakbo)